For John Lynch
with best wishes,

Peter Bradley

Colección Mar y América

NAVEGANTES BRITÁNICOS

Director coordinador: José Andrés-Gallego
Director de Colección: Fernando de Bordejé
Diseño de cubierta: José Crespo

© 1992, Peter T. Bradley
© 1992, Fundación MAPFRE América
© 1992, Editorial MAPFRE, S. A.
Paseo de Recoletos, 25 - 28004 Madrid
ISBN: 84-7100-445-3 (rústica)
ISBN: 84-7100-446-1 (cartoné)
Depósito legal: M. 25555-1992
Compuesto por Composiciones RALI, S. A.
Particular de Costa, 12-14 - Bilbao
Impreso en los talleres de Mateu Cromo Artes Gráficas, S. A.
Carretera de Pinto a Fuenlabrada, s/n., km. 20,800 (Madrid)
Impreso en España-Printed in Spain

PETER T. BRADLEY

NAVEGANTES BRITÁNICOS

EDITORIAL
MAPFRE

Para
Susan y Anna

ÍNDICE

Segunda parte

NORTEAMÉRICA

TERCERA PARTE

EL ATLÁNTICO SUR Y EL MAR DEL SUR

APÉNDICES

INTRODUCCIÓN

LOS MOTIVOS

Salvo unas pocas excepciones, los navegantes y marinos británicos tardaron en reaccionar ante la labor de expansión ultramarina iniciada por las dos naciones ibéricas. Uno podría preguntarse, con razón, dónde estaban cuando los célebres marinos portugueses avanzaban por las costas africanas, llegaban a la India y extendían su imperio comercial hasta las islas Molucas, China y el Japón, o cuando España descubrió un nuevo continente y envió el primer navío europeo alrededor del globo a través de un nuevo océano. ¿Dónde estaban los ingleses cuando los conquistadores invadieron los imperios de los aztecas e incas, o mientras los portugueses se ponían a poblar sus factorías en la costa del Brasil?

Efectivamente, no existía ningún impulso nacional para coordinar los recursos marítimos ingleses, tanto privados como reales, hasta la unión de las dos monarquías ibéricas bajo Felipe II, en 1580. Por supuesto, un siglo antes de esta fecha, algunos particulares ya habían respondido a los distintos incentivos. Tal vez antes de 1480, barcos de Bristol exploraban el Atlántico Norte, y aun es posible que descubrieran la «tierra nueva» en el oeste, mientras que los mercaderes de Plymouth, Southampton y Londres empezaron a infringir el monopolio portugués sobre el comercio con el Brasil durante los años treinta del siglo XVI. Sin embargo, no fue hasta la segunda mitad de ese siglo cuando la envidia de la riqueza comercial de España, así como la reducción de sus tradicionales exportaciones de paños, animó a los ingleses a atravesar el océano con mayor frecuencia.

Hablando en general, cuando lo hicieron, con desprecio de las divisiones territoriales establecidas, en primer lugar, por las bulas de Alejandro VI en 1493, y luego por el secular Tratado de Tordesillas al año siguiente, los navegantes británicos compartían motivos semejantes a los de portugueses y españoles. Por una parte, buscaban nuevos mercados y lugares donde fundar futuras colonias, a veces motivados por los altibajos de la rivalidad política y religiosa en Europa. La centralización del poder en Inglaterra y la expansión del protestantismo se unieron para fomentar estas aspiraciones nacionales. Por otra parte, desde el punto de vista personal, les atraía la fascinación de la exploración geográfica, procuraban mejorar su vida, codiciaban riquezas sobre todo, o bien intentaban vengarse por alguna injusticia personal.

La búsqueda de nuevas zonas de pesca, la demanda creciente de productos americanos tales como el azúcar, cacao, tabaco y materias colorantes, el ardiente deseo de poseer las especias, perfumes, sedas y otros artículos de lujo del lejano oriente y, en menor grado, la necesidad de hallar nuevos mercados en los cuales vender manufacturas inglesas, iban a atraer a los marineros británicos a las aguas desde el Ártico hasta el cabo de Hornos, en ambos litorales del continente. Igualmente, su experiencia en la navegación transoceánica sería puesta al servicio de los que querían explotar las riquezas naturales del nuevo continente, de los puritanos, católicos y cuáqueros que escapaban de la persecución e intolerancia religiosas, o de otros que ansiaban gobernar vastas extensiones del territorio americano como señores feudales.

Desde la época del rey Enrique VIII, el antagonismo religioso entre Inglaterra y España constituía otro motivo para la intervención en el Nuevo Mundo. La mayoría de los marinos de la época de los corsarios eran protestantes, fácilmente encolerizados por las historias de los castigos impuestos por la Inquisición a sus correligionarios en España. La rivalidad política estalló por fin en la confrontación entre Felipe II e Isabel I desde 1585. No obstante, como veremos después, la reina inglesa no permitiría que se pusiera en práctica ninguna empresa marítima en las Indias si ello chocaba con su principal preocupación, la defensa del reino. Pero en el siglo XVII, especialmente tras la toma de Jamaica en 1655 por la expedición naval organizada por Oliver Cromwell, la existencia de otras colonias europeas en el Caribe que una vez fue exclusivamente español, forzosamente había de resultar en conflictos entre marineros españoles, ingleses, franceses y holandeses que protegían a sus propios pobladores y su comercio contra las depredaciones de los otros. Por último, en el siglo XVIII, observamos cómo por medio de poderosas flotas como la de Edward Vernon en el Caribe, por ejemplo, cada nación se servía de sus marinos para hacerse con la supremacía colonial en América.

Algunos individuos, como John Davis o los exploradores científicos de fines del siglo XVIII, seguían interesándose principalmente en desentrañar misterios geográficos o en resolver los problemas de la navegación. Pero cuando se trataba del descubrimiento del estrecho del noroeste, el reconocimiento de las costas de Patagonia y Chile, o la búsqueda de islas en el Atlántico Sur, por lo general es imposible distinguir la pura exploración de motivos comerciales o estratégicos. En especial después de 1550, los navegantes británicos renunciaban al cabotaje en aguas europeas y emprendían travesías transoceánicas porque creían que el Nuevo Mundo les ofrecía oportunidades para enriquecerse y transformar así su vida.

Los tesoros de los imperios indios, el transporte a España del producto de las minas de plata, las historias sobre el oro chileno, las leyendas acerca de los reinos de El Dorado o Cíbola, los rumores sobre una Terra Australis Incognita, formaban un seductor aliciente, demasiado irresistible para vencer cualquier vacilación o temor respecto a los posibles riesgos. Eran tan deslumbrantes para dejar ciegos a Martin Frobisher y Walter Raleigh, ante la irrealidad de sus esperanzas. Pero, según el parecer del marino medio, estos viajes proporcionaban la manera de librarse de una vida de opresiva pobreza en tierra, del desempleo en una sociedad superpoblada y de las tensiones de la vida familiar. El Nuevo Mundo quizás les ofreciera los medios para empezar la vida de nuevo, para prosperar y medrar en una sociedad donde la diferencia entre la pobreza y la riqueza raras veces se podía suprimir. Edward Fenton soñó con hacerse rey de la isla Santa Elena, en el océano Atlántico. Drake adquirió riquezas, prestigio nacional y tierras, y el deseo de fama y de nobleza inspiró las acciones de Thomas Cavendish.

Generalmente, se esperaba conseguir todo esto asaltando los navíos y las poblaciones españolas en América como piratas, o como corsarios a quienes la Corona inglesa había otorgado patentes. Éste fue el caso de esos mercaderes que armaron expediciones de corso cuando Felipe II mandó que se confiscaran sus cargamentos o navíos en puertos españoles. En efecto, era la promesa de ricos botines lo que atrajo a marineros revoltosos y pendencieros a la vida de corsario antes que al servicio en la armada real. La mayoría de ellos confiaban en el hecho de que cualquier cantidad que se les asignara de la tercera parte del botín reservada para todos los tripulantes, junto con lo que lograron robar en el calor de combates, valdría más que la media libra al mes que se pagaba desde 1586 a los marineros de la marina real.

Los navíos y la navegación

Aunque los datos son escasos, suponemos que hasta 1400 los navíos típicos ingleses disponían de un solo palo con una vela cuadra. Con una capacidad de 20 a 80 toneladas y forro de tingladillo, tenían un aspecto algo redondo y barrigudo, porque la longitud (o eslora) era solamente dos veces más que la anchura (o manga). Durante el siglo xv, y antes de que los de Bristol zarparan rumbo a Terranova, habían evolucionado, de modo que llevaban cinco velas distribuidas en tres palos, a saber, mayor, trinquete y mesana, éste con vela latina, a los que se había añadido una cebadera en el bauprés antes de mediados del siglo. A imitación de los constructores portugueses y españoles, se alargaron los barcos y se construyeron de forro liso. Además, fueron reducidos, y finalmente suprimidos en el siglo xvii, los altos castillos de proa y de popa, que recibían el viento y hacían inclinarse a la estructura del navío durante las tormentas. Aunque se empleaban buques mercantes de 250 a 400 toneladas a fines del reinado de Isabel I, la mayoría serían de menos de 200, y pocos medían más de 30 metros de eslora. En general, debemos concluir que eran difíciles de maniobrar, y por eso era arriesgado aproximarse a la costa o entrar en puertos desconocidos, puesto que avanzaban con gran dificultad contra vientos contrarios; por ejemplo, no era infrecuente demorarse varias semanas para salir del canal de la Mancha cuando el viento soplaba del oeste. En el Mar del Sur, Richard Hawkins haría comentarios favorables sobre la maniobrabilidad de los navíos peruanos en contraste con su propio *Dainty*.

De las demás embarcaciones inglesas que solían entrar en aguas americanas vale la pena mencionar la barca, generalmente de 30 a 70 toneladas, aparejada como acabamos de explicar; el más rápido filibote, de origen holandés, de hasta 150 toneladas de porte en su versión inglesa, que apareció durante los últimos treinta años del siglo XVI en los viajes a Norteamérica; las lanchas o chalupas, que solían llevarse en la cubierta del navío o a remolque si faltaba espacio, y por fin la pinaza, usualmente de menos de 30 toneladas y de calado poco profundo, con dos mástiles pero además provista de remos. Éstas a veces iban cargadas en la bodega separadas en piezas para ser montadas en el Nuevo Mundo. Entre sus múltiples usos, eran imprescindibles como buques auxiliares para lanzar asaltos contra barcos y puertos en el Caribe, y para realizar exploraciones en aguas poco profundas y desconocidas.

La historia de la armada real británica se inicia con la dinastía de los Tudor, cuando se mantenía una escuadra de navíos a costa de la Corona y en su beneficio, al principio encargada de realizar viajes de comercio. Fue el rey Enrique VIII quien la transformó en una flota de 53 buques de guerra, dotados de grandes cañones montados en la cubierta en vez de sobre los frágiles castillos de proa y de popa, y que se disparaban por troneras abiertas en los costados de los navíos. Siguió un período de once años de descuido y decadencia durante los reinados de Eduardo VI y María Tudor, de modo que la reina Isabel heredó una flota de 26 navíos, y en casos de urgencia tuvo que acudir a los dueños de buques mercantes armados.

El *Jesus of Lubeck*, ancho en proporción con su longitud, con tablas podridas y castillos altos, y que sufrió tantos daños en el golfo de México en 1568, revela tanto la condición como los defectos intrínsecos de muchos buques reales en esa época. Tal vez fuera la influencia de John Hawkins sobre la Junta Naval, creada en 1545 para supervisar los buques regios, que mandaría desde 1570 que se construyeran navíos más bajos, largos y estrechos, de 300 a 600 toneladas. Por consiguiente, se ha dicho que en 1603 se legó a Jacobo I la mejor flota europea, integrada por 31 buques de guerra. De hecho, durante estos años en los que nacía la armada real, pocos buques de guerra se dirigieron a América hasta mediados del siglo XVII, cuando era necesario que protegieran las nuevas colonias y su comercio. Luego se instituyó la práctica de mantener una escuadra de buques de guerra en el Caribe, y a veces se reunieron flotas de más de 30 galeones, algunos de los cuales estaban armados con 70 o 90 cañones.

Durante el período que abarca este libro, a pesar de hacerse los navegantes británicos más diestros en el manejo de la brújula, el astro-

labio, la ballestilla y el cuadrante, para medir la altura de las estrellas
o del sol sobre el horizonte y de ésta deducir la latitud, les faltaba un
cronómetro de precisión para ayudarles a calcular la longitud, con lo
que una vez fuera de vista la tierra, para fijar la posición de su navío
aún debían recurrir a conjeturas y a su propia experiencia; a veces, un
navegante tan experto como John Davis incurría en un error de 10°.
Además, aunque circulaban en Inglaterra los mapas del mundo de
Abraham Ortelius y de Gerardus Mercator, los de América eran escasos. Por tanto, los navegantes británicos solían recoger todas las noticias que podían en sus encuentros con marineros extranjeros en puertos ibéricos. John y William Hawkins, así como Drake, emplearon a
pilotos españoles que prestaron sus servicios de buena gana o como
prisioneros, y siempre fue aprovechada cualquier oportunidad para
adueñarse de cartas de marear españolas y portuguesas y de hacerlas
copiar. Muchos, como John Narborough y Woodes Rogers, difundieron los conocimientos adquiridos durante sus viajes, escribiendo diarios y dibujando mapas.

Notas sobre la vida de a bordo

Puesto que son los navegantes y marineros más bien que los navíos los que nos interesan, valdría la pena antes de narrar sus aventuras, recordar los trabajos y peligros que sufrieron al perseguir sus distintos objetivos en aguas americanas. Por lo general, en el mejor de los
casos, las condiciones a bordo eran incómodas. Los barcos ofrecían
poca protección contra los rigores del tiempo o la furia del mar, sean
las violentas tempestades del cabo de Hornos, el calor y los huracanes
tropicales o el frío glacial del Ártico. Estaban llenos de parásitos y otros
animales, sólo los capitanes y los oficiales tenían camarote o litera
donde dormir, algunos marineros no hacían caso de la higiene básica
y pocos comprendían los requisitos esenciales para un régimen sano.
No era extraño que muriera más de la mitad de la tripulación durante
un viaje, ni que el barco se fuera a pique por la falta de brazos para
manejarlo. Tampoco podemos decir que mejoraran mucho estas condiciones en el transcurso de los años, ya que cuando los enormes galeones de la marina real habían reemplazado a los barcos corsarios de
menos de 100 toneladas en el Caribe, fallecían más hombres por fie-

bres y otras enfermedades que debido a los combates. Durante un viaje transatlántico, especialmente cuando esa travesía sólo constituía la primera fase de un recorrido más prolongado por el estrecho de Magallanes al Mar del Sur, o cuando se hizo preciso invernar en el Ártico, la vida se tornó una lucha desesperada por obtener cantidades suficientes de comestibles frescos. Por la falta de víveres para alimentar a todos los que sobrevivieron al invierno, en 1611 se abandonó a Henry Hudson en la bahía que ahora lleva su nombre, donde murió.

Podemos citar la segunda expedición de Martin Frobisher al Ártico en 1577 a fin de ilustrar lo que comían entonces los navegantes británicos. Repartían una libra (casi medio kilo) de bizcocho y un galón (4,5 litros) de cerveza a cada marinero al día, una libra de carne salada de vaca o de cerdo a cada hombre, o un bacalao salado para cuatro hombres en días de ayuno, con harina de avena y arroz si se acababa el pescado, un cuarto de libra de mantequilla y media de queso para cada hombre al día, miel para endulzar, y una pipa de aceite con otra de vinagre para 120 hombres durante tres o cuatro meses. Era costumbre también cargar vino, sidra, habas y guisantes secos. Como era difícil conservar la harina de trigo en un viaje largo, no solían cocer pan, aunque los españoles que visitaron el navío de John Rut en el Caribe en 1527 observaron que tenía un horno. Las raciones que se distribuían a los marineros de la armada real en el siglo XVIII no eran muy distintas de las de hacía dos siglos.

Mientras estos víveres eran bastante alimenticios en sí cuando estaban frescos, a los pocos meses de ser guardados en barriles, toneles y sacos, que dejaban pasar el aire, se estropeaban rápidamente. Por desgracia, además, es muy sabido que los proveedores de vituallas eran unos estafadores, no sólo dando menos que la medida exacta, sino vendiendo cerveza ya echada a perder y carne a punto de estropearse, con lo que era normal que la mantequilla estuviese rancia, el queso tan duro como una piedra, el agua sucia y el bizcocho lleno de gorgojos. El único remedio, a menudo imposible de aplicar, era hacer frecuentes escalas en la costa para suplir el régimen básico con agua, frutas y legumbres frescas. Pero veremos que, en las regiones más remotas, muchos marineros solían devorar agradecidos unos comestibles ciertamente frescos, pero a la vez poco apetitosos.

Sin embargo, el aspecto más grave de la alimentación habitual en los navíos era la carencia de vitamina C, que se encuentra en las legumbres y especialmente en las frutas cítricas, puesto que producía una enfermedad que mataba a más marineros que cualquier otra, el escorbuto. Entre las expediciones que vamos a estudiar, sufrió sus efectos más espantosos la escuadra naval enviada al Mar del Sur al mando de George Anson en 1740. Desde antes de la mitad del siglo XVI se proponían remedios algo extravagantes, pero en 1593, rumbo al Mar del Sur, Richard Hawkins escribió la primera descripción detallada en inglés de la enfermedad, y observó la eficacia de naranjas y limones para su tratamiento y prevención. Ochenta años después, siguiendo la misma derrota, John Narborough escribió a favor de hierbas verdes. Pocos prestaron atención a sus consejos, con el resultado de que los pocos que los siguieron fueron los escasos afortunados, ya que Hawkins calculó que en 20 años murieron del escorbuto 10.000 marineros británicos.

Normalmente, los comandantes que se preocupaban por la prevención de esta enfermedad, aun si sus remedios eran equivocados, también miraban por la limpieza y la higiene en sus navíos, y cuando era posible desembarcaban a su gente para disfrutar del aire fresco. Podemos mencionar a John Byron, George Vancouver, James Cook, que insistió en la limpieza aunque no en las frutas cítricas, y Francis Drake, cuyo *Golden Hind* estuvo extraordinariamente libre de enfermedades durante tres años, pues solía lavarlo con vinagre, especialmente para limpiar la sentina, donde abundaban las ratas, y lo añadía también al agua para que se conservara mejor. Aun así, las enfermedades estaban extendidas en la mayoría de los barcos en viajes largos. Solían ser atribuidas al aire viciado o a climas nocivos. Se temían especialmente la disentería, la intoxicación alimenticia, y el tifus por falta de ropa limpia. Era irónico que los que desembarcaran en busca de agua y víveres frescos, por ejemplo en la costa de África o en las islas de Cabo Verde, volvieran también a sus barcos con el paludismo y las fiebres tropicales. Los tripulantes de Drake en su viaje al Caribe en 1585 no eran inmunes a estos peligros. Una vez transmitida la fiebre a los navíos, se propagaba rápidamente, puesto que la atención médica era mínima y los buques a veces estaban atestados de gente, especialmente los que zarpaban rumbo a regiones tropicales, donde se sabía que morirían muchos tripulantes.

Si por fortuna éstos lograban eludir las enfermedades o triunfar sobre ellas, evidentemente les amenazaban los riesgos diarios en alta mar: bajíos y rocas sumergidas, el fuego y las explosiones de pólvora, estopa podrida y vías de agua, los peligros encontrados en las tareas rutinarias de tripular un barco y sobre todo las tormentas. Todo ello nos induce a preguntar por qué, a excepción de los que la patrulla de enganche reclutó por la fuerza, cualquier hombre deseaba exponerse voluntariamente a una serie de factores tan peligrosos para su salud y aun la vida. Pero debemos repetir que, en muchos casos, la perspectiva de poder aliviar la miseria de la vida en tierra, por lo menos al principio, pesaba más que los riesgos. Claro está que también había momentos de tranquilidad y contento en cualquier viaje. Pero poco a poco las tensiones y el agotamiento suscitados tanto por el enfrentamiento con esas condiciones como por los intentos de acumular unas riquezas que mitigaran la dura vida en casa dieron como resultado disputas, pendencias, borracheras, deserciones y abandono de gente en costas inhóspitas, que caracterizaron a varias expediciones desde la época de Hawkins hasta los viajes de John Clipperton y George Shelvocke en el siglo XVIII.

Para explicar la intervención de navegantes y marinos británicos en las aguas del Nuevo Mundo, pensamos narrar y analizar las expediciones en las que tomaron parte, repartidas en tres regiones geográficas que corresponden a las tres partes de esta obra, a saber, el mar Caribe, que incluye viajes a las Antillas y a la costa de Tierra Firme desde Venezuela hasta Centroamérica; Norteamérica, que se refiere a los que visitaron el litoral atlántico del continente desde Florida hasta las zonas árticas; y el Atlántico Sur y el Mar del Sur, que se ocupa de quienes recorrieron las costas de Sudamérica desde Guayana hasta el golfo de Panamá y la costa occidental de Norteamérica. Ya que ésta no pretende ser la historia de la creación de un imperio, sino de las hazañas de marinos sin los cuales la permanente expansión en ultramar no hubiera sido posible, no pensamos ofrecer más que un perfil de la colonización en Norteamérica, las Antillas Menores o Guayana.

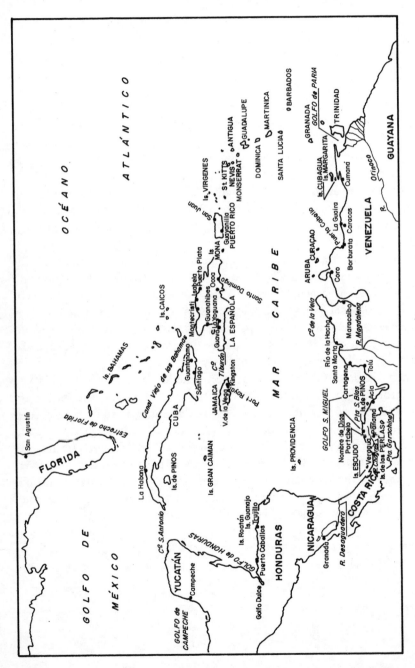

Las Indias Occidentales.

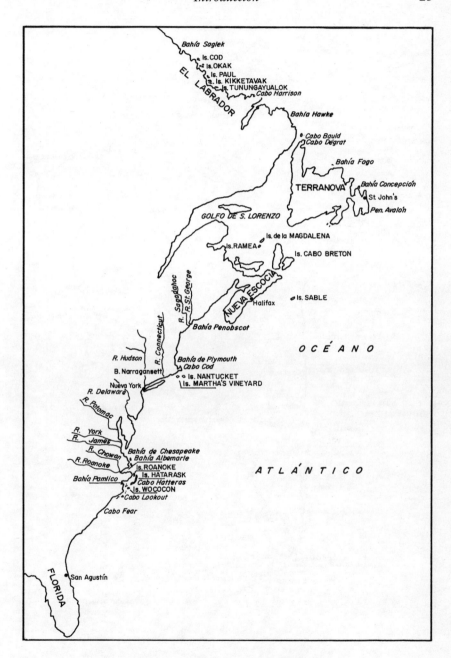

La costa atlántica de Norteamérica.

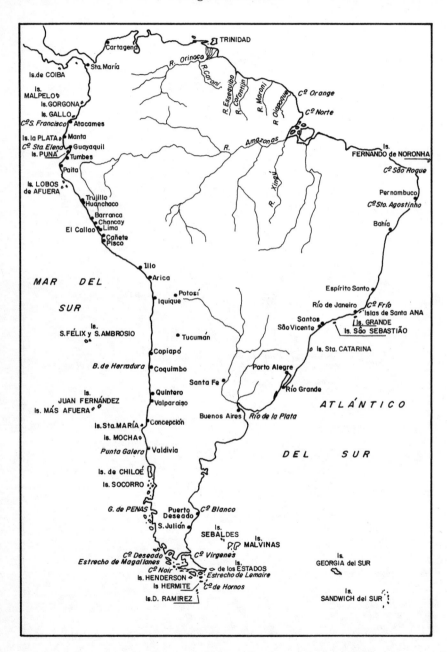

Sudamérica.

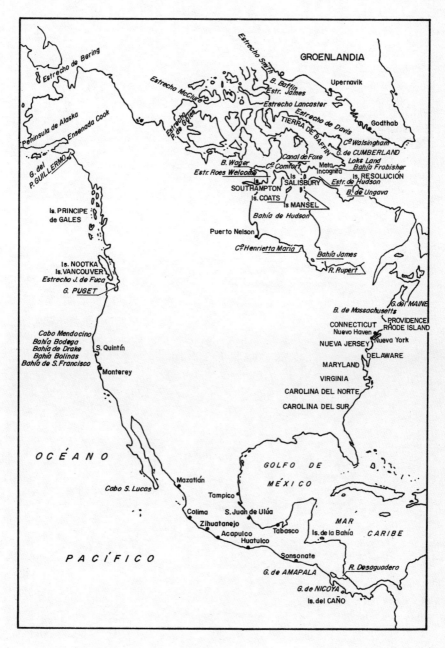

Norteamérica.

PRIMERA PARTE

EL MAR CARIBE

I

LAS PRIMERAS INTERVENCIONES EN EL CARIBE

El comercio hispanoinglés

La primera intervención de los navegantes británicos en las aguas del Caribe reclamadas por España desde la vuelta de Colón en 1493, tuvo lugar tras un período de continuo comercio entre los dos países. Durante varias décadas se realizaba de una manera amistosa y pacífica, aunque siempre competitiva, pero antes de los años cuarenta del siglo XVI estos negocios ya se habían agriado y de vez en cuando eran agresivos, lo cual iba a aumentar las tensiones políticas y religiosas. En el reinado de Enrique VII, los mercaderes británicos solían exportar sus tejidos de lana, su trigo y otros cereales a la Península Ibérica. Sus barcos volvían de Cádiz, Sevilla y Sanlúcar cargados de los vinos, frutas y aceite de Andalucía, de productos mediterráneos, palos de tinte, cueros y azúcar de las Indias Occidentales y de hierro de los puertos del norte de España.

Entre los puertos ingleses, los que participaban más frecuentemente en el comercio con España eran Londres, Southampton y Bristol. En el caso de los dos primeros, una gran parte del tráfico era indirecto, en el sentido de que formaba parte de viajes comerciales más extensos, por ejemplo al Levante. Al contrario, el comercio de Bristol estaba dominado por mercaderes de varios puertos del sudoeste de Inglaterra, que solían llevar y traer sus géneros de forma directa en sus propios navíos. Por eso, no es una mera casualidad que los mercaderes y dueños de barcos de Bristol desempeñaran un papel tan importante en la expansión marítima de su país hacia el Nuevo Mundo, y especialmente a Norteamérica. No ha de sorprendernos tampoco cómo a los marineros británicos que visitaban los puertos andaluces les fascinaban los galeones que regresaban del Nuevo Mundo abarrotados de plata y otras mercancías valiosas y exóticas. Sin duda, en esos puertos se enteraron de las rutas comerciales transatlánticas, de los mercados ultramarinos y de las características de la carrera de Indias. Además, había ingleses residentes en puertos españoles, especialmente en Sanlúcar, donde los duques de Medina-Sidonia les habían otorgado varios privilegios, así como en Cádiz y Sevilla, donde Roger Barlow y Robert Thorne, de Bristol, tenían establecidos sus negocios. Se les permitía hacerlo conforme a las condiciones del Tratado de Medina del Campo (1489), donde se afirmaba que los habitantes de ambos países disfrutaban del derecho de visitar, residir y comerciar en el territorio de la otra nación bajo las mismas condiciones que sus naturales.

A principios del reinado de Enrique VIII, en 1509, y durante la década de los años veinte, los negocios de estos mercaderes británicos en Andalucía prosperaban. Ya se les autorizaba para traficar en las islas Canarias, a donde posteriormente iban a enviar a sus propios factores, y algunos empezaban ya en la primera mitad del siglo a enviar sus barcos a las Antillas. Claro que no podían hacerlo directamente desde puertos ingleses, sino desde los puertos andaluces donde habían establecido sus empresas. Y generalmente lo hacían como socios de mercaderes españoles, de acuerdo con los reglamentos dictados por la Casa de Contratación de Sevilla, a los que estaban sujetos todos los súbditos de España. Mientras que en la mayoría de los casos empleaban factores españoles para ocuparse de las transacciones en el Caribe, en los años veinte también unos pocos ingleses vivían allí abiertamente para dirigir sus negocios en persona, como por ejemplo Thomas Tyson en Santo Domingo en 1526 [1]; pero seguramente uno de los primeros ingleses en remitir artículos a Santo Domingo en 1509 fue Thomas Malliard. Probablemente después de esta fecha se mantuvieron estos lazos comerciales de un modo intermitente, hasta que llegaron a su apogeo en los años veinte.

Aunque en el pasado hubo momentos en que las relaciones comerciales se dificultaron debido a disputas de orden local o a cambios

---

[1] Sobre éstos y otros mercaderes ingleses, véase G. Connell-Smith, *Forerunners of Drake*, Londres, 1954.

en la política exterior de cada nación, durante los años veinte a veces se agudizaba gravemente la rivalidad entre las comunidades marineras, si no, todavía, entre los países mismos. Por ejemplo, en España intentaban limitar, o aun paralizar, el tráfico inglés, alegando que las mercancías inglesas eran de inferior calidad y más costosas. Naturalmente, se vuelve cada vez más difícil la situación de los mercaderes ingleses en España al hacerse tensas las relaciones políticas y religiosas con ese país debido a la Reforma y a la anulación del matrimonio entre el rey Enrique VIII y su esposa española, Catalina de Aragón, para que se casara en 1533 con Ana Bolena. Al separarse Inglaterra de la Iglesia católica, los ministros del Santo Oficio tomaron medidas para extender su jurisdicción sobre los herejes, incluso sobre los mercaderes y navegantes británicos en España, que juzgaban que su rey era cabeza de la nueva Iglesia anglicana, y ciertamente persiguió, arrestó y maltrató a los que poseían libros o documentos heréticos en que se hacían semejantes declaraciones o que criticaban a la Iglesia católica y el pontificado. Sus mercadurías fueron decomisadas y sus navíos detenidos. Algunos no tuvieron más remedio que abandonar sus casas y negocios después de tantos años en España y regresar arruinados a Inglaterra.

Dada esta situación, se ve por qué entre la comunidad mercantil y marinera de Inglaterra, especialmente en los puertos del sudoeste, empezó a extenderse cierto antagonismo contra los marineros españoles, incluso cuando vivían en paz ambos países. Corrían por Inglaterra ridículos rumores de que en 1539 se había quemado vivos a varios ingleses en Sevilla. Fue una exageración extrema de la realidad de los castigos sufridos por mercaderes y navegantes británicos, pero a la vez indica el alto nivel de la animosidad contra España.

Durante los años cuarenta, los armadores británicos que se sentían agraviados por la Inquisición se pusieron a ajustar las cuentas apresando buques españoles en alta mar. Carlos V respondió ordenando en enero de 1545 que se prendieran los barcos y las propiedades de ingleses en los Países Bajos. Pero el suceso más notorio de esos años inquietos ocurrió en marzo de 1545, cuando Robert Reneger se convirtió en una figura de renombre nacional, y en precursor de Francis Drake, por ser el primer inglés en asaltar un galeón español que volvía de las Indias. El *San Salvador* transportaba oro, plata, perlas, 124 cajas de azúcar y 140 cueros valorados en total en 7.243.075 maravedís (19.315 ducados). Seguidamente, y sin exigir indemnización al rey Enrique VIII, el gobierno español mandó que se confiscaran todos los barcos y negocios ingleses en Andalucía, acto que forzosamente envalentonó a los que deseaban seguir el ejemplo de Reneger. Menos de la tercera parte de lo que él robó fue devuelto a sus dueños, tras una larga disputa diplomática.

Así pues, fue mediante el comercio hispanoinglés por el que se fueron presentando a los navegantes británicos las oportunidades de informarse sobre el tráfico transatlántico y aun para empezar a participar en él. Pero el proceso iba derivando hacia una enemistad entre las dos comunidades marineras que anticipaba en muchos años la ruptura oficial de las relaciones políticas entre ambos países. Por tanto, no hay duda de que los sucesos y los conflictos de los años treinta y cuarenta anunciaron la futura época de agresivo comercio que había de caracterizar las intrusiones en el Caribe de John Hawkins (o Aquines en español), así como la abierta hostilidad durante la larga guerra de los corsarios, tradicionalmente denominada la «época de Drake».

La primera incursión inglesa en el Caribe: John Rut (1527)

Mientras cargaba mandioca en la isla Mona, entre Puerto Rico y La Española, el martes 19 de noviembre de 1527 el capitán Ginés Navarro vio aproximarse una nave que él dice ser de unas 250 toneladas. Supuso que era española, pero pronto se asombró cuando se dirigió hacia él una pinaza que llevaba dos lombardas en la proa y unos 25 hombres armados con espadas, flechas y ballestas. Le dijeron que eran de Londres y que venían en una nave del rey de Inglaterra, que la había armado para ir a descubrir la tierra del Gran Khan. Cuando se les preguntó a los ingleses por qué habían arribado a las Antillas, contestaron que era para cargar palo brasil y dar razón de las islas a su rey. Aunque no aparecen nombres en los documentos españoles, parece seguro que era la *Mary Guildford*, en efecto de 160 toneladas, que se solía emplear cada año en traer vinos de Burdeos para las bodegas reales. Venía al mando de John Rut, experimentado navegante del servicio real [2].

---

[2] Erróneamente, algunos historiadores afirman que no fue Rut, en la *Mary Guildford*, quien entró en el Caribe, sino el *Samson*, que le acompañó hasta la costa de Nor-

Según la relación española, 25 o 30 ingleses armados se quedaron en la isla hasta la tarde del siguiente miércoles, al parecer después de haber invitado a Ginés Navarro a visitar su navío. De sus observaciones y las preguntas que le hicieron con respecto a Santo Domingo y su gobernador, se puede deducir que Enrique VIII también le había encargado a Rut el reconocimiento de las posesiones españolas en las Antillas. Estos navegantes de la primera expedición inglesa en el Caribe zarparon de Mona en la mañana del jueves, «disparando dos tiros de lombarda y tocando una trompeta bastarda».

Cuatro días después, o sea, el 25 de noviembre, se repitieron estos sucesos en la desembocadura del río Ozama, puerto de Santo Domingo, donde desembarcaron Rut y 10 o 12 marineros, ahora explicando que habían venido al Caribe en busca de agua fresca y víveres. Las autoridades españolas convinieron en permitir que la nave inglesa fondeara en el puerto, y con este propósito enviaron al alguacil mayor, Diego Méndez, acompañado por los pilotos Antonio Martín y Pedro Montiel, para guiarla hacia un fondeadero seguro. Puesto que ya estaba anocheciendo y el viento era contrario, no se pudo realizar esta maniobra hasta las diez de la mañana siguiente. Entretanto, los visitantes españoles narran cómo se les divirtió, se les dio de comer y se les mostraron las mercancías que los ingleses querían trocar por vituallas.

Las relaciones amistosas duraron hasta que echó anclas la *Mary Guildford* en el puerto de Santo Domingo, y los dos pilotos y los oficiales ingleses empezaban a comer juntos «con gran placer y buen humor». En este momento, se disparó una bala de cañón en la fortaleza, la cual pasó cerca de la popa de la nave inglesa. Más tarde se realizó un examen de la conducta del alcaide, Francisco de Tapia, cuyos resultados se podrían interpretar como una prueba de que los españoles no intentaban ni deseaban ahuyentar a la gente de Rut. Tapia declaró que no había recibido ninguna instrucción de la Real Audiencia y que por tanto actuó conforme a la cédula real que ordenaba que se debía averiguar la identidad de cualquier barco que entrara en los puertos de las Antillas. «Por saber cómo venía», le dijo, «tiré un tiro de artillería pequeño para que hiciese seña, como es costumbre». Negó que hubiera

teamérica. Véase F. A. Kirkpatrick, «The first recorded English voyage to the West Indies», *English Historical Review*, 20, 1905, pp. 115-124.

apuntado el cañón en la dirección de la nave inglesa, y aseguró que la bala cayó a una distancia de 20 brazas de ella.

Aunque la Corona concluyó que Tapia no había actuado con premeditación y hostilidad, el testimonio de otros españoles parece demostrar que a Tapia se le había criticado, no porque su acción trastornó las cordiales relaciones o impidió el tráfico que algunos deseaban, sino porque frustró la intención de apresar a la *Mary Guildford* con sus 60 tripulantes y soldados.

Cuando hubo puesto en tierra a los dos pilotos, Rut se hizo a la mar el 26 de noviembre, temiendo que los españoles atacaran su navío. Luego de registrar el puerto de Ocoa, al oeste, desembarcó a 30 hombres en la pinaza. Los vecinos del lugar les informaron de que no estaban dispuestos a permitirles comprar vituallas, de modo que los ingleses simplemente les robaron gallinas, 400 huevos, ropa y 50 arrobas de pescado. Al partir, amenazaron con volver en una escuadra de seis navíos, puesto que en esta ocasión sólo habían venido para reconocer los puertos de La Española. No existe ninguna mención de su regreso a Inglaterra, que debió de haber sido en la primavera de 1528.

Esta primavera intervención, escasamente documentada, de un navío inglés en las aguas del Caribe parece haber sido imprevista y, a la vez, inquietante por algún tiempo, en cuanto presagiaba la expansión del comercio inglés en el Nuevo Mundo.

En efecto, Rut no volvió ni con información ni con mercancías suficientes para tentar al rey Enrique VIII a poner en práctica otro proyecto semejante. Pero en la breve visita de Rut al Caribe vemos las características de sorpresa, cordialidad, recelo y agresión que iban a distinguir las hazañas de muchos navegantes británicos que vendrían en la segunda mitad del siglo.

Hasta la fecha no parece existir relación de otro viaje de una nave inglesa al Caribe, salvo el de la *Barbara* en 1540, y no fue su destino original, pues solamente tras haber traficado en la costa del Brasil, la *Barbara* empezó a hacer tanta agua que su capitán decidió poner rumbo al Caribe antes de atravesar el Atlántico. Cerca de la costa de La Española intercambiaron cañonazos con un galeón español y apresaron otro navío sevillano cargado de azúcar y cueros. Por fin, a la altura del cabo Tiburón abandonaron la *Barbara* y trasladaron sus provisiones y mercancías al buque español. Regresaron a Dartmouth en agosto de 1540, con 13 hombres sanos de los 100 con que habían salido de Inglaterra hacía cinco meses. Se dice que en febrero de 1541 se arrestó a varios tripulantes de la *Barbara* acusados de piratería. Cuando Hawkins y Drake se hicieron a la vela rumbo a las Indias Occidentales, la Corona inglesa ya no estaba dispuesta a responder de la misma forma a las acciones de sus navegantes.

II

LOS VIAJES DE JOHN HAWKINS Y EL TRÁFICO DE ESCLAVOS (1562-1569)

El primer viaje (1562-1563)

Al subir al trono la reina Isabel I en 1558, lo que hasta entonces solamente habían sido visitas poco frecuentes de marinos y mercaderes ingleses a las Indias Occidentales empezó a hacerse común a partir de los años sesenta, y la reina misma contribuyó en dos ocasiones con barcos a las empresas de esa década. Recientemente se habían producido menos desacuerdos en la esfera del comercio hispanoinglés y, por la mayor parte, existieron relaciones cordiales entre los dos países, aliados por el matrimonio de la reina María Tudor y el monarca español Felipe II en defensa del catolicismo y en contra del enemigo común, Francia, con lo que fueron franceses los barcos que irrumpieron en el Caribe con patentes de corso, hasta firmarse el Tratado de Cateau-Cambrésis con España en 1559. Tras la muerte de María Tudor, se inició una época en que los ingleses ya no respetaban el monopolio español en las Antillas, y procuraban enriquecerse mediante sus incursiones. En adelante, John Hawkins iba a transformar la situación para siempre, pese a que al hacerlo Inglaterra y España aún vivían en paz y él, aparentemente, no tenía intención de comportarse como enemigo. Este cambio fundamental se origina en las ambiciones comerciales de Hawkins y en la a veces enconada rivalidad comercial que prefiguraba la oposición política y el conflicto armado que aparecerían desde los años ochenta.

Para realizar sus ambiciones, Hawkins se dio cuenta de la conveniencia de formar una alianza entre los recursos financieros de los puertos del sudoeste y los de la capital. Éstos se pueden dividir en dos grupos, a saber, dueños de barcos y miembros de la Junta Naval, por ejemplo Benjamin Gonson, suegro de Hawkins y tesorero de la marina real, y su inspector, William Winter, junto con mercaderes y personalidades de capital e influencia, por ejemplo sir Thomas Lodge, alcalde de Londres en 1563, y sir Lionel Ducket, que lo sería en 1573. Lo que relacionaba a los dos grupos era su interés por el comercio de oro en la costa de Guinea, algo que también les unía con John Hawkins, debido a la larga participación de su familia en el comercio africano desde los viajes de su padre, William, durante el reinado de Enrique VIII. Tras la muerte de aquél en 1554, John solía viajar a las Canarias, donde conoció al comerciante de padre genovés, Pedro de Ponte y Vergara, que le informó sobre el tráfico de esclavos en la costa de África. De esta manera, Hawkins se convenció de que a pesar de los riesgos y los costos, existían oportunidades para obtener negros, venderlos en el Caribe y, al mismo tiempo, introducir otras mercancías prohibidas.

Así es que se puede considerar la empresa de 1562-63 como un intento de realizar este propósito, ante su falta de conocimientos prácticos del Caribe y sus dudas sobre la posible reacción española, porque ni Hawkins ni los que le apoyaban podrían haber sido tan ingenuos como para suponer que Felipe II iba a permitir una intervención que constituyera un ataque al monopolio español. Sin embargo, sería interesante evaluar la reacción de autoridades y pobladores en las Indias, y ver hasta qué punto España era capaz de defender su comercio.

Como una tentativa de desviar la atención del carácter vergonzoso y represible del comercio en el cual se proponía participar Hawkins, se sugiere de vez en cuando que simplemente buscaba nuevos mercados donde vender telas de lino y lana inglesas. Esta opinión no parece ser confirmada ni por los típicos negocios mercantiles de sus socios, ni por el valor de los géneros que logró vender en Borburata durante su segundo viaje, del cual el 88 % procedía de la venta de esclavos; además, la mayor parte de las telas que pasó de contrabando eran de origen francés y holandés. Más extendido aún es el parecer de su biógrafo J. A. Williamson, que sostiene que sus viajes de contrabando constituían una forma de política internacional. Se basa en la premisa de que cuando insistía en la paz entre España e Inglaterra durante sus discusiones con las autoridades coloniales, o cuando se preocupaba por obtener un permiso para comerciar, Hawkins pensaba en realidad influir en Felipe II de modo que declarara legítimas futuras empresas suyas. Dicho de manera más explícita, a cambio de una concesión para vender esclavos, Hawkins se ofrecería a expulsar a los franceses del Caribe. De hecho, ningún funcionario en las Indias Occidentales tenía autoridad para autorizar el comercio con extranjeros. El rey español, como era de esperar, estaba totalmente en contra de tal permiso; el propio Hawkins nunca alude a fines políticos, y más de una vez actuó en defensa de los franceses antes que contra ellos. Además, aunque en esta ocasión Hawkins no dispondría de una poderosa capacidad militar, siempre era posible que se viera obligado a recurrir a la fuerza de las armas por falta de víveres, o para estimular el comercio.

Salió por primera vez en octubre de 1562, de Plymouth, nuevo centro de exploración y comercio extranjero, como lo había sido Bristol en la época de los Cabotos, gracias a los esfuerzos de la familia Hawkins, cuya iniciativa le hizo ganar ascendencia sobre otros puertos de la costa sur, tales como Southampton o Dartmouth. Sus tres barcos eran el *Salomon* (120 toneladas), el *Swallow* (100 toneladas) y el *Jonas* (40 toneladas), tripulados solamente por unos 100 hombres, o sea, uno por cada 2,6 toneladas, la primera indicación de su opinión de que en los navíos atestados se producían muchas enfermedades por la falta de higiene, especialmente en regiones tropicales; por consiguiente, suele decirse que enfermaba menos gente en sus barcos que en los de sus compatriotas. Hicieron escala en Tenerife, donde su amigo y socio Pedro de Ponte le ofreció los servicios de un piloto, Juan Martínez, vecino de Cádiz, que conocía las aguas del Caribe. Ponte también había avisado a sus corresponsales en La Española de la próxima visita de un buque mercante inglés. Hawkins después puso rumbo a la costa de África, donde se apoderó, «en parte por la espada y en parte por otros métodos», de marfil, cera y esclavos negros, robados a barcos portugueses en la costa hasta Sierra Leona. Se quedó con uno de estos barcos para transportar las mercancías a las Indias. Según los portugueses, les quitó unos 900 esclavos, pero la cifra de 300 ó 400 sería más probable.

Guiado por su piloto español, Hawkins optó prudentemente por apartarse de Santo Domingo, centro de la administración española, para vender su cargamento en los puertos menos poblados y mal defendidos de la costa norte. Arribaron a La Isabela en abril de 1563 y luego visitaron con gran éxito Puerto Plata y Montecristi. Vendieron sus esclavos y cargaron con cueros, azúcar, perlas, genjibre y tal vez un poco de oro, no sólo los tres navíos de Plymouth, sino otros dos que fletaron en La Española. Según los documentos españoles, se enviaron a través de la isla, desde el sur, unos 70 caballeros, a las órdenes del licenciado Lorenzo Bernáldez, para enfrentarse con Hawkins. Se dice que se abstuvieron de atacar por el temor de ser más numeroso el enemigo. Probablemente la verdad reside en el hecho de que Bernáldez y Hawkins se pusieron de acuerdo para elaborar un plan, según el cual a mediados de abril se le concedió a Hawkins una licencia para vender negros y traficar, a condición de que se comprometiera a pagar los derechos de aduana y entregar la carabela portuguesa.

El último aspecto enigmático es que los dos barcos fletados en el Caribe no regresaron con los otros navíos a Plymouth, donde fondearon en septiembre de 1563, porque se habían consignado sus cargas a nombre de Hugh Tipton, mercader inglés residente en Sevilla. Uno hizo escala en Lisboa por motivos desconocidos, donde fue apresado y su carga embargada. La misma suerte le tocó al segundo en Sanlúcar de Barrameda. No resulta fácil descubrir un motivo convincente para explicar esta conducta por parte de Hawkins. Después de todo, había infringido las leyes españolas al viajar al Nuevo Mundo, llevando mercancías no registradas por la Casa de Contratación de Sevilla; por tanto, ¿cómo podía esperar vender sus cargamentos en España? Incluso si tenemos en cuenta el supuesto fundamento político de su empresa, apenas es creíble proponer que comportándose de buena fe tuviera esperanzas de ganar la confianza de Felipe II y conseguir una revocación de las leyes en beneficio propio. Por otra parte, es posible que pensara venderlas sirviéndose de un intermediario español, disfrazando así la verdadera identidad del dueño de las mercaderías [1].

El segundo viaje (1564-1565)

A pesar de haber perdido dos de sus cinco cargamentos, Hawkins pudo alegar con razón que su primer viaje al Caribe había tenido resultados alentadores en cuanto a sus ganancias y que las Indias no estaban

---

[1] A. Rumeu de Armas, *Los viajes de John Hawkins a América (1562-95)*, Sevilla, 1947, subraya la importancia de la ayuda de pilotos españoles y se inclina a creer que los navíos que Hawkins envió a Sevilla hicieron escala en las Canarias, «con el propósito de que Ponte legalizase la situación de ambos antes de su arribo a la capital andaluza», p. 120.

lo bastante bien defendidas como para impedir el comercio extranjero, así que se puso a aprestar una segunda expedición en la primavera de 1564, época en que las relaciones políticas entre España e Inglaterra se enfriaban. Corsarios ingleses robaban a naves españolas en el canal de la Mancha y sobre las costas de la Península Ibérica, mientras que en Gibraltar y varios puertos del norte se detuvieron navíos ingleses, provocando rumores sobre las crueldades que sufrían los navegantes británicos en manos de la Inquisición. Además, la rivalidad internacional en las Indias se había intensificado en 1562, cuando el capitán hugonote Jean Ribault fundó una colonia francesa en la costa oriental de Florida, amenazando los galeones españoles, que solían pasar por el estrecho entre esa costa y las islas Bahamas. No se pudo llevar a la práctica un proyecto anglofrancés, aprobado por la reina Isabel, para socorrer a los luteranos franceses antes de que abandonaran el lugar. Pero cuando Hawkins volvió al Nuevo Mundo, se le ordenó visitar una segunda colonia francesa creada por René de Laudonnière a principios de 1564.

Por eso, al hacerse a la mar en Plymouth el 18 de octubre, se le había encomendado a Hawkins una misión inspirada tanto en las inquietudes de Isabel I con respecto a las intenciones francesas en Norteamérica como en un interés personal por adueñarse de algunas de las míticas riquezas del Nuevo Mundo. En España se sospechaba que la reina inglesa y sus consejeros armaban naves corsarias que iban encubiertas y con fines dudosos, pero en vísperas de la segunda partida de Hawkins, ella le había informado al embajador, Diego Guzmán de Silva, de que no había motivos de alarma, puesto que Hawkins no tenía intenciones hostiles. Pero es significativo que en esta ocasión no sólo apoyaban a Hawkins negociantes londinenses y magnates de la marina real, incluso el almirante mayor, lord Clinton, sino también Robert Dudley, conde de Leicester y protegido de Isabel, y la reina misma, que arrendó un galeón grande, el *Jesus of Lubeck* (700 toneladas), reservándose así un tanto por ciento de los beneficios.

Aunque se decía que esto significaba una inversión de 2.000 libras esterlinas por parte de la Corona, en realidad era un navío bastante antiguo, porque se había adquirido a la Liga Hanseática en 1545 [2] y,

---

[2] Aunque el valor de la moneda fluctuaba en el transcurso de los años y de una región a otra del imperio español, podemos decir que la libra esterlina valía más o me-

además, sus maderas estaban podridas de resultas del descuido de los reinados de Enrique VI y María Tudor. Los demás navíos pertenecían a la familia Hawkins, a saber, el *Salomon* (130 toneladas), el *Tiger* (50 toneladas) y otro *Swallow* (30 toneladas). En total llevaban solamente 150 hombres, de los cuales el exiguo número de 80, o sea, uno por cada 8,75 toneladas, tripulaban el *Jesus,* y uno por cada 3 toneladas en los demás. Después de hacer escala en El Ferrol, donde distribuyó sus instrucciones para el viaje, Hawkins se dirigió otra vez a Tenerife para consultar con Pedro Ponte, y luego a la costa africana, donde adquirió 400 ó 500 esclavos entre Cabo Verde y Sierra Leona. Emprendió la travesía del océano el 29 de enero de 1565, e hizo aguada en Dominica el 9 de marzo.

Quizás porque juzgaba que los mercados de La Española ya estaban saturados de negros, puso rumbo entonces a Tierra Firme, donde fracasaron sus primeros esfuerzos por traficar en la isla de Margarita del 16 al 20 de marzo. Al parecer, el gobernador era único en interpretar escrupulosamente la reales cédulas, tratando a Hawkins como a un contrabandista, negándose a hablar con él, rehusando darle un piloto y enviando avisos a Santo Domingo y a lo largo de la costa hacia el cabo de la Vela, pero en vano, porque al arribar a Borburata el 3 de abril, Hawkins veía que los pobladores estaban ansiosos por comprarle algunos de sus esclavos, pero le pidieron un plazo de diez días para pedir permiso a su gobernador en Coro, Alonso Bernáldez, sobrino del Lorenzo Bernáldez de La Española. Hawkins No sólo le dirigió su propia petición, sino que le envió una carta de recomendación de su tío, lo cual indica que durante su primer viaje ya preveía futuros proyectos. Huelga decir también que Hawkins deseaba vender lo más rápidamente posible una carga humana que se debilitaba y moría después de haber pasado más de dos meses sufriendo las intolerables condiciones de las bodegas de sus navíos.

Leyendo otra vez entre líneas en los documentos españoles que describen las discusiones entre Hawkins y el gobernador, el cual llegó

nos en esta época 4,7 pesos de a ocho reales, 3,6 ducados y 2,5 pesos de oro. Igualmente, puesto que las equivalencias entre barcos ingleses y españoles son a veces difíciles de calcular, sólo ofrecemos el tonelaje citado en el documento original. Sin embargo, se puede decir en general que en la época de Drake hay que aumentar la cifra inglesa por el 35 al 45 % para hacerla corresponder con la española.

a Borburata el 14 de abril, se detecta cierto disimulo cuando el capitán inglés amenaza con «buscar su propia solución», es decir, recurrir a la fuerza de las armas, y Bernáldez opone al principio una resistencia simbólica, pero termina por rendirse ante fuerzas muy superiores. Mas cuando el gobernador exigió que, además de los derechos de aduana del 7,5 %, Hawkins pagara un impuesto adicional de 30 ducados por esclavo, desembarcaron de la flota inglesa 100 soldados armados. Así que no se trata totalmente de posturas fingidas, sino de verdaderos temores y demostraciones de la fuerza que se podría ejercer. Al concluir este episodio, Hawkins se comprometió a pagar el almojarifazgo del 7,5 % y concluyó el comercio que tanto él como el gobernador deseaban.

Después de levar anclas el 4 de mayo, cargaron carne fresca y algunos cueros en Curaçao tres días más tarde, pasaron por delante de Aruba el día 16, y el 19 anclaron cerca de Río de la Hacha, famoso por sus pesquerías de perlas y por su oro. En un ambiente de recelo y desconfianza mutuos, entablaron negociaciones con el tesorero Miguel de Castellanos, a fin de sentar las bases de un futuro comercio. Aunque Hawkins, como solía hacer, afirmó la amistad que reinaba entre sus respectivas naciones, los dos canjearon rehenes y amenazaron con recurrir a la fuerza, tal vez simplemente para guardar las apariencias y proteger a Castellanos de cualquier crítica oficial. El 21 de mayo el tesorero le entregó un permiso para «rescatar y vender y contratar en esta ciudad, esclavos, paños, lienzos, vinos, harinas y otras cosas cualquier», y por fin le dio «al muy magnífico John Hawkins» otro testimonio sobre su buena conducta.

Cuando Hawkins partió rumbo a La Española el último día del mes, había logrado vender la mayoría de sus esclavos a cambio de oro, plata, perlas y cueros que valían 10.000 libras. Sin embargo, como no tenía piloto y desconocía los vientos y la fuerte corriente que empujaban a sus navíos de este a oeste, se desvió de su derrota y alcanzó primero la costa meridional de Jamaica y luego la de Cuba. Resolvió entonces doblar el cabo San Antonio y entrar en el estrecho de Florida para cumplir el encargo de investigar la nueva colonia francesa. Guiado por un piloto de Dieppe que había acompañado a Ribault y a quien había traído precisamente con este propósito, consiguió localizar a los franceses a mediados de julio. Como su gobernador, Laudonnière, desconfiaba de los verdaderos motivos de Hawkins, rechazó la oferta de ser evacuado y transportado a Francia en la flota inglesa junto con sus soldados, aunque todos sufrían de hambre, estaban cada día más descontentos y tenían miedo de ser atacados por los indios. No obstante, sí aceptó la magnánima oferta de un buque de 50 toneladas (¿el *Tiger*?), 50 pares de zapatos, cera para hacer velas, sal, trigo y otros víveres, a cambio de los cañones del fuerte francés.

Hawkins bordeó la costa oriental de Norteamérica hasta Terranova, y de allí puso rumbo a Inglaterra, anclando en Padstow (Cornualles) el 20 de septiembre de 1565. Fue una empresa de enorme éxito comercial, en la cual sólo murieron de enfermedades 12 marineros. A juzgar por la relación del viaje, Hawkins volvió entusiasmado por los atractivos de Florida, y sin duda le hubiera agradado ofrecerla a su reina ya abandonada por los franceses. No obstante, la reina le ofreció un escudo de armas propio.

EL TERCER VIAJE (1566-1567)

Tras su regreso a Inglaterra, Hawkins se reunió varias veces con el embajador español en Londres, Guzmán de Silva, a petición de éste. Aunque se informó con cierta alarma tanto de su comercio ilícito en el Caribe, como de la presencia de los franceses en Florida, y se aprovechó de las entrevistas para apreciar el talento y los futuros proyectos de Hawkins, el embajador aparentemente, tardó en darse cuenta de que ya estaba armando su tercera expedición. La verdad es que ninguno de los dos habló con completa sinceridad durante estas conversaciones, en el curso de las cuales Hawkins afirmó que no pensaba retornar a las Indias. Al enterarse de Silva de la verdad en el mes de octubre de 1566, presentó sus protestas a la reina Isabel I y logró persuadirla de que le prohibiera a Hawkins hacerse a la vela. Pero el 9 de noviembre zarparon de Plymouth tres barcos a las órdenes de John Lovell, el *Paul* (200 toneladas), el *Salomon* (100 toneladas) y el *Pasco* (40 toneladas), para emprender el viaje del cual se había excluido a Hawkins. Entre los navegantes figuraba un tal Francis Drake, viajando al Nuevo Mundo por primera vez.

Lovell puso rumbo a las islas de Cabo Verde, donde cargó sus esclavos en el mes de febrero de 1567, pero en esta ocasión sólo después de varios encuentros sangrientos con los portugueses. Luego siguió la derrota de Hawkins a Margarita, Borburata y Río de la Hacha. No se sabe nada de su arribo a la primera, salvo la interesante noticia de que se le vio acompañado por el corsario francés Jean Bontemps, con el cual parece haber cooperado después. En Borburata los dos tomaron varios rehenes, pero sólo vendieron 26 negros. Peor aún, en Río de la Hacha, el 18 de mayo, el tesorero Castellanos, que diez días antes había expulsado a Bontemps, rehusó terminantemente negociar con Lovell, de modo que lo mejor que pudo conseguir, según las crónicas españolas, fue desembarcar unos 92 esclavos viejos y enfermos para los cuales tenía pocas perspectivas de encontrar un comprador.

Si esto fue un frustrado intento de colaborar con Castellanos, a Lovell se le había privado hábilmente de cualquier forma de pago por los esclavos puestos en tierra, y evidentemente le faltaban fuerza y la determinación para tomar represalias. Sin sombra de duda, Lovell había llegado en un momento inoportuno, cuando la Audiencia de Santo Domingo y el nuevo gobernador de Venezuela, Pedro Ponce de León, exigían que se adoptara una actitud firme en contra de cualquier intruso, o si no, correr la suerte del antiguo gobernador, Alonso Bernáldez, a quien se había enviado prisionero a España para responder de las quejas en lo referente a su administración. Según fuentes españolas, Lovell desembarcó después en la costa de La Española, en busca de un cargamento de cueros y otras mercancías que salvaran su expedición de un fracaso total. Volvió a Plymouth a principios de septiembre de 1567.

El cuarto viaje y la batalla de San Juan de Ulúa (1567-1569)

Varios meses antes de la vuelta de Lovell ya se hacían preparativos para lo que sería el cuarto y último viaje de esta serie. Si no se había tomado todavía la decisión, el fracaso financiero de la expedición de Lovell concluyó en el nombramiento de Hawkins como jefe en 1567. Aunque, con razón, el embajador Guzmán de Silva pronto empezó a sospechar cuando empezaron a sacar cañones y municiones de la Torre de Londres para armar dos navíos de la marina real, Isabel I le aseguró que no iban a zarpar rumbo a las Indias, sino en busca de una mina de oro en África. Ciertamente hay datos que corroboran hasta cierto punto este intento, aunque sólo como apéndice de los objetivos principales y secretos en las Antillas. Lo que se puede deducir es que, junto a los mercaderes, la Corona y sus consejeros ahora participaban en gran escala en el proyecto, de modo que la expedición revestía las características de una empresa nacional. Pero a excepción de los imprecisos rumores sobre el oro africano, no se le encomendó a Hawkins ninguna comisión especial, a menos que fuera tan secreto que continúa siendo así hasta hoy. Así pues, nos imaginamos que el motivo del cuarto viaje era vender esclavos y no hacer la guerra.

Los dos navíos que enarbolaban el estandarte real eran el *Jesus of Lubeck* (700 toneladas) y el *Minion* (300 toneladas), construido por Enrique VIII hacia 1536 y hasta entonces bastante descuidado. En Plymouth se reunieron con cuatro buques de la familia Hawkins, el *William and John* (150 toneladas), el *Swallow* (100 toneladas), el *Judith* (50 toneladas) y el *Angel* (33 toneladas). Llevaban 408 hombres de tripulación, o sea, uno por cada 3,27 toneladas. A fines de agosto, mientras todavía se aprestaban los navíos, ocurrió un siniestro incidente que presagiaba en cierto sentido lo que iba a acontecerle a la escuadra inglesa en San Juan de Ulúa en 1568. Una flotilla de siete buques españoles, que transitaban por el canal de la Mancha desde Flandes, entraron en la bahía de Plymouth bajo el pretexto, según declararon después sus capitanes, de escapar de una borrasca. Pero al hacerlo no cumplieron con el saludo habitual, inclinando las banderas y arriando las gavias. Se podría haber interpretado como un acto de descortesía o de arrogancia. Hawkins lo vio como una señal de hostilidad y respondió a cañonazos desde su capitana y el *Minion,* hasta que los españoles le saludaron a su satisfacción, con lo que, en un ambiente de recriminaciones y relaciones recién enfriadas, la flota inglesa se hizo a la mar el 2 de octubre de 1567.

Cuatro días después de la salida, a 40 leguas del cabo Finisterre, una tempestad se les vino encima de repente y puso a prueba la navegabilidad de la capitana, que no había sido fabricada para aguantar las condiciones en el Atlántico durante el invierno. Mientras cabeceaba y se balanceaba, se abrieron las tablas del casco, y al correr el agua por las grietas se inició una lucha desesperada por sustituir la estopa perdida por telas sacadas del cargamento. Sin embargo, los dispersos navíos fondearon al fin en el habitual lugar de reunión, Tenerife, vencido un peligro pero otros por vencer. Era evidente que las autoridades pensaban tratar a Hawkins como a un intruso molesto, aunque fingieron invitaciones al parecer amistosas para persuadirle a desembarcar. Fracasado este intento, al amparo de la noche trasladaron a un nuevo embarcadero varios barcos detrás de los cuales estaba anclada la flota inglesa, porque así formaban una barrera contra los cañones de la fortaleza de San Cristóbal. Hawkins también descubrió este ardid justo a tiempo para conducir su flotilla a otro lugar fuera de peligro.

En las costas de Cabo Verde y Sierra Leona, durante noviembre y diciembre, realizaron la tarea de recoger esclavos, lo que provocó conflictos con negros que disparaban flechas envenenadas y con los portugueses, que oponían una resistencia feroz. Ya no se hablaba de minas de oro. No obstante, cuando la expedición zarpó el 3 de febrero de 1568, había cargado unos 500 negros, obtenidos por medio de la caza, los robos y como recompensa por haber intervenido en una guerra de tribus en Sierra Leona. También cerca del río Gambia habían topado con una flotilla de seis buques franceses, de los que incorporaron dos a su flota. Uno de ellos era una carabela de 150 toneladas robada a los portugueses por el corsario a quien los textos ingleses llaman el capitán Bland. Se le puso el nombre de *Grace of God,* al mando de Francis Drake, y habría de acompañarlos hasta San Juan de Ulúa.

La lenta travesía del Atlántico duró 52 días debido a continuas tormentas y a una mar gruesa. Durante este período la enfermedad debió de haberse llevado a muchas víctimas, especialmente entre los negros. El 27 de marzo arribaron a Dominica para hacer aguada y luego hicieron escala en la isla de Margarita. Su gobernador no estaba contento de verlos, pero ante las amenazas no tuvo más remedio que permitirles cambiar lienzos y artículos de hierro por carne, agua y otros víveres, porque si no, temía que los ingleses asaltaran la isla como lo habían hecho tantas veces los franceses. Nueve días después, la flota continuó su viaje a Borburata. Hawkins confesó entonces que estaba enterado de la prohibición de cualquier trato comercial con extranjeros. Pero esto no le disuadió de pedir en una carta al gobernador, Ponce de León, permiso para vender 60 negros y otros géneros de modo que pudieron pagar a sus soldados; así, al referirse a su gente armada presentaba una amenaza disimulada. Aunque el gobernador se negó a darle esa licencia en una cortés respuesta, no hizo nada para impedir que los ingleses levantaban puestos en la playa, donde comerciaron hasta principios de junio, vendiendo unos 140 esclavos y otras mercaderías en un ambiente cordial. Después de enviar los barcos menores a buscar provisiones en la isla de Curaçao, la flotilla se dirigió a Río de la Hacha, donde hubo otro encuentro con Miguel de Castellanos.

El primer barco inglés en arribar fue el *Judith,* ahora a las órdenes de Francis Drake, acompañado por el *Angel* y la carabela del capitán francés. Los recibieron a cañonazos, lo cual parecía demostrar que habían resuelto servirse de nuevas medidas defensivas adoptadas desde la última visita de los ingleses. Además, habían reforzado la guarnición con 100 vecinos, más 20 a caballo. Aunque en un primer momento todo esto bastó para obligar a Drake a retirar sus navíos a otro fondeadero más alejado de las baterías españolas, Castellanos no había contado con la mayor fuerza militar que Hawkins pudo ejercer, en contraste con Lovell, al acudir con el resto de la escuadra el 10 de junio. Cuando siguió rehusando traficar, desembarcaron 200 soldados ingleses, expulsaron a la mayoría de los vecinos y luego incendiaron parte del poblado a fin de inducirle a negociar. De esta manera se inició un comercio vigoroso cuando el tesorero sacó 4.000 pesos de a ocho de la caja real para comprar 60 esclavos, y pagó otros 1.000 pesos para adquirir 20 negros a cuenta suya. Los demás vecinos convinieron en comprar 150, más o menos. En 1564, Río de la Hacha compró sus negros, en 1567 los adquirió a expensas de Lovell, y ahora parece ser que los compró con el tesoro del rey de España. Pero al escribir su relación de estos sucesos, el tesorero Castellanos declara que los pesos sacados de la caja real se dedicaron a rescatar rehenes y que los ingleses, de forma espontánea, desembarcaron antes de salir a 60 o 70 esclavos viejos, niños de pecho y enfermos como indemnización por los daños causados por su bombardeo y el asalto al puerto.

En Santa Marta, el 10 de julio, Hawkins volvió a hacer alarde de su fuerza militar. Pero otra vez es evidente que se trataba de un ardid mediante el cual el gobernador le había pedido «disparar desde sus barcos varias balas de cañón hacia el pueblo y desembarcar a 150 soldados, para salvar las apariencias». Una vez así presentado con la prueba de la superioridad de sus adversarios, el gobernador autorizó el tráfico, comprándole a Hawkins unos 100 esclavos. Pero había pocas esperanzas de repetir esta argucia en Cartagena, el puerto mejor defendido del Caribe, protegido por sus fuertes y reforzado por unos 500 infantes y varias compañías de gente a caballo, mientras a Hawkins sólo le quedaban unos 370 hombres. Pero le hubiera gustado deshacerse de los 50 esclavos no vendidos. Por tanto, después de disparar cañonazos inútilmente, fuera de alcance, para intimidar a los defensores, la flota inglesa se hizo a la vela el 24 de julio, con la intención de regresar a Inglaterra. Un asalto contra Cartagena tendría que ser aplazado hasta la vuelta de Drake.

Hasta ahora no había sido un viaje sin vicisitudes, pero había producido las suficientes ganancias para borrar de la memoria el desengaño sufrido por la expedición de Lovell. Con un poco de suerte, era probable que estuvieran de vuelta en Inglaterra en menos de dos meses, y tenían suficientes bastimentos. Pero lo que iba a ocurrir en esta última fase de la expedición la transformó irremediablemente en desastre, aunque es verdad que a menudo se ha sobrestimado su significación a largo plazo.

Se plantearon los problemas cuando la flota alcanzó el cabo San Antonio, de Cuba, y se preparaba para poner rumbo al estrecho de Florida, porque el 12 de agosto se desató una tempestad que tras cuatro días dispersó los navíos y les causó muchos daños. El más afortunado fue el *William and John,* que nunca logró juntarse con los demás y emprendió un viaje largo, lento y solitario a Inglaterra. Más grave fue la manera con que la tormenta volvió a revelar los puntos flacos en el casco del viejo *Jesus of Lubeck.* Mientras los barcos se dejaban empujar por los furiosos vientos hacia el golfo de México, se hizo imprescindible refugiarse en un puerto donde se pudiera reparar el *Jesus* antes de exponerlo a los riesgos del Atlántico. Nunca parece habérsele ocurrido a Hawkins abandonar un navío cuyas pésimas condiciones estorbaban todos sus planes y que, por último, había de poner en peligro a toda la flota. De Bartolomé González, piloto de un barco español que acababan de capturar en la costa de Yucatán, Hawkins supo que el único puerto en donde reparar sus navíos era San Juan de Ulúa, a unos 25 kilómetros al sur de Veracruz, que ofrecía alguna seguridad contra las tormentas del norte, por lo que era término de la flota de Nueva España. Enarbolando solamente el estandarte, muy desteñido, de la reina Isabel en el *Jesus* y el *Minion,* consiguieron entrar en este puerto el 16 de septiembre sin provocar más reacción que la de ser confundidos con dicha flota, cuya llegada de España era inminente. Los ingleses se apoderaron del islote y de su fuerte, abandonado por sus desprevenidos defensores cuando se dieron cuenta de su error. No obstante, con toda probabilidad, Hawkins se hubiera contentado con reparar sus navíos y hacerse a la mar sin más ni más.

Desgraciadamente, estas esperanzas se esfumaron al día siguiente, cuando aparecieron las velas de 11 buques mercantes españoles, escoltados por dos galeones al mando de Francisco Luxán, que traían a México al nuevo virrey, Martín Enríquez de Almansa. Hawkins no pudo menos que recordar aquel encuentro con otra flota española en el puerto de Plymouth poco antes de zarpar rumbo al Nuevo Mundo. Entonces, como ahora, llevaba la ventaja, porque ocupaba el puerto y sus defensas, pero éste no era un puerto inglés, sino el puerto principal de Nueva España, por donde pasaba todo contacto entre México y la Península. A pesar de los peligros que acarreaba, sabía que al negarse a permitir que entrara la flota podría poner en peligro la suerte de los navíos españoles, y constituiría una ofensa cuyas repercusiones no quería provocar. Por su parte, los capitanes de los galeones españoles optaron prudentemente por no atacar a sus adversarios de inmediato, con lo que después de varios días de discusiones, en que ambas partes afirmaron su deseo de resolver el dilema pacíficamente y se hizo un canje de 12 rehenes para garantizar la paz, la flota de Nueva España fondeó el 21 de septiembre en un puerto atestado de navíos.

Dos días más tarde, los comandantes de la flota española lanzaron el asalto por sorpresa planeado por el nuevo virrey. Al final del primer día de combate habían hundido el *Angel*, apresado el *Swallow*, incendiado la carabela del capitán Bland e inmovilizado el *Jesus of Lubeck*, destrozándole el palo mayor, el trinquete y gran parte de la jarcia. Peor aún desde el punto de vista de Hawkins, después de haber luchado para trasladar al *Minion* hombres, provisiones y metales preciosos que valían 13.000 libras, al día siguiente descubrió que el *Judith*, todavía a las órdenes de Francis Drake, había largado velas. Escribe Hawkins con intención crítica: «nos abandonó en el momento de nuestra gran desgracia». Ya habían perdido 90 hombres, muertos o presos por los españoles.

Los demás tuvieron la buena fortuna de escaparse en el *Minion*, porque sus enemigos estaban ocupados en abordar el *Jesus*[3]. Pero mientras recorrían las costas del golfo de México, toda su alegría fue

---

[3] El virrey lo vendió por 600 ducados cuando una inspección reveló que harían falta 4.000 ducados para repararlo. También se subastaron el *Swallow* y el *Grace of God* en 300 ducados cada uno, y una carabela en 400 ducados. Pero el más valioso botín consistía en los cañones de bronce y de hierro colado.

vencida por la desilusión al darse cuenta la tripulación de que su navío no era capaz de acomodar a 200 hombres durante el viaje de regreso a Inglaterra. Hawkins se vio forzado entonces a permitir que escogiesen entre los riesgos de quedarse en tierra o quedarse en el *Minion*. El 8 de octubre, unos 114 marineros británicos resolvieron probar suerte en la costa cerca de Tampico. Cayeron en poder de los españoles unos 78, otros murieron de fiebres o a manos de los indios, y sólo tres volvieron a su país a fines de 1569 [4]. La mayoría de los presos fueron juzgados como herejes por la Inquisición de México. De los navíos, tres consiguieron atravesar el Atlántico. El *Judith* fondeó en Plymouth el 20 de enero de 1569, el *Minion* se acercó al canal de la Mancha cinco días después, con sólo 15 supervivientes, si se ha de creer el informe del embajador español, y el *William and Mary* llegó a la costa de Irlanda en febrero. Hawkins perdió 300 hombres de la dotación original de más de 400 y la mitad de sus navíos, incluido uno de la marina real.

CONSECUENCIAS

John Hawkins no reanudó el tráfico de esclavos en las Antillas después de su derrota en San Juan de Ulúa, y los marineros británicos no volvieron regularmente a ellas con fines comerciales hasta principios del siglo XVII. Por eso, parece justificado aceptar la idea de que tan abrumador fue el desastre que cualquier reacción inmediata quedó paralizada, y no cabe duda de que se desanimaron algunos que habían contribuido en las cuatro empresas, especialmente los mercaderes y marineros del sudoeste del país. Pero no disminuyó la necesidad de esclavos en el Caribe español, y aunque en 1565 Pedro Menéndez de Avilés exterminó cruelmente la colonia francesa en Florida y pronto se encargaría de la tarea de reforzar las defensas de las Antillas y de proteger las flotas españolas, nunca sería posible excluir a los extranjeros empeñados en traficar o piratear. Así pues, debemos examinar factores comerciales y políticos como motivos de este estado de cosas.

---

[4] Ésta es la cifra que aparece en la narración del muchacho de 14 años, Miles Phillips. Otro testigo, Job Hartop, dice que sólo desembarcaron 96. Sobre los que se quedaron en México, véase G. R. G. Conway, *An Englishman in the Mexican Inquisition*, México, 1927.

Es obvio que no sería posible persuadir a los accionistas, incluso a la reina, para seguir invirtiendo dinero en el tráfico de esclavos con las Indias Occidentales a menos que recibiesen considerables beneficios tangibles. Aparentemente, los de las cuatro empresas de Hawkins no eran tan elevados como para convencer a sus promotores de que ese tráfico valía la pena y compensaba los riesgos. En efecto, se ha demostrado en base a un análisis estadístico y muchas conjeturas que disminuían de la primera a la última expedición.

De resultas del segundo viaje, los accionistas ganaron más o menos el 60 % en utilidades, cifra no muy elevada en este género de negocios y por cierto menor de la que tanto agradó y alentó a los promotores en 1563. Nada indica que Lovell vendiera gran número de negros y por eso, aunque el embajador español afirmó que hicieron falta cuatro caballos de carga para trasportar las mercancías a Londres, y aunque fue una empresa más modesta y así menos costosa, es poco probable que los inversionistas ganaran mucho. En cuanto al último episodio, se perdió una inversión considerable de capital respecto a los navíos y los navegantes. Además, se ha estimado que de no haber tenido lugar la derrota de San Juan de Ulúa, los beneficios apenas podrían haber alcanzado el 10 %.

La causa debe buscarse en las características de las expediciones de Hawkins, especialmente en la segunda y última, porque se imponía cada vez más la práctica de un comercio agresivo, sirviéndose de galeones de la marina real. Su inclusión necesariamente aumentaba el costo de armar las flotillas, y aunque Hawkins pudo adquirir sus esclavos por la fuerza e intimidar a sus clientes en el Caribe, tal política no perduró, a diferencia de los viajes más sigilosos y menos molestos de los franceses y portugueses. De la experiencia adquirida en el *Jesus of Lubeck*, Hawkins y la Junta Naval aprendieron cuán poco adecuados eran los navíos con altos castillos de proa y de popa para aguantar las tormentas del océano y librar batallas en alta mar.

Por fin, los sucesos de San Juan de Ulúa despertaron entre los marinos británicos una violenta ira contra España, que envenenó una política internacional que ya oponía protestantes y hugonotes a católicos. Se manifestaba por medio de asaltos a buques españoles en el canal de la Mancha, organizados en parte por el hermano mayor de John Hawkins, llamado William como su padre, por el embargo de propiedades inglesas en los Países Bajos y por rumores de conspiraciones para desposeer a la reina Isabel de su trono a favor de la católica María Estuardo. En el porvenir, los que todavía soñaban con las riquezas del Nuevo Mundo no iban a contentarse con los frutos del comercio, pacífico o depredador, sino con tomar represalias, iniciando una nueva etapa de abierta hostilidad con el saqueo y pillaje, que terminarían, en los años ochenta, en la guerra. El propio Hawkins, en el verano de 1570, formuló un proyecto para atacar, cerca de las Azores, a los galeones que traían el tesoro para las arcas fiscales en la metrópoli, pero se le prohibió realizarlo debido a las incertidumbres políticas de entonces.

III

LA GUERRA DE REPRESALIAS (1569-1578)

Los tres viajes de Francis Drake (1569-1571)

Capitaneado por John Rut, el primer navío inglés apareció en el Caribe en 1527 con el objetivo principal de efectuar un reconocimiento. La época de Hawkins que acabamos de ver terminó por ser una fase de contrabando impuesto por la fuerza de las armas, que desde 1569 a su vez cedió el paso a un nuevo período de saqueo y piratería que constituía una guerra de represalias nunca declarada, pues los que se hicieron a la mar durante esta época no tenían la intención de comerciar. En la mayoría de los casos sólo existe una documentación mínima, pero aparentemente hubo 13 ó 14 viajes, y tal vez otros de los que no queda ningún testimonio, motivados por un enconado rencor contra España. Casi la mitad de ellos, armados por la familia Hawkins y sus asociados del sudoeste de Inglaterra, pueden interpretarse como una personal campaña de venganza. Lo que les atraía, como había atraído a los franceses desde 1528, era la esperanza de saquear los puertos y navíos españoles en las Antillas. En efecto, la colaboración entre navegantes británicos y capitanes hugonotes, que ya vimos en el caso de Hawkins, Bontemps y Bland, iba a continuar.

Se ha sugerido que Francis Drake, el más famoso y temido de esta generación de navegantes británicos, quizás regresara al Caribe en 1569 para reunirse con los franceses que recorrían las costas de Tierra Firme y el istmo de Panamá. Es una hipótesis que sirve para explicar cómo pasó un período desconocido de su vida, desde que volvió de México en enero de ese año hasta 1570. Sin duda, en este último año partió rumbo a las Antillas a bordo del *Dragon*, acompañado por el *Swan*, pero lo demás es una mera suposición de que se trataba de un viaje de reconocimiento a zonas que solían visitar los franceses, y la teoría de que tal vez intentara traficar en La Española si le financiaba el viaje la familia Hawkins, ya que, ciertamente, Drake no era lo bastante rico para poder armar un navío a sus expensas.

Existen noticias más completas sobre un viaje por la costa septentrional del istmo de Panamá entre febrero y mayo de 1571. En esta ocasión navegaba en el *Swan* (25 toneladas) «para recoger cualquier información que le ayudara a compensar sus pérdidas», una frase que revela tanto el rencor persistente desde la derrota de San Juan de Ulúa, como el paciente modo con que iba recopilando datos valiosos para el futuro.

Mientras que no es fácil identificar las actividades de Drake de entre otros ataques lanzados por los franceses en la misma zona, es seguro que el capitán inglés cometió actos de piratería entre Nombre de Dios y el río Chagres, robando barcos cargados de mercancías que valían 40.000 ducados y un poco de oro y plata del Perú. El *Swan* solía atracar en una caleta segura, y se lanzaba el asalto en lanchas de poco calado, rápidas y fáciles de maniobrar porque se servían de remos además de velas; en ellas era posible dejar atrás los navíos españoles, refugiándose en aguas costeras poco profundas. Con estas lanchas remontó el río Chagres hasta Cruces, a una distancia de sólo seis leguas de la ciudad de Panamá.

Es costumbre, en los documentos españoles que describen éstos y semejantes sucesos, referirse a todos los intrusos en el Caribe como piratas, sea cual fuere su posición jurídica. Con respecto a los viajes de Francis Drake entre 1570 y 1571, este vocablo es, sin duda, el más apropiado. La reina Isabel estaba dispuesta a hacer la vista gorda ante actos piráticos lejos de las costas europeas, pero no le otorgó a Drake ninguna patente de corso en esta época. En los encuentros con sus enemigos, es justo decir que Drake no exhibía una crueldad desenfrenada, pero también es obvio que, como pirata, no respetaba la vida humana ni la propiedad de sus víctimas. Por ejemplo, cuando apresó las embarcaciones en el río Chagres, mató al dueño de una que traía avisos de Cartagena y maltrató o humilló a un fraile que era uno de los pasajeros. Pero sí se ve desde el principio que, a diferencia de muchos capitanes ingleses que vendrían después, merodeando por el Caribe a la caza de buques solitarios, Drake ya formulaba una estrategia de venganza por los sucesos de San Juan de Ulúa, tal como lo haría en nombre de objetivos nacionales durante la guerra de los corsarios.

Aunque es imposible evaluar el botín con que se hizo durante estas aventuras, sin duda Drake recogió valiosa información sobre la costa desde Acla hasta el río Chagres y sobre las vías comerciales a través del istmo, lo que le hacía falta para realizar otros proyectos más ambiciosos. En el este del istmo descubrió una bahía secreta casi completamente rodeada de tierra, protegida contra los vientos, de aguas profundas llenas de peces y donde había agua fresca, frutas y aves en abundancia, y por esto la llamó Puerto Faisán.

Por fin, de resultas de su amistad con los franceses, supo que los cimarrones —esclavos fugitivos refugiados en la selva o la montaña— se habían alzado contra los españoles. Aunque no los visitó personalmente en esta ocasión, esperaba que en el futuro se podría explotar su animosidad contra el enemigo común, empleándolos como guías y mercenarios. En sus correrías hasta 1571, Drake no se destacaba entre otros compatriotas desconocidos, ni de los franceses que infestaban el Caribe en esta época, pero cuando regresó a Inglaterra en el mes de mayo de 1571, había descubierto un punto flaco en las comunicaciones comerciales entre el Perú y España: pensaba aprovecharlo, y el intento le traería gran fama.

EL VIAJE DE DRAKE DE 1572-1573

Cuando Drake volvió a partir de Plymouth el 24 de mayo de 1572, tenía planeados asaltos no sólo contra buques españoles en las costas y en los ríos del istmo, sino también otros para apropiarse de la plata peruana, a la espera de los galeones en Nombre de Dios. De sus conversaciones con prisioneros españoles el año anterior, conocía la disposición del puerto y la situación de sus defensas. Según el plan, el propósito era lanzarse al asalto con una pequeña fuerza en las tres pinazas que llevaban desmanteladas sus dos navíos, el *Pascha* (70 toneladas) y el *Swan* (25 toneladas). La dotación total era de 73 hombres, uno por cada 1,3 toneladas, una proporción más elevada que la que Hawkins solía emplear. Salvo uno, todos los tripulantes tenían menos de 30 años de edad. La ayuda financiera, sin duda, la suministró la familia Hawkins.

Atravesaron el Atlántico en sólo 25 días, hicieron aguada en Guadalupe, y de allí se dirigieron a Puerto Faisán, donde descubrieron el 12 de julio que ya no era secreto: clavada en el tronco de un árbol, vieron una plancha de plomo que otro capitán inglés, John Garret, había colocado allí hacía cinco días, y sobre la cual estaba grabado el mensaje de que los españoles ya habían visitado el lugar y desenterrado las provisiones. Al día siguiente se reunió con ellos otro barco inglés tripulado por 30 hombres al mando de James Ranse, capitán del *William and John* en la expedición de Hawkins de 1567, con quien decidieron unirse para construir un fuerte de madera y montar las tres pinazas.

Al terminar estas tareas el 20 de julio, todos se trasladaron a la isla de Pinos, que después sería una guarida favorita de los bucaneros. Mientras Ranse se quedó aquí para hacerse cargo de los navíos, Drake y 73 hombres se acercaron a Nombre de Dios en las pinazas a las tres de la madrugada el 29 de julio, sirviéndose solamente de los remos para desplazarse en silencio por las tranquilas aguas, sin ser vistos. Lograron apoderarse de una batería de seis cañones, pero no pudieron evitar que un artillero de guardia diera el toque de alarma, que pronto fue secundado por el redoblar de tambores y el repicar de campanas. Sin embargo, cundió el pánico debido a la sorpresa del ataque, de modo que sólo se quedaron unos pocos defensores para tratar de impedir el avance de los ingleses, matando a su corneta e hiriendo a otros, incluso al propio Drake, antes de retirarse.

Con el puerto a merced del saqueo, según la versión inglesa, la gente de Drake irrumpió en la casa del gobernador, donde descubrieron un montón de barras de plata, demasiado pesadas para poder llevárselas, pero nada de oro. Luego, mientras intentaban escalar la tesorería real en busca de éste, Drake se desmayó a causa de la hemorragia de una herida en la pierna. En ese momento abandonaron la estrategia militar que hasta entonces estaban siguiendo debidamente, y todo terminó en una retirada ignominiosa apenas compensada por la toma de un barco que traía vinos de las Canarias. En realidad, el asalto estaba condenado al fracaso desde el principio, pues los galeones se habían hecho a la mar varias semanas antes. Por qué se equivocó Drake sobre la fecha de su partida, y por qué una relación inglesa describe enormes cantidades de plata cuando es poco probable que quedara alguna, son cuestiones que quedan por resolver.

Tras este motivo de desengaño vino otro el 2 de agosto, con la deserción de Ranse y su gente. Durante el resto del año, desde una nueva base en el golfo San Blas, Drake empleó sus pinazas para atacar navíos españoles en la costa de Tierra Firme hasta Cartagena, Santa Marta y Curaçao. En el mes de septiembre, remontaron el río Magdalena en busca de víveres. Mediante estos rápidos y audaces asaltos, se proveyeron de suficientes bastimentos para poder quedarse en el Caribe, y Drake no sólo consiguió que su pequeña banda le estimara más, sino que les dio menos ánimos a todos después del fracaso de Nombre de Dios. Pero su número, poco a poco, disminuía peligrosamente. El hermano de Drake, John, murió al tratar de abordar una presa española. La fiebre amarilla acabó con otros, incluso con su hermano Joseph en enero de 1573, de modo que el grupo estaba reducido a sólo 31 hombres. Ya se había hecho forzoso echar a pique al *Swan* por falta de marineros. Por otra parte, Drake se había puesto en contacto personalmente con los cimarrones, ganó su amistad y con ellos hizo una alianza para concertar la acción en común contra los españoles.

Conocieron los primeros frutos de esta asociación a fines de enero, cuando los negros les informaron de que había fondeado en Nombre de Dios una flota de buques mercantes y galeones y que en Panamá ya estaban cargando en mulas la plata procedente del Perú. Con sólo 17 hombres y 30 cimarrones, Drake emprendió la marcha a través del istmo, durante la cual, según la leyenda, se encaramó a un alto árbol para ver anclada la Armada del Mar del Sur, jurando que algún día recorrería ese océano para perseguirla —en realidad, sería uno de los que le acompañaban en esa marcha, John Oxenham, quien llegaría antes que él al Mar del Sur, con funestas consecuencias—. Antes que un desastre, este plan fue otra desilusión que entonces sufrió Drake, porque aunque los cimarrones le habían indicado correctamente dónde y cuándo preparar su emboscada, al acercarse la primera mula de la recua saltó anticipadamente al camino un inglés borracho y dio así a los arrieros la oportunidad de dar la vuelta. Los ingleses se consolaron saqueando Cruces el 29 de enero.

Atestigua las notables cualidades personales de Drake el hecho de que pudiera contener a los marineros que ahora deseaban abandonar la empresa. Y su determinación al fin mereció la pena, de resultas de un encuentro en la costa del istmo con el navío del capitán hugonote francés Guillaume le Testu. El 29 de abril, un grupo de 20 ingleses y

15 franceses logró detener una recua de mulas que se acercaba a Nombre de Dios. Descargaron tanta plata que no tuvieron más remedio que enterrarla con esperanzas de volver para recogerla, y cuanto oro pudieran llevar, por valor de 100.000 pesos. Pero los españoles capturaron al herido capitán francés, le ahorcaron y decapitaron, y también recuperaron la plata escondida. El botín de Drake, probablemente unos 50.000 pesos, era suficiente para pagar sus gastos y producir algunos beneficios. Después de carenar sus navíos y de pasar por el estrecho de Florida, volvió a Plymouth el 9 de agosto de 1573, tras un viaje de sólo 23 días.

Cuando las autoridades del istmo se pusieron a evaluar las repercusiones de la reciente empresa de Drake, les preocupaba menos la pérdida de la plata que las posibles consecuencias a largo plazo en lo referente a la seguridad de esta región y de su papel estratégico dentro del imperio español. En 1572, el cabildo de Panamá ya había avisado al rey de que la toma del istmo por cualquier enemigo significaría la pérdida del Perú y de la plata de Potosí. En efecto, la amenaza nunca se cumplió, pues aunque Drake recurrió a la valiosa ayuda de los cimarrones en sus proyectos de 1585 y 1595, como los bucaneros que cruzaron el istmo en la segunda mitad del siglo XVII, vino para saquear, y no para llevar a cabo ningún objetivo estratégico nacional. Las tres expediciones desde 1570 a 1573 no formaron parte de una política antiespañola concebida en Inglaterra, sino que eran empresas individuales, nacidas de motivos personales de venganza, y tal vez en busca de fama. Ésta vino más tarde, porque Drake todavía no era un héroe, ni era conveniente que lo fuera, pues había cambiado la situación política en Europa desde que él salió hacia las Indias. En 1573, España e Inglaterra se pusieron de acuerdo sobre la conveniencia de firmar una paz, definitivamente confirmada al año siguiente por el Tratado de Bristol, que estipulaba la indemnización mutua de las pérdidas sufridas por cada parte.

En este contexto, la vuelta de Drake con un cargamento de oro español era poco oportuno. Sin embargo, le enriqueció personalmente, y le permitió también hacerse dueño de barcos por derecho propio, independientemente de la familia Hawkins. Pero para no desbaratar el nuevo tratado, Isabel I juzgó prudente enviar a Drake a pelear contra los rebeldes irlandeses, aunque no prohibió que otros navegantes menos conspicuos siguieran zarpando con destino a las Indias.

OTROS VIAJES AL CARIBE (1571-1578)

Para narrar la historia de los otros navegantes y marinos británicos que entraron en el Caribe en esta época, es necesario tejer con unos hilos muy delgados y frecuentemente rotos. En general, vinieron por los mismos motivos que Drake después de la derrota de San Juan de Ulúa, pero, en contraste con su fama posterior, sus nombres son poco conocidos aun por los historiadores en el mejor de los casos, y sus hazañas figuran solamente en documentos españoles. Drake, en realidad, era uno entre varios en los años setenta, y podría haber sido tan olvidado como ellos si no fuera por el heroico papel que desempeñó en empresas posteriores.

El origen de estas expediciones menos conocidas también se encuentra en el sudoeste de Inglaterra, especialmente en el puerto de Plymouth y entre familias con una larga tradición en el comercio marítimo y en armar navíos de corso, que ahora aprovechaban la oportunidad para extender sus actividades al Nuevo Mundo. Ya vimos que John Garret, de Plymouth, probablemente en un navío de Hawkins, había llegado a Puerto Faisán, en el istmo de Panamá, un poco antes que Drake, a principios de julio de 1572. James Ranse, que se unió brevemente con Drake en el mismo lugar, navegaba en un barco que pertenecía a sir Edward Horsey, gobernador militar de la isla de Wight y armador de expediciones de corso en el canal de la Mancha.

Típicos también de la época son tres navíos enviados por sir William y George Winter, miembros de la Junta Naval y asociados con la familia Hawkins, que salieron de Plymouth antes de fines de marzo de 1571. El 20 de julio hicieron escala en Borburata, donde se les negó cualquier tipo de comunicación. Sobre la costa de Jamaica quemaron un barco que pertenecía a Hernán Ruiz de Sevilla, atravesaron el estrecho de Florida y en el mes de enero de 1572 fueron rechazados por Menéndez de Avilés, cuando trataron de atacar el fuerte de San Agustín. Como ninguna relación española dice que vendieran esclavos, es probable que, como en el caso de Drake, su objeto fuera tomar represalias.

Nada nos persuade a creer que sus esfuerzos fueran premiados con importantes beneficios, pero tuvieron mejor suerte que otros que pronto descubrieron los riesgos de violar el monopolio español en el Caribe, como es el caso de John Noble, en el verano de 1574. Siguiendo el ejemplo de Drake, escondió sus barcos cerca de la isla Escudo, a unas 12 leguas de Veragua, y bordeando la costa en lanchas entre el río Chagres y Nombre de Dios, logró apresar y en algunos casos quemar muchas fragatas y barcas. Pero finalmente, Noble y 28 marineros cayeron en manos de los españoles, que les mataron o ahorcaron a todos, salvo a dos muchachos condenados a galeras a perpetuidad.

En una de las pocas expediciones de estos años de las que se ha conservado una mención en Inglaterra vemos que Gilbert Horseley, en noviembre de 1574, se hizo a la vela en Plymouth, con 25 hombres en el pequeño *John* (18 toneladas). Apresaron su primer barco español, de 25 toneladas, en la costa de Berbería, lo tripularon con sólo ocho hombres y lo condujeron al otro lado del Atlántico, donde fue recuperado por los españoles en un combate cerca de Nombre de Dios. Ahora con sólo 17 hombres, Horseley extendió la penetración inglesa del Caribe hacia el oeste, desde más allá de la costa de Veragua hasta el río Desaguadero (o San Juan) de Nicaragua. Entre enero y marzo de 1575, acompañados por corsarios franceses y guiados por un piloto portugués, Luis Marquẽs, remontaron el río en lanchas con la intención de saquear el pueblo de Granada, pero de hecho se contentaron con asaltar los barcos que bajaban al mar.

Rumbo a Inglaterra, el *John* recorrió la costa de Honduras, donde su capitán repitió sus violentas depredaciones contra barcos y pasajeros entre Trujillo y Puerto de Caballos (ahora Puerto Cortés), desde el 3 hasta el 5 de abril. «Bastante rico», con 3.000 ducados robados a una fragata en esa costa, otros 3.000 pagados como rescate por un hombre acaudalado y unas mercancías sin especificar, Horseley volvió a Plymouth con 15 hombres en junio de 1575. Inmediatamente llevó al *John* al pequeño puerto fluvial de Arundel, donde podría descargar su botín sin suscitar ningún interés inoportuno.

La última empresa de la que existe testimonio fue la de un mercader de Bristol, Andrew Barker. Compartía con sus compatriotas el motivo de resentimiento nacional contra España, pero deseaba además vengarse de un agravio personal que había sufrido al haber sido apresado uno de sus barcos en las Canarias, en 1575. A principios de junio de 1576, zarparon de Plymouth dos navíos, el *Ragged Staff* y el *Bear*, tripulados por 80 hombres, con la intención de tomar represalias en el Caribe. Hicieron escalas en Trinidad, Margarita, Curaçao, Tolú, Nombre de Dios y el río Chagres, apoderándose de 500 libras de oro y plata, esmeraldas y un libro sobre la navegación, en una fragata con la que resolvieron quedarse para sustituir al *Ragged Staff,* que hacía agua.

Según la versión inglesa de estos sucesos hecha por Hakluyt, Barker puso a salvo en tierra a sus prisioneros españoles. Por el contrario, los documentos en español afirman que arrojaron al mar, donde se ahogaron, a más de 28 soldados. Además, en otro episodio, mataron a los pasajeros de una barca que pertenecía al gobernador de Nicaragua y castraron a un fraile franciscano antes de asesinarle. Cerca de Veragua, en mayo de 1577, se narra otra barbaridad, cuando ahorcaron a un vecino del pueblo y dejaron a otros encadenados en la playa, consecuencia tal vez de un intento frustrado de exigir rescates por estos rehenes. Pero este tipo de amenazas y atrocidades a veces rindieron beneficios, por ejemplo, cuando capturaron en una fragata de Tolú al juez Juan Rodríguez de Mora y a su escribano, Francisco de Alba, a quienes pusieron en libertad después de recibir un rescate de oro y plata.

En las costas de Tierra Firme y Centroamérica, poco a poco Barker iba acumulando bastante botín para pagar los gastos de armar sus navíos y para producirle ganancias. Sin embargo, se habían levantado riñas y disturbios entre su gente, y especialmente una rivalidad personal con el capitán del *Bear,* William Coxe. Por fin sucedió que éste y sus seguidores se sublevaron contra Barker y con 12 compañeros le dejaron abandonado en la isla Guanaja, cerca de la costa hondureña, en el mes de agosto. Fue allí donde los sorprendieron y mataron un grupo de soldados al mando del capitán Diego López, que llevó sus cabezas a Trujillo como trofeos de guerra.

Entretanto, los amotinados liderados por Coxe resolvieron regresar a Inglaterra, contentos con el botín adicional que pudieron repartirse después de abrir la caja de su antiguo capitán. Cuando hubieron atacado la isla Roatán, se dirigieron al estrecho de Florida en su fragata española, una pinaza recién apresada y un esquife, pero frente a la costa cubana la fragata volcó a causa de una violenta ráfaga, hundiéndose con 14 de sus tripulantes y toda su carga. Los afortunados pero de nuevo descontentos supervivientes buscaron un puerto seguro donde invernar en la costa de Honduras, determinados sobre todo a resarcirse cuanto antes de sus pérdidas. Otros siete cayeron en manos de los españoles durante la primavera de 1578 en el golfo Dulce, mientras según el embajador español en Londres, Bernardino de Mendoza, unos

18 volvieron a Inglaterra en junio con Coxe, el cual, junto con otros amotinados, fue encarcelado por sus malos tratos contra Barker.

Vale la pena narrar los sucesos de estos viajes menos conocidos, porque aclaran los motivos y rasgos característicos de esta tercera fase de la intervención inglesa en el Caribe. Por supuesto, los viajes de Drake se conocen universalmente, pero existe el peligro de que su fama posterior afecte fácilmente a la manera en que se pintan sus aventuras primeras. Esto no ocurre en el caso de otros que visitaron las Indias Occidentales en la misma época y que nunca alcanzaron la categoría de ser considerados héroes nacionales. Por su audacia en hacerse a la mar con poca gente, a veces en barcos frágiles y mal armados, para enfrentarse con un enemigo temible al otro lado del océano, por la manera con que demostraron sus cualidades como navegantes bordeando costas peligrosas y poco conocidas por ellos, entrando en bahías y ríos de agua poco profundas y corrientes traicioneras, y en la mayoría de los casos triunfando sobre los riesgos de la navegación en alta mar, son dignos de ser rescatados del olvido. Pero, por otra parte, también vemos en ellos que su interés fundamental era el propio enriquecimiento por la fuerza de las armas a expensas del enemigo español, lo que ha reemplazado al comercio pacífico como motivo de sus viajes. La intimidación, la tortura y el asesinato son características indudables de varias expediciones. En efecto, estos navegantes y marinos británicos de los años setenta son los verdaderos antecesores de los bucaneros del siglo XVII en cuanto a su comportamiento y al campo de sus acciones.

El viaje de John Oxenham al istmo de Panamá y el Mar del Sur (1576-1577)

La expedición de Oxenham reúne los motivos y actividades de muchos navegantes británicos en el Caribe desde la vuelta de Drake a Tierra Firme hacía seis años. Además, ya que no sólo asaltó barcos y pueblos en el istmo, sino que lo atravesó hasta el Mar del Sur, parecía confirmar los peores temores de sus adversarios con respecto a la futura seguridad de la región. Su captura eliminó por fin cualquier riesgo inmediato, y a la vez reveló los problemas logísticos que debía afrontar cualquier país europeo decidido a imponer su autoridad sobre esa región. Pero los españoles permitieron sólo en parte que sus recelos se desvanecieran.

Oxenham partió de Plymouth el 9 de abril de 1576, dos meses antes que Barker, en un navío de 100 toneladas acompañado por otro más pequeño; llevaban dos pinazas en piezas y 57 hombres. Como queda dicho, su objetivo indiscutible era pasar al Mar del Sur ayudado por los cimarrones, anticipándose así a Drake. En el golfo de Panamá pensaba interceptar el viaje de la Armada del Mar del Sur, procedente del Perú con su valiosa carga de plata. Pero no hay pruebas que justifiquen la teoría expresada en algunas crónicas españolas de que tenía la intención de apoderarse del istmo, salvo las vanas jactancias de Oxenham de que un día regresaría con unos 2.000 hombres para colonizar la tierra. En realidad era otra empresa individual y privada en busca de botín; como los que ya hemos descrito, se emprendió sin ninguna autorización oficial de la Corona, y no formaba parte de ningún programa coordinado de penetración en el Caribe. Pudiera ser que la reina Isabel ni supiera de su partida, o por lo menos de su destino, en una época en que no quería trastornar la paz por medio de una intervención en una zona del Nuevo Mundo de tanta importancia estratégica para España.

Puesto que llegó al istmo en época de lluvias, lo cual imposibilitaba cualquier avance hacia el interior, Oxenham pasó el resto del año escondiendo sus navíos cerca del golfo de Acla, recorriendo la costa en sus pinazas, lanzándose al ataque de Veragua y trabando amistad con los cimarrones. Aparentemente, no se discutió la posibilidad de cooperar con Barker. Sin embargo, sufrieron el primer revés cuando una fuerza marítima organizada por el presidente de la Audiencia de Panamá, Gabriel de Loarte, consiguió localizar el escondite de los dos navíos ingleses en el mes de septiembre, y tomaron cañones, municiones y las mercancías europeas con las que Oxenham esperaba comprar los servicios de sus aliados negros. Sin embargo, durante las primeras semanas del nuevo año, terminaron de construir una pinaza de casi 14 metros de largo y 12 remos por banda, que se botó para transportarles a ellos y a unos diez cimarrones al golfo de San Miguel, probablemente por el río Chucunaque.

Cuando en febrero de 1577 fondearon en las islas de las Perlas, le correspondía a Oxenham la distinción de ser comandante de la primera expedición inglesa en el Mar del Sur. Pero sus marineros se distinguieron por sus barbaridades: robaron perlas, piedras preciosas, oro y plata, se burlaron de libros e imágenes religiosas, así como de otros objetos sagrados de la religión católica; también humillaron despiadadamente a un fraile, golpeándole, forzándole a ponerse un orinal en la cabeza e incendiando su iglesia. Los biógrafos ingleses de Hawkins y Drake se empeñan de vez en cuando en declarar que sus héroes eran ajenos a la crueldad y el sacrilegio, pero lo que pasó en la isla de las Perlas y durante algunos de los susodichos viajes, por lo menos, debe despertar sospechas.

A pesar de haber avanzado a través del golfo hasta el punto de poder divisar el 7 de marzo que se realizaban ejercicios militares en la ciudad de Panamá, Oxenham limitó sus operaciones por la mayor parte a hacerse a la mar desde su base en las islas de las Perlas para apresar los barcos indefensos que transitaban por esas aguas. Aunque la mayoría sólo llevaba comestibles, prendieron un navío de Guayaquil con unos 60.000 pesos de oro, y varios días después otro de El Callao que venía con 100.000 pesos en barras de plata. Entretanto, el presidente Loarte, de Panamá, estaba aprestando dos escuadras para afrontar esta primera incursión enemiga en el Mar del Sur. La primera, de seis navíos y 200 hombres armados al mando de Pedro de Ortega, zarpó de Panamá el 18 de agosto para cruzar el golfo y perseguir a los ingleses por el río Santa María. Atacando por sorpresa, recuperaron mucho botín. Al mismo tiempo, una segunda expedición a las órdenes de Luis Guzmán de Melo navegó rumbo al este por la costa septentrional del istmo desde Nombre de Dios hasta Acla. Apresaron unas pinazas inglesas escondidas y luego marcharon tierra adentro para llevar a cabo la segunda misión que se les había encomendado, hallar los cimarrones, quemar sus aldeas, destruir sus cosechas y terminar con sus ataques. Se llegó a un acuerdo para vivir en paz con ellos en 1579.

Sin embargo, aunque les faltaban armas, pólvora y barcos y dependían completamente de la buena voluntad de los negros, Oxenham y 30 hombres siguieron huyendo de los que venían en su persecución, hasta que en febrero de 1578 la mayoría cayó en manos de gente armada enviada del Perú por el virrey Francisco de Toledo. Llevaron a 18 a Panamá y se ahorcó a casi todos. Sin embargo, cuatro fueron remitidos a Lima, incluso Oxenham y un tal John Butler, piloto e intérprete, apodado «Chalona» en los documentos españoles, que a veces le conceden igual importancia que a Oxenham y se refieren a él como «navegante admirable». Después de hacerles abjurar de su herejía, la Inquisición les condenó a galeras a perpetuidad, pero las autoridades civiles sustituyeron, salvo en el caso de un joven, esta sentencia por la pena de muerte, en octubre de 1580, es decir, después de la entrada de Drake en el Mar del Sur. Una docena, más o menos, lograron escaparse de los españoles en el istmo, capturaron una pequeña embarcación y se hicieron a la vela rumbo a Inglaterra, pero no se sabe si llegaron.

En resumen, esta tercera fase de la intervención de los navegantes británicos en las Antillas atrae a un mayor número de barcos y amplía el radio de sus acciones, ahora exclusivamente piráticas y depredadoras, hasta las costas centroamericanas en el oeste y al otro lado del istmo de Panamá, escenarios de futuras hostilidades. La época no crea ningún héroe, ni siquiera a Drake, pero avisa a los españoles de cuán necesario era introducir medidas defensivas, especialmente en la costa desde Cartagena hasta Nombre de Dios, por donde circulaban los galeones de Tierra Firme. Las costas e islas que aún no habían sido amenazadas o no eran muy importantes continuaban confiando en sus propios recursos. Tras un breve intervalo, desde 1585 los navegantes británicos también iban a fijar su atención en ellas durante la guerra de los corsarios, ahora seguros de sí mismos y sin necesidad de contar con la ayuda de pilotos españoles.

IV

LA GUERRA DE LOS CORSARIOS: I (1585-1595)

En camino hacia la guerra

Durante unos 70 años antes de la subida al trono de la reina Isabel I, los reyes de la dinastía Tudor mantuvieron generalmente relaciones amistosas con la Corona española, aunque fue una alianza motivada hasta cierto punto por el antagonismo contra un enemigo común, Francia. La situación no cambió de forma radical desde 1558, puesto que la rival católica de la reina inglesa, María Estuardo, estaba casada con el Delfín francés, y España no deseaba enemistarse con Inglaterra y perder su apoyo para limitar la expansión francesa. No nos toca aquí ahondar en las complejidades de la política internacional que provocaron un drástico cambio de esta situación. Sin embargo, puede que sea útil examinar cómo varios factores se unieron para concluir en la ruptura de las relaciones amistosas, y cómo se manifestó en una nueva época de infiltración de los navegantes británicos en las Antillas. En primer lugar, hay que recordar las implacables conquistas militares en los Países Bajos de Alejandro Farnese, duque de Parma y sobrino del rey español, suscitando en Inglaterra temores de que este país fuera el próximo objeto de las conquistas españolas. Tras el asesinato del príncipe de Orange en julio de 1584, Isabel, con cierta desgana, formó una alianza con los calvinistas holandeses en abril de 1585, y envió una fuerza militar para enfrentarse allí con los españoles. Es evidente que el asesinato impresionó mucho a la reina inglesa, que en enero de 1584 había expulsado de Londres al embajador Bernardino de Mendoza, declarando que era cómplice en una conspiración para fomentar una sublevación católica, facilitar una invasión española y disponer que se la asesinara. Otro complot fue descubierto en 1585.

Mientras tanto, la muerte del rey Sebastião de Portugal, en 1578, creó una situación en que Felipe II pudo hacer valer su derecho sobre ese país dos años más tarde, uniendo así los dos imperios ultramarinos y ampliando los recursos marítimos, experiencia y fuerzas navales de España. Además, en una Francia debilitada por conflictos religiosos y al borde de la guerra civil, la Liga Católica gozaba cada vez más del apoyo de la Corona española cuando el rey francés era demasiado débil para resistir. Pero, al fin y al cabo, fue un solo suceso que convirtió el rencor, durante largo tiempo a punto de estallar, en conflagración bélica. Al parecer, Felipe II confirmó los recelos de los marinos británicos, y desató tanto una ola de protestas como un enorme fervor patriótico cuando, en mayo de 1585, mandó apresar los navíos ingleses que se hallaban en puertos españoles. Se encarceló a sus tripulantes y se embargaron sus cargamentos de trigo. Los ingleses suponían que sus navíos serían incorporados a una armada que iba a transportar fuerzas invasoras a su país. No obstante, sería erróneo deducir que Isabel quería declarar la guerra a España, aunque al fin dejó de impedirla. Su país disponía de una marina mercante de más de 250 barcos de 80 toneladas para arriba, y de una comunidad marinera de varios miles de hombres audaces y apasionadamente patrióticos, pero algo revoltosos, mas sus recursos financieros eran con mucho inferiores a los de Felipe II, y la población inglesa, de 3.000.000 de habitantes, era menos de la mitad de la española. Así, el objetivo de Isabel era proteger su trono y su país sin intentar asestarle el golpe fatal al enemigo español, limitando las ambiciones de Felipe II en los Países Bajos y en Francia, y reduciendo su capacidad para emplear el ejército de Flandes contra Inglaterra.

Por tanto, en 1585 Isabel sólo aprobó el proyecto de una guerra limitada, cuya finalidad era interrumpir el transporte de oro y plata americanos a las arcas de la metrópoli española. Isabel no abrigaba pretensiones imperiales transatlánticas en esta época, pero estaba determinada a debilitar la base financiera del imperio español y reforzar la suya. Así es que autorizó la concesión de patentes de corso a quienes pudieran probar que habían sufrido pérdidas o daños de resultas de la acción de Felipe II. Podían armar barcos en corso para realizar campañas individuales de saqueo que por fin iban a extenderse al Caribe y durar por lo menos 18 años. En este sentido, la reina se ponía aparte de gente como Walter Raleigh y Humphrey Gilbert, que abogaban por asaltos coordinados contra el imperio español en las Indias, a fin de provocar su derrota definitiva.

La vuelta de Drake (1585-1586): los preparativos

Las noticias sobre navíos ingleses en el Caribe después del viaje de Oxenham son escasas. Seguramente, tras abandonar su propósito de reconocer la costa del Brasil a principios de 1583, William Hawkins, hermano mayor de John, puso rumbo a las Antillas, pescó perlas cerca de la isla de Margarita en junio, hizo aguada y carenó sus siete navíos en Puerto Rico, pero no regresó a Plymouth hasta el 26 de noviembre, con un valioso cargamento de plata, joyas, cueros y azúcar. No se sabe cómo ni dónde lo acumuló, pero habría tenido la oportunidad de participar en las frecuentes visitas de corsarios y comerciantes a las islas de La Española, Jamaica y Cuba, y tal vez volviese a Inglaterra bordeando la costa oriental de Norteamérica, como hizo su hermano en 1585. Aunque probablemente otros barcos ingleses entrasen en el Caribe antes de la vuelta de Drake, sólo es posible verificar la presencia de los que formaban parte de dos expediciones enviadas por Raleigh a Norteamérica en 1584 y 1585.

Cuando Drake volvió a esas aguas en 1585, ya era un héroe nacional y con el tratamiento de sir Francis, como consecuencia de haber sido armado caballero por la reina en abril de 1581, al regresar de su viaje de circunnavegación del globo. En instrucciones fechadas el 1 de julio de 1585, se le ordenó dirigirse a la Península Ibérica para liberar a los barcos ingleses embargados allí. En cuanto a las Antillas, puede que hubiera instrucciones secretas que todavía no han salido a luz, pero ciertamente circulaban rumores sobre un proyecto para saquear La Habana y, si fuera defendible, dejar allí una compañía de soldados. En realidad, es seguro que la intención era solamente establecer una base provisional en una bahía donde se pudiera resguardar la flota y organizar asaltos contra navíos y puertos españoles, con lo que, tras las fases anteriores de reconocimiento, comercio y no declarada guerra de represalias, la vuelta de Drake tenía por motivo principal navegar en corso y adueñarse de las presas que pudiera.

Se le encomendó la flota extranjera más poderosa que hasta entonces zarpara hacia el Caribe. La componían 25 navíos, más unas ocho pinazas, con una dotación total de 2.300 hombres, e incluso 12 compañías de soldados. La reina le prestó dos navíos de la armada real, la capitana *Elizabeth Bonaventure* (600 toneladas) y el *Aid* (de 200 a 250 toneladas), al mando de Edward Winter, hijo de sir William. Entre los demás estaba la almiranta *Primrose* (de 300 a 400 toneladas), a las órdenes de Martin Frobisher, distinguido explorador del Ártico, el *Galleon Leicester* (400 toneladas), buque de guerra privado que pertenecía al conde del mismo nombre, el *Tiger* (de 150 a 200 toneladas), en el que viajaba el teniente general Christopher Carleill, jefe de la gente de tierra, y el *Galiot Duck*, al mando de Richard Hawkins, hijo de John. La mayoría de los demás eran buques mercantes de 70 a 200 toneladas de los puertos de Londres, Plymouth y Bristol.

Se ve así que no era una iniciativa del Estado, sino una empresa particular organizada como sociedad anónima que gozaba del apoyo de la Corona, así como de su partipación como accionista. Los socios eran comerciantes aventureros, terratenientes, cortesanos y gente de alcurnia, incluido Raleigh. Contribuyeron con sus recursos financieros para armar una expedición cuyos gastos no se podían cubrir con fondos públicos. La inversión total de capital fue de 60.000 libras, incluso 10.000 libras en metálico aportadas por la reina, cuyas naves habían sido valoradas excesivamente en otras 10.000, para que ganara una proporción más elevada en los beneficios. Con gran optimismo, se hablaba de un botín que valdría 2.610.000 ducados, o sea, más de 700.000 libras, de resultas de ataques contra Nombre de Dios y Panamá.

El viaje de 1585-1586

Después de mucha vacilación por parte de la reina, Drake se apresuró a hacerse a la mar el 14 de septiembre, antes de que volviera a cambiar de opinión. En consecuencia, partió con toneles de agua todavía vacíos y sus provisiones mal almacenadas. En parte para remediar esta situación, pero también porque pensaba conseguir la devolución de los buques ingleses embargados y a la vez burlarse del rey español, se dirigió a la costa de España. El 27 de septiembre, la flota fondeó a la entrada de la bahía de Vigo y los soldados ingleses desembarcaron para ocupar Bayona. Pero cuando Drake exigió que se pusiera en libertad a los marineros y sus barcos, le informaron de que ya estaban libres. Varios días después, Carleill remontó la ría en el *Tiger* para saquear la ciudad de Vigo, donde acumularon un botín valorado en 30.000 ducados que incluía una cruz de plata dorada y otros objetos sacados de la catedral. Reunida la flota inglesa cerca de Vigo, Drake pudo llenar sus toneles de agua fresca y aprovisionarse de legumbres y otros bastimentos antes de zarpar hacia la costa de África el 9 o el 11 de octubre. Ya estaban atrasados con respecto a su plan, y por eso perdieron la oportunidad de enfrentarse con los galeones de Indias, el último de los cuales echó anclas en Sanlúcar el 8 de octubre. Siguieron otras demoras cuando un intento de desembarcar en Las Palmas fue frustrado por una combinación del fuego de las baterías en tierra y el oleaje del mar, y también esperaron inútilmente a que les pagaran un rescate después de desembarcar a 1.000 soldados en la isla de Santiago el 17 de noviembre. Por consiguiente, no levaron anclas para atravesar el océano hasta el 29 de noviembre.

A veces se pone en tela de juicio la decisión de Drake de hacer escala en las islas de Cabo Verde, porque a los pocos días de partir una fiebre virulenta atacó a su gente. Murieron entre 200 y 300 hombres antes de que llegaran a las Antillas Menores, y después la enfermedad siguió matando hasta 500 hombres. Además, muchos de los que sobrevivieron se sentían muy debilitados. Por tanto, ha de aceptarse al fin el parecer de que la fiebre africana ayudó a perjudicar los resultados de la empresa. También se ha criticado a Drake por haber agravado el problema de la enfermedad en sus navíos llevando demasiada gente, en este caso un hombre por cada 1,5 ó 1,7 toneladas, pero Drake no viajaba ahora al Nuevo Mundo, como Hawkins, por motivos comerciales, sino ofensivos, y sus navíos llevaban casi igual número de soldados como de tripulantes para llevar a cabo sus fines militares.

En todo caso, afortunadamente la travesía fue rápida. Hicieron escala en Dominica el 18 de diciembre, luego en Saint Christopher's (o Saint Kitts), donde se quedaron hasta el día 25 para ventilar sus navíos y permitir que unos 260 enfermos se restablecieran. Debido a las diversas demoras, en vez de asaltar la isla de Margarita y los puertos de Tierra Firme, prefirieron tomar la ruta de Santo Domingo. Podemos imaginar el asombro y el pavor que causó la flota inglesa al acercarse a este puerto el 31 de diciembre, pues las autoridades no habían recibido avisos de España ni prestado atención a los que vinieron de las Canarias. Sin embargo, mientras los navíos buscaban un lugar seguro donde anclar, los que se habían quedado para defender el puerto, en vez de retirarse tierra adentro, a sus haciendas o a otros lugares seguros, lograron bloquear la entrada al canal que conducía a la ciudad, echando a pique varias embarcaciones y anclando una galera de tal manera que su artillería apuntaba hacia el mar, esto es, en la dirección por donde se esperaba el ataque.

En efecto, Drake capturó a un piloto griego que les guió a una bahía a unos 15 kilómetros al oeste, en la desembocadura del río Jaina, donde pudo desembarcar en secreto a 1.000 soldados bajo el mando de Carleill, de tal modo que en la mañana del día de Año Nuevo, los defensores de la ciudad, que tenían la vista clavada en el mar a la espera del bombardeo que indicaría el comienzo del asalto, fueron totalmente sorprendidos por los numerosos soldados que venían por tierra a arrollarlos. Al anochecer, los ingleses ya controlaban todos los puntos estratégicos, incluso el fortín a las orillas del mar, el punto de resistencia más tenaz.

Durante los días siguientes, se entregaron a un despiadado saqueo de Santo Domingo, sus iglesias, conventos, casas reales, y su catedral, donde Drake estableció su cuartel general. Según algunas relaciones, maltrataron a los curas y ahorcaron a dos frailes para vengarse de la muerte de un niño negro suyo, a quien Drake había enviado con bandera de paz para entregar un mensaje a sus enemigos. Pero aunque ganaron un gran botín en cueros, cañones de bronce y las campanas de las iglesias, la ciudad resultó ser una decepción en cuanto ausencia de oro y plata. Desilusionados y descontentos, empezaron a incendiar distintos barrios de la ciudad cada día, en parte por cuestiones de su propia seguridad, pero también para obligar a las autoridades a pagar un rescate. Al principio, Drake pidió un millón de ducados. Los españoles le informaron de que ni siquiera les era posible pagarle 100.000. Así pues, cuando quedaba sin quemar no más de la tercera parte de la ciudad, según algunas narraciones españolas, Drake se resignó a aceptar solamente 25.000 ducados para librar a Santo Domingo de una destrucción total. La flota se hizo a la mar el 1 de febrero, llevando a unos 80 forzados a galeras, turcos, franceses y negros, para reemplazar a los marineros muertos, y tras haber sustituido tres de los navíos ingleses más viejos por otros hallados en el puerto.

El 9 de febrero, Miércoles de Ceniza, fondearon cerca de Cartagena. A diferencia de Santo Domingo, este puerto había sido advertido por medio de avisos de España a principios de enero, y por otro de Santo Domingo a fines de mes. De todos modos, sería mucho más difícil ocupar Cartagena, pues aunque todavía no la protegía una muralla, estaba casi rodeada por el mar y las marismas. Sin embargo, Drake pensaba que había descubierto un punto flaco que podía aprovechar. A eso de las dos de la madrugada del día después de su arribada, Drake mandó que unos 1.000 soldados se aproximaran a la ciudad desde el oeste, caminando a orillas del mar por un estrecho istmo de no más de 150 pasos de ancho, llamado La Caleta. Tuvieron la suerte de descubrir que los españoles todavía no habían terminado de construir las barricadas y trincheras de una orilla a la otra, de modo que pudieron pasar por el trecho aún sin obstáculos. Además, el asalto por sorpresa y de noche desconcertó a los indisciplinados defensores. Al mismo tiempo, Martin Frobisher se encargó de una escuadra de pinazas cuya misión era desviar la atención de los españoles, atacando el fuerte y la gruesa cadena que cerraba la entrada al puerto interior. Sin embargo, los defensores lograron rechazar este ataque, y el fuerte no se rindió hasta la noche siguiente, después de ser bombardeado por los cañones de la flota y tras la ocupación de la ciudad por los soldados que avanzaron desde el oeste.

Los invasores se pusieron a robar inmediatamente, pero el botín les defraudó otra vez, por lo que recurrieron a la táctica habitual de incendiar edificios en las afueras de la ciudad, amenazando con destruir otros de mayor importancia si el gobernador no convenía en pagar un rescate. Para el 10 de marzo, las dos partes se habían puesto de acuerdo sobre la cantidad de 107.000 ducados en barras de plata, que se había de sacar de la caja real. Sin embargo, varios documentos españoles afirman que otros 200.000 ducados les fueron entregados por particulares, incluso por los frailes del monasterio franciscano, para asegurarse de que los piratas no saquearían sus propiedades. Se estimó, además, que los daños causados por los incendios sumaban unos 400.000 ducados.

La decisión de aceptar un rescate fue una entre las varias opciones que Drake discutió con sus oficiales navales y militares el 27 de febrero. Entre las alternativas figuraban la posibilidad de quedarse en Cartagena y defenderse contra cualquier ataque español por mar o tierra, o emprender una nueva fase de asaltos, probablemente en el istmo de Panamá. Sólo se conocen las opiniones de los capitanes de la tropa de tierra, que optaron por el regreso inmediato a Inglaterra con un rescate. Opinaban que carecía de sentido exponer la expedición entera a peligros innecesarios en nombre de un objetivo a largo plazo del que no se les había encargado al principio. Además, debido a la reaparición de la fiebre, el número de soldados en activo se había reducido a sólo 700. Puesto que toda la expedición compartía esta desilusión y fatiga, Drake resolvió aplazar sus ataques a Nombre de Dios y a Panamá hasta su próxima visita, y zarparon de Cartagena el 14 de abril, con otros 200 reclutas turcos, negros y moros de las galeras reales.

No obstante, antes de alejarse por fin de las costas americanas, quedaban tres proyectos que a Drake le hubiera gustado realizar. El primero resultó imposible, cuando después de bordear a finales de abril la costa septentrional de Cuba desde el cabo San Antonio, concluyó que La Habana estaba tan bien defendida que sería imprudente atreverse a atacarla. Sabía que por haber tardado tanto en Cartagena había perdido la oportunidad de interceptar los galeones de plata en la costa cubana. Por el contrario, el 28 de mayo, los ingleses que desembarcaron en San Agustín, en la costa de Florida, obligaron a unos 70 u 80 soldados a evacuar su fuerte y reunirse con sus familias en el campo. Como podía constituir una amenaza contra la naciente colonia de Walter Raleigh fundada el verano anterior, en Roanoke, al norte, Drake mandó que se destruyeran el fuerte, las casas y las cosechas, haciéndose con un botín de 6.000 ducados, 12 cañones, víveres, herramientas y otros artículos que pensaba serían útiles para sus compatriotas de Roanoke. El último objetivo antes de regresar era visitar esa colonia, donde fondearon el 9 de junio con la intención de ofrecerles cualquier ayuda práctica que les fuera posible, por ejemplo provisiones, un barco para explotar la costa, y los esclavos negros que habían traído de Santo Domingo y Cartagena. De hecho, se frustraron sus planes y, como veremos después, el único servicio que puedo hacerles fue llevarlos a Inglaterra. Todos salieron el 18 de junio, y la flota echó anclas en Plymouth el 27 de julio.

Vale la pena evaluar esta famosa expedición de Drake desde varios puntos de vista. Si se considera como una expedición financiada por una sociedad anónima cuyos accionistas esperaban grandes beneficios, entonces dejó de satisfacer sus extravagantemente optimistas esperanzas. El botín valía 60.000 libras, incluidas 240 piezas de artillería (200 de ellas de bronce) y unas 45.000 libras de oro, plata, perlas y joyas, de las que la compañía recibió la tercera parte. En efecto, los que invirtieron dinero en la empresa, incluso la reina, sufrieron una pérdida del 25 %, y esto a costa de 750 muertos, tres cuartas partes de la expedición, a causa de fiebres y otras enfermedades.

Por otra parte, si adoptamos una perspectiva militar, es seguro que los hombres y navíos de Drake consiguieron victorias sorprendentemente decisivas tanto en Santo Domingo como en Cartagena. Destruyeron las fortificaciones de ambos lugares, así como en San Agustín, y quemaron tres galeras reales. No obstante, aunque era molesto para sus adversarios, reemplazar las galeras no exigía mucho trabajo ni era muy costoso. Tampoco los fortines eran de gran importancia, puesto que todavía no se había creado un sistema coordinado de defensas en las Antillas. Además, Drake no impidió el transporte de los tesoros americanos hacia España, ni optó por ocupar una base permanente e, irónicamente, no tuvo más remedio que ayudar a sus compatriotas a abandonar la única colonia que tan penosamente habían fundado en Virginia.

Sin embargo, sólo una perspectiva más amplia revela otras consecuencias de este viaje. Al principio en Inglaterra, y luego en otros países de Europa donde se temía y se resentía el poder español, se recibieron con júbilo las noticias de la captura de Santo Domingo y Cartagena. No disminuyó lo justificado de esta alegría al darse cuenta de que se había exagerado el valor de los despojos, pues lo que importaba igualmente que éstos era el hecho de haberse dañado de modo inesperado el prestigio internacional y la reputación financiera de la nación española. En Madrid, en contraste, estaban cargados de preocupaciones porque Drake había revelado lo vulnerable que eran las flotas de las Antillas y sus puertos de llegada. Pronto también se dieron cuenta de cuán costoso sería remediar estos defectos en una época en que la hacienda real estaba arruinada. Pero la gravedad de la situación la indica el hecho de que la Corona reaccionó con una diligencia inusitada, sustituyendo las galeras destruidas, enviando otras a La Habana, construyendo galeones para proteger las flotas transatlánticas, empleando fragatas o galizabras veloces y bien artilladas para transportar la plata a España, y dando a Juan Bautista de Antonelli y a Juan de Tejada la misión de fortificar los principales puertos del Caribe.

Las flotas habían escapado a Drake en esta ocasión, pero en el porvenir haría falta dedicar una mayor parte de los tesoros que llevaban para defender las Indias, en vez de financiar el costo de las ambiciones de Felipe II en Europa. En este sentido, por lo menos, Drake sirvió a los intereses y las intenciones de su reina. Pero, finalmente, se llega a la conclusión de que la empresa de Drake fue el primer acto de una guerra marítima entre España e Inglaterra, que disuadió a la Corona española de perseguir una política de reconciliación y aceleró los preparativos de la Armada Invencible para destruir la marina real inglesa y al mismo tiempo proteger las rutas comerciales que unían España y América.

LOS VIAJES DESDE 1586 HASTA 1595

Algunos eminentes historiadores han criticado a la reina Isabel por haber dejado de aprovecharse más efectivamente de la derrota de la famosa Armada española de 1588. A su parecer, las ambiciones más agresivas de Drake, Hawkins y Raleigh fueron reprimidas por su falta de decisión, excesiva cautela y obsesiva preocupación por la seguridad de su reino, engendradas por el temor de que España preparase una segunda invasión. En realidad, cuando se pusieron en práctica proyectos elaborados por ellos, lo más que se puede decir es que decepcionaron a sus propios autores. Tal es el caso del plan de John Hawkins para interceptar las flotas españolas entre España y las Azores entre 1589 y 1591, que terminó con la rendición del *Revenge* de Richard Grenville. También Drake fracasó lamentablemente en sus asaltos contra La Coruña y Lisboa en 1589.

En cuanto al Nuevo Mundo, lo que prevalecía era la guerra de los corsarios, que resultaba menos costosa para la Corona a la vez que dañaba los intereses españoles en el Caribe. Por tanto, transcurriría casi una década antes de que otra empresa a gran escala volviera a esas aguas, a las órdenes de Drake y Hawkins.

Hasta desvanecerse la amenaza de invasión que gravitaba sobre Inglaterra en 1588, las principales operaciones marítimas tras el regreso de Drake del Caribe hacía dos años tuvieron lugar en aguas europeas. Pero aunque la guerra de los corsarios se inició a un ritmo lento, para el período entero hasta 1595 existen datos sobre 36 expediciones o 77 viajes de navíos individuales [1]. Solían aprestarse en el río Támesis, donde había mayor número de marineros, escuadrillas de uno o dos navíos de 100 a 150 toneladas, acompañados por pinazas de hasta 50 toneladas. De vez en cuando, estas embarcaciones menores, artilladas con dos o tres cañones, actuaban a solas con gran éxito. Otros zarparon de Southampton, Plymouth y, menos frecuentemente ahora, de Bristol.

Por ejemplo, en 1588 el mercader londinense John Watts, «el príncipe de los armadores de expediciones de corso», nombrado alcalde de Londres en 1606, envió una flotilla de cinco barcos para vengarse del apresamiento de navíos suyos en puertos españoles hacía tres años. Parece que su único éxito fue apropiarse de un cargamento de vinos en la costa norte de Cuba en julio. Pero el capitán del navío *Drake*, Michael Geare, iniciaba en este viaje una larga carrera de corsario en el Caribe, y volvería unas nueve veces más. En 1589 el *Black Dog* (70 toneladas), mandado por el capitán William Michelson y tripulado por 40 hombres, llegó al Caribe en el mes de mayo. También bordeó la costa de Cuba desde el cabo San Antonio hasta La Habana, y su objetivo, compartido por muchos que siguieron esta ruta, fue apresar un galeón solitario que se dirigía a ese puerto para integrarse en la flota a punto de regresar a España. Pero cuando volvieron a Plymouth el 10 de septiembre de 1589, el botín obtenido de dos o tres presas consistía en vinos, artículos de hierro y lino de origen europeo, antes que la plata y el oro que buscaban.

Los riesgos de estas aventuras se manifestaron en 1590, cuando Watts aprestó una segunda escuadra formada por el *Little John, John Evangelist* y *Henry and John*. Entre mayo y junio recorrieron las costas de Puerto Rico, La Española y Jamaica en busca de buques mercantes, pero el deseado encuentro con dos galeones de plata en la costa de Cuba resultó ser sangriento, con la muerte de cinco tripulantes del *Little John*, más 17 heridos, incluido el capitán Christopher Newport, que perdió el brazo derecho, y tampoco lograron adueñarse del tesoro que llevaban los galeones. Antiguo compañero de Drake durante su asalto contra Cádiz en 1587, a fines de esta época de intervención

---

[1] Hay una lista de las expediciones, con notas sobre los armadores, navíos y el corso en general, en K. R. Andrews, *English privateering voyages to the West Indies (1588-1595)*, Hakluyt Society, 2.ª serie, vol. 111, Cambridge, 1959, y en *Elizabethan privateering: English privateering during the Spanish war (1585-1603)*, Cambridge, 1964.

Newport habría participado en otras diez empresas y demostrado que era uno de los corsarios más hábiles.

Fue en 1591 cuando las autoridades españolas de esas islas se asustaron por primera vez a causa de las correrías de cuatro expediciones distintas y un total de once barcos, cinco armados por Watts y Walter Raleigh, y otros por mercaderes de Londres, de los que dos estaban al mando de Geare y Newport. Generalmente, sus botines incluían cueros, azúcar y jengibre, pero se ha estimado que el valor total de ocho presas capturadas por los navíos de Watts en 1591 era de 40.000 libras, lo que significaba un 200 % de beneficios, y esto a pesar de los robos y desfalcos cometidos por los tripulantes para aumentar la tercera parte del botín que se les asignaba en lugar de sueldos. Evidentemente era esto lo que atraía a los marineros a la vida de corsario, puesto que, en este caso, cada parte del botín debe de haber sido de unas 15 libras, y cada marinero recibía dos o tres.

En 1592, la intrusión de 18 navíos ingleses en el Caribe parecía justificar los temores de los españoles de que en el futuro esto ocurriera más frecuentemente y con mayor número de barcos. Entre ellos podemos distinguir cuatro de lord Thomas Howard, conde de Suffolk, de un porte total de 360 toneladas y tripulados por 200 hombres al mando de Benjamin Wood, y una escuadra de cuatro navíos bajo las órdenes de Newport, cuya capacidad total era de 300 toneladas y con una dotación de 200 hombres. Era normal esta elevada proporción de un hombre por cada 1,5 toneladas en los barcos corsarios, pues era necesario tripular las presas para el viaje de regreso a Inglaterra.

Mientras Wood costeó el litoral de Tierra Firme hasta Cartagena en los meses de mayo y junio sin ningún éxito digno de mención, Newport siguió su derrota usual a Puerto Rico y La Española, donde introdujo la novedad de asaltar poblados costeros. Hasta esta ocasión, era poco común que los corsarios se apartaran mucho de sus barcos, pero tras haber fracasado en su primer intento de apoderarse de La Yaguana (ahora Léogane), en el oeste de La Española, el 27 del mes, volvió para incendiarla, y también la aldea de Guava. Además, frustrado por la falta de botín, Newport se dirigió al golfo de Honduras, frecuentado cada vez por mayor número de corsarios en años posteriores. En Puerto de Caballos y Trujillo robó azogue, tres campanas de iglesia, cueros, índigo y zarzaparrilla.

Las actividades de los distintos grupos de corsarios en 1592 indican hasta qué punto habían sido planeadas para adaptarse a los movimientos de los galeones españoles y a las condiciones climáticas, pues era esencial que de vuelta a Inglaterra pasasen por el estrecho de Florida antes de fines de agosto para evitar el peligro de los huracanes. Esto supone que tenían que zarpar de Inglaterra en marzo o abril (pero algunos, de hecho, salieron en noviembre), de modo que se reunieran cerca de La Habana en junio o julio, cuando solían llegar las flotas del istmo de Panamá y de México, así como buques mercantes aislados procedentes de Santo Domingo y Honduras. Aunque los corsarios británicos no hicieron presas de gran valor en 1592, retrasaron tanto las dos flotas que no fondearon en el puerto de La Habana hasta octubre y diciembre, así que les fue imposible continuar su viaje a España hasta marzo de 1593, después de invernar en el Caribe. Hubo un retraso en 1590, cuando el capitán general de los galeones de Tierra Firme, Diego de la Rivera, se quejó de la audacia y osadía de los corsarios. Al hacerse a la mar tras la forzosa invernada, estaban tan podridos los cascos debido a la acción dañina de las aguas tropicales durante su larga demora, que una docena de sus navíos se hundieron antes de llegar a las Azores.

Una documentación sin duda incompleta parece demostrar que entre 1593 y 1595 los barcos de Watts, Geare y otros armadores seguían buscando presas y despojos cerca de las islas mayores, a lo largo de la costa de Tierra Firme, donde encontraron mayor resistencia a sus asaltos, especialmente desde Cartagena hasta el istmo, y en el golfo de Honduras, particularmente Puerto de Caballos, que tenía playas abiertas e indefensas. Aquí, Newport y William Parker causaron daños estimados en 100.000 ducados en abril y mayo de 1594. Parker, que había sido capitán durante el ataque de Drake contra Cádiz, emprendió viajes de corso cada año entre 1590 y 1597, y desde 1592 siempre con destino al Caribe. El 16 de marzo de 1585 volvió a saquear Puerto de Caballos, pero luego exploró el golfo Dulce y la tierra adentro a caballo. Por eso se ha afirmado que no sólo buscaba presas, sino que efectuaba el primer reconocimiento de una ruta que habían de seguir el propio Parker y sir Anthony Sherley dos años después con la intención de pasar al Mar del Sur.

Como ejemplo de caballero aventurero podemos mencionar a James Langton, capitán de una expedición que formaba parte de una serie de doce empresas marítimas, generalmente poco lucrativas, financiadas por George Clifford, conde de Cumberland. Los dos navíos, de 120 y 100 toneladas, tripulados por 77 y 55 hombres respectivamente, tuvieron bastante éxito en la isla de Margarita gracias a los servicios de un piloto español, Antonio Martín, que había sido piragüista allí, pero fueron rechazados en Cumaná y en Río de la Hacha en septiembre de 1593, tras lo cual pusieron rumbo a La Española. Después de circunnavegar la isla no sólo saquearon la costa al este de Santo Domingo a mediados de diciembre, sino que también penetraron en el interior para saquear y exigir rescates por estancias y un ingenio de azúcar. Mientras su pinaza repetía estas operaciones en Ocoa, Langton impuso el bloqueo del puerto de Santo Domingo durante dos meses y medio, apresando nueve barcos. Pero todavía insatisfecho de su botín, se dirigió al golfo de Honduras, donde en el mes de marzo de 1594 capturó seis de una escuadra de siete buques a la altura de Puerto de Caballos. Sin embargo, la evaluación del botín efectuada en Londres dos meses más tarde confirma que en su mayor parte consistía no en metales preciosos sino en cueros, índigo, azúcar, perlas y una sola barra de oro. No obstante, entre sus adversarios en el Caribe dejó la impresión de ser un capitán decidido e intrépido, a quien se debía tener en cuenta.

Esta fase de penetración en el Caribe, no coordinada y a pequeña escala, terminó en 1595 con el viaje de Amyas Preston y George Somers. Se sale de lo corriente, porque en vez de tener la intención principal de apresar buques españoles, llevaban un cuerpo expedicionario de 300 hombres armados. Aparentemente, el objetivo era cooperar con la labor de exploración y reconocimiento de Walter Raleigh en Trinidad y la costa de Guayana, asolando los puertos de Tierra Firme e impidiendo que los españoles enviaran refuerzos a esa isla. Sin embargo, nunca se reunieron con Raleigh, como éste esperaba. Por el contrario, los soldados atravesaron las montañas y se apoderaron de Santiago de León de Caracas el 29 de mayo de 1595, pero, tras incendiar una iglesia y unas pocas casas, se retiraron el 3 de junio, antes de que concluyeran las negociaciones sobre un rescate. Ni en Caracas ni en Coro, que tomaron dos semanas después, se interesaron por acumular bastantes despojos o rescates para obtener beneficios de lo que debía de haber sido una empresa costosa.

V

LA GUERRA DE LOS CORSARIOS: II (1595-1604)

Preparativos para la vuelta de Drake y Hawkins (1595-1596)

En cuanto se pueda atribuir a errores tácticos el fracaso del ataque de Drake contra Lisboa en 1589, entonces él sobre todo tiene la culpa, y es justo que perdiese el favor de la reina. Por consiguiente, mientras se intensificaba la guerra de los corsarios en el Caribe, Drake se entregaba en Inglaterra a sus responsabilidades como miembro del parlamento y alcalde de Plymouth. Era importante que su próxima empresa tuviera éxito, tanto para llevar a buen término las pretensiones de la reina en su conflicto con Felipe II como para salvaguardar su propia reputación. Ya había asaltado Nombre de Dios, Santo Domingo y Cartagena, pero Panamá todavía quedaba fuera de su alcance. La oportunidad para combinar los objetivos nacionales con los personales se presentó a causa de varias circunstancias: el hecho de que la Marina real española se hubiera recuperado del desastre de 1588 y estuviese en mejores condiciones que antes; que la guerra de los corsarios no había interrumpido (como habían esperado algunos ingenuos) el transporte de tesoros americanos a España; que el ímpetu militar del duque de Parma no había disminuido en los Países Bajos; que España perseguía una posición de mayor influencia en Francia después del asesinato de Enrique VII en 1589, y que parecía, además, que Felipe II ya contemplaba en 1594 un segundo intento de invadir Inglaterra. Este temor a una nueva invasión parecía estar confirmado por la ocupación española de una parte de la península de Brest, en el noroeste de Francia, donde se podría reunir una armada invasora antes de su entrada en el canal de la Mancha.

Así es que a fines de 1594, contrastando con las recientes depredaciones no coordinadas, Drake y Hawkins elaboraban un audaz y ambicioso plan a gran escala para desembarcar gente armada en Nombre de Dios, marchar a través del istmo guiados por los cimarrones y tomar el puerto de llegada de la Armada del Mar de Sur. Después de todo, se decía que Oxenham había estado a punto de tener éxito, aún no se habían recibido noticias de la derrota de Richard Hawkins en el Mar del Sur en 1594, y hasta los españoles admitían que el istmo era la llave del Perú. Pero, desgraciadamente, los dos permitieron que su gran optimismo, su menosprecio de los factores logísticos y tal vez su orgullo triunfaran sobre los obstáculos estratégicos que ofrecía el proyecto. Era una región muy alejada e inhóspita, donde tal vez el clima y las fiebres tropicales eran unos adversarios más peligrosos que cualquier ejército español o nuevo sistema de defensas marítimas y terrestres.

En 1595, por tanto, en vez de los designios de Drake y Hawkins, surge como tema principal de discusión la cuestión de las demoras en poner en práctica su plan. Las tareas de apresto y abastecimiento de los navíos avanzaron lentamente, tal vez por la falta de ayuda financiera. Desde el mes de febrero en España se recibían noticias sobre los preparativos de la flota inglesa. Luego, la reina Isabel quiso limitar sus futuras operaciones, cuando cuatro galeras al mando del capitán Carlos de Amézola salieron a su base en Blavet (Bretaña) y atacaron por sorpresa las aldeas de Mousehole, Newlyn y Penzance, en las costa de Cornualles, entre el 23 y 25 de julio. Aunque por fin la reina revocó su orden de que Drake y Hawkins atacaran primero la costa española y esperaran allí la vuelta de los galeones de Indias, no se la pudo persuadir para anular su decisión de que regresaran a Inglaterra en el mes de mayo de 1596 a más tardar, ya que de nuevo temía una invasión de su país.

En efecto, Isabel sólo aprobó la salida de la expedición cuando se le hubo informado de que la capitana de la flota del general Sancho Pardo Osorio, dañada por las tormentas, se había refugiado en el puerto de San Juan de Puerto Rico, con un cargamento de 2.500.000 ducados. Así que cuando Drake y Hawkins volvieron al Caribe en 1595, su gran proyecto había quedado reducido al de una de correría pirática, a saber, apresar el galeón dañado y lanzarse al asalto de Panamá y sólo después de esta desviación, puesto que, dentro del plazo de ocho meses, no se podía adoptar otra estrategia. Constituía una extraña y equivocada inversión de las prioridades, pero si consiguieran apoderarse de la plata, esto complacería a la reina, y tal vez le devolviera a Drake su buena fama.

La flota que se iba reuniendo en Plymouth consistía en seis navíos de la marina real, de los cuales tres tenían una capacidad de por lo menos 600 toneladas, y 21 buques mercantes, la mitad bien artillados y de unas 100 a 250 toneladas cada uno. La capacidad total de los 27 navíos era de 6.000 toneladas, y su dotación total era de 2.500 hombres, de los que poco menos de 1.000 eran marineros y poco más de 1.500 soldados, bajo el mando de sir Thomas Baskerville. En esta ocasión, en lugar de ser voluntarios, una considerable proporción de los dos grupos había sido reclutada por la fuerza, y le faltaba disciplina y experiencia militar. La inversión total era 30.000 libras, de las que la reina aportó 20.000, además de sus galeones. De modo inaudito, la reina optó por dividir el mando. Una relación contemporánea de la empresa realizada por Thomas Maynarde, *Sir Francis Drake his voyage* (1595), afirma que al nombrar la última hora al viejo, prudente y metódico Hawkins, acostumbrado a planear sus acciones con anticipación, tenía el propósito de refrenar la obstinación, oportunismo e impetuosidad de Drake. En realidad, los dos juntos se habían encargado de los preparativos desde el principio, pero pudiera ser que Drake sólo volviese a conseguir la aprobación de Isabel I invitando a Hawkins a colaborar.

El viaje de Drake y Hawkins (1595-1596)

Pocos días después de zarpar de Plymouth el 28 de agosto, se revelaron las consecuencias de dividir el mando entre dos capitanes de temperamento y personalidad opuestos, y respaldados, además, por sus propios partidarios en cada navío. Hawkins se negó a compartir sus bastimentos con Drake, el cual admitió que había tripulado su navío con 300 hombres más de lo convenido. Sin embargo, Hawkins decidió a regañadientes acompañar a Drake para lanzar un asalto contra Las Palmas el 26 de noviembre, a fin de que se proveyera de víveres. Este intento fracasó y, peor aún, le siguieron dos consecuencias importantes. En primer lugar, la lenta travesía a las Canarias, seguida por la demora ocasionada por el inútil ataque, dio tiempo para que arribaran a su destino antes que Drake y Hawkins cinco galizabras que el 15 de septiembre se hicieron a la mar a las órdenes de Pedro Tello de Guzmán para salvar el tesoro del galeón varado en San Juan. Además, unos marineros británicos que fueron aprehendidos en Gran Canaria revelaron este destino a sus interrogadores; transmitida por aviso rápido, la noticia llegó a San Juan el 5 de noviembre, una semana antes que Drake y Hawkins. Los puntos de ventaja se iban reduciendo poco a poco.

Y se redujeron aún más mientras los navíos ingleses se reunían cerca de la isla de Guadalupe el último día de octubre, ya que uno de los últimos en llegar, la barca *Francis* (35 toneladas), fue apresado por las cinco galizabras españolas. Las instrucciones escritas que su capitán no tuvo la oportunidad de arrojar al mar informó a los españoles con toda exactitud de las intenciones y los probables movimientos de la flota inglesa. Drake estaba a favor de perseguir a las galizabras para impedir que propagaran sus planes, pero, erróneamente esta vez, prestó atención al consejo cauteloso y contrario de Hawkins, que opinaba que más valdría construir lanchas de desembarco y preparar sus navíos para el próximo asalto contra San Juan. Fue la última ocasión en que los dos capitanes estuvieron en desacuerdo, porque mientras la flota se aproximaba a la costa norte de Puerto Rico, el 12 de noviembre sir John Hawkins murió a causa de una enfermedad no especificada, probablemente disentería; tenía 63 años. Como negrero apenas es un personaje simpático, pero es digno de gran admiración como navegante y estratega naval, como miembro de la Junta Naval, responsable de reformar el diseño y la construcción de las naves reales así como de la administración de los astilleros, y por sus opiniones sobre el apresto y el mando de las flotas, que habían provocado los recientes conflictos con Drake.

Al poco tiempo de haber conducido sus navíos a lo que creía un fondeadero seguro, Drake supo que los defensores de San Juan, advertidos hacía diez días de su llegada inminente, estaban preparados para resistir cualquier asalto. Esto no se debía simplemente a las nuevas fortificaciones permanentes, sino al hecho de que se había dispuesto en tierra tanto a la gente como a la artillería de las cinco galizabras y del galeón varado. Cuando una bala disparada por una batería de tierra alcanzó el camarote de Drake, matando a dos de sus oficiales, se vio obligado a buscar otro ancladero fuera de su alcance. En la noche del día siguiente, 13 de noviembre, intentó llevar a cabo un plan, enviando 25 lanchas a prender fuego a las galizabras y sembrar así la confusión. Aunque lograron incendiar cuatro, sólo una ardió completamente, y al fin las lanchas tuvieron que retirarse bajo un fuerte cañoneo a la luz de las embarcaciones que se quemaban. Murieron 40 marineros británicos, e igual número de defensores. Al día siguiente, aunque a última hora, los españoles le negaron astutamente a Drake la oportunidad de demostrar la potencia de fuego de los galeones reales, echando a pique varias embarcaciones para bloquear una parte del canal que conducía al puerto interior, y por donde Drake trataba de dirigir su flota.

Cortadas todas las vías de acceso a San Juan, Drake zarpó hacia el oeste de la isla, y finalmente cesó sus ataques el 25 de noviembre. Por dondequiera que fuese entonces en el Caribe, los puertos fortificados estarían prevenidos, y le atormentaba aún la idea de enriquecerse en Panamá. No obstante, y sin encontrar mucha resistencia, ocuparon y saquearon Río de la Hacha en la noche del 1 de diciembre, tras lo cual pasaron dos semanas a la espera de un rescate pagado en perlas que, según Drake, valían mucho menos de los 25.000 ducados que había exigido, por lo que mandó que se prendiera fuego a todo lo que quedaba sin dañar antes de hacerse a la vela el 19 del mismo mes, llevando consigo unos 100 esclavos negros. Pasaron otros dos días saqueando Santa Marta, pero en esta ocasión no se arriesgaron a desembarcar en Cartagena. Ocuparon un Nombre de Dios casi desierto el 27 de diciembre.

El plan de ataque que Drake seguramente había venido elaborando desde hacía varios años, consistía en enviar a unos 600 o 700 soldados al mando de Baskerville a través del istmo, siguiendo los caminos de las recuas de mulas. Una vez tomada la ciudad de Panamá, Drake vendría con el resto de las fuerzas, por el río Chagres en pinazas y lanchas. Sin embargo, tardaron poco en aparecer los defectos de esta estrategia, puesto que cuando Baskerville emprendió su marcha el 29 de diciembre, lo hizo con gente mal alimentada y de poca disciplina, debilitada por el clima y las fiebres, a quienes incluso le faltaba calzado en buen estado en una época en que los caminos estaban fangosos; iban a enfrentarse con refuerzos españoles recién llegados del Perú, mientras sus supuestos aliados, los cimarrones, en su mayor parte habían sido apaciguados por los españoles, y no les prestaron ayuda. De este modo, el último día del año, tras una lucha de tres horas contra una fuerza menos numerosa pero bien atrincherada en el paso de Capirilla, al norte de Venta de Chagres, Baskerville se retiró para no sufrir más bajas, y volvió a Nombre de Dios el 2 de enero de 1596, cuando Drake largaba velas rumbo al río Chagres.

Siempre oportunista, Drake les propuso entonces probar fortuna en las costas de Nicaragua y Honduras. Por otra parte, su estado de ánimo desde este momento revela a un hombre que lucha por no aceptar lo evidente, que su empresa había fracasado en cuanto a sus dos objetivos principales, y que esto había acabado con la ilusión de poder recuperar su fama:

> No me importa, hombre —dijo Drake en palabras de Maynarde—, Dios nos reserva muchas cosas. Yo conozco muchas maneras de prestar buenos servicios a la reina y de enriquecernos, porque debemos obtener oro antes de regresar a Inglaterra. Después de que volvimos de Panamá —escribe Maynarde—, su cara nunca expresó alegría ni júbilo.

Acosados por las fiebres, la disentería y el pésimo tiempo, no avanzaron más allá de la isla Escudo, en la costa de Veragua. Cuando el 23 de enero volvieron al istmo, Drake ya estaba padeciendo la disentería, y falleció en la madrugada del día 28, cerca de Portobelo. Asumió el mando sir Thomas Baskerville, que el 8 de febrero mandó poner rumbo a Inglaterra, después de echar a pique cinco navíos dañados o que hacían agua. Dicho sea en su honor que, aunque soldado, rechazó el ataque de una flotilla española cerca de la isla de Pinos, al sur de Cuba, y condujo sus navíos por el estrecho de Florida. Echaron anclas en Inglaterra a fines de abril o a principios de mayo de 1596, conforme al plazo fijado por la reina Isabel.

Veremos en otra parte de esta obra algunas de las hazañas que han servido para crear la leyenda popular de Drake como héroe nacional. Por el contrario, una evaluación de la expedición de 1595 podría hacer pensar que no tenía madera de héroe, ya que fue un motivo de desencanto casi desde el principio hasta el fin, rematada además por la muerte de sus dos jefes. Algunos críticos han escogido la fácil opción de atribuir su fracaso a la política española de reforzar sus defensas en las Antillas. La verdad es que en San Juan y en el istmo de Panamá,

Drake y Baskerville fueron rechazados por medidas defensivas recién adoptadas, previo aviso de un próximo asalto. En parte, esto sólo ocurrió a causa de errores de mando, y este factor, junto con la poco acertada decisión de dividir aquél y de desviar su atención del destino original en el istmo a favor del galeón varado, fue lo que de modo decisivo truncó sus esperanzas de éxito.

Drake siguió demostrando sus dotes de navegante descubriendo en su lancha un paso desconocido por las islas Vírgenes, anclando su flota frente a San Juan, donde sus enemigos pensaban que era imposible hacerlo, atreviéndose a conducir sus naves por una brecha poco ancha en las barricadas que cerraban la entrada al puerto. Desde el punto de vista del monarca español, es posible que esta empresa pareciera significar la adopción por Inglaterra de una nueva estrategia marítima en el Caribe, dada su magnitud y la participación de la reina, pero de hecho no implicaba ningún cambio de intenciones durante la guerra de los corsarios, ni afectó sustancialmente la forma en que ésta iba a continuar en manos de otros aventureros.

LA CONTINUACIÓN DE LA GUERRA (1596-1604)

Ni la desilusión producida por el triste resultado de la última expedición de Drake y Hawkins, ni las desagradables noticias sobre nuevas defensas españolas terrestres y marítimas, hicieron disminuir el número de intrusiones por parte de navegantes británicos a partir de 1596. Las estadísticas confirman que de las costas inglesas zarparon menos expediciones (a saber, 31), pero que el número de navíos en el Caribe entre 1596 y 1604 sube hasta 82, un poco más que en la época anterior [1]. La actividad más extendida seguía siendo el apresamiento de buques mercantes españoles, y muchos de los que participaban como armadores y capitanes ya habían adquirido mucha experiencia. En 1596, cuatro navíos de John Watts se reunieron para atacar las pesquerías de perlas de Río de la Hacha, y luego enviaron a Bristol una presa obtenida cerca de La Española que resultó valer 6.000 libras. Pero ningún

---

[1] K. R. Andrews, «English voyages to the Caribbean (1596-1604)», *William and Mary Quarterly*, 31, 1974, pp. 243-254, es una lista comentada.

otro navegó por las aguas del Caribe tan frecuentemente como Christopher Newport, que por lo menos volvió cinco veces entre 1596 y 1604, después de cinco o seis viajes anteriores. Pero ahora no sólo había ascendido en filas desde marinero a capitán, al servicio de los principales mercaderes de la capital y del país, sino que había participado también en la construcción de una pinaza y de un navío, el *Neptune,* que durante los próximos siete años habría de navegar exclusivamente a las Antillas. Por ejemplo, en junio de 1598 regresó a Bristol con dos presas. Estaba a punto de partir otra vez en noviembre, pero como cayó enfermo, tuvo que entregar el mando del *Neptune* a otro experimentado navegante, John Paul. En noviembre de 1599, se dirigió por primera vez al golfo de México, donde en un lucrativo asalto contra Tabasco se hizo con 888 onzas de plata, monedas por valor de 200 libras, 14 onzas de oro, perlas, 41 cueros y las campanas de varias iglesias. Durante los primeros meses del año 1602, incendió dos fragatas cerca de Guava y se apoderó de dos cargas de palo campeche cerca de La Habana. Luego, en noviembre de 1602, se unió a cinco navíos franceses que vendían negros en Guanahibes. Aunque sufrieron algunas bajas al ser expulsados de Jamaica el 14 de enero de 1603, realizaron su proyecto de apresar las naves capitana y almiranta de la flota de la Nueva España, que cargaban metales preciosos y otras mercancías en Puerto de Caballos el 7 de febrero. Por fin en esta época, Newport regresó solo al Caribe antes de mayo de 1604. Otro intruso frecuente fue Michael Geare, así como Newport de Limehouse, de la ciudad de Londres, que en 1596 le acompañó a Cuba y Honduras, tras lo cual se acusaron mutuamente de haber desertado el uno del otro. Por iniciativa propia recorrió las costas de Venezuela y Cuba en 1601, y volvió con Newport en 1602. Goza de la poco rara fama de enriquecerse por métodos poco honrados, a fin de ganar más en su justa parte de los botines.

Ahora bien, por sus distintas y notables características quisiéramos destacar tres expediciones dentro del panorama global de las incursiones en las Indias Occidentales entre 1596 y 1604. La primera, al mando de sir Anthony Sherley, se distingue por sus ataques contra centros de población. Zarpó de Plymouth en mayo de 1596, y la componían seis navíos (tres de ellos de 200 a 300 toneladas), una galera y una pinaza. Después de haber lanzado un temerario y destructivo ataque contra Santiago de Cabo Verde, cuando llegaron al Caribe, al igual que la flota de Drake en 1585, estaban tan atacados por las fiebres que tuvieron que pasar un mes de recuperación en Dominica. Se aprovisionaron en Santa Marta, y a fines de enero de 1597 desembarcaron unos 200 hombres que tomaron Villa de la Vega (hoy Spanish Town), en Jamaica. Durante los 40 días que estuvieron en tierra, incendiaron unas 60 casas para forzar a las autoridades a pagarles un rescate de carne y pan. Trujillo, en la costa de Honduras, logró resistir sus tentativas de desembarcar gente, aunque ya se habían juntado con ellos no sólo Michael Geare, sino también un recién llegado de Margarita, William Parker. Sin embargo, Puerto de Caballos volvió a rendirse ante un ataque corsario, aunque inútil según la opinión de Sherley, que lo describe como «el lugar más pobre y miserable de las Indias». Fue en este momento cuando Sherley y Parker pusieron rumbo al golfo Dulce, con la intención de marchar tierra adentro a través de las montañas de Guatemala en busca del Mar del Sur. No ha de sorprendernos que fracasara esta idea descabellada, pero Sherley, obstinado aunque algo ligero de cascos, anunció a sus atónitos compañeros que después de avituallarse en Terranova pensaba poner proa a las Indias Orientales, ¡tras pasar por el estrecho de Magallanes! Cuando sus más sensatos y prácticos capitanes le comunicaron su rotunda negativa, no tuvo más remedio que volver a Inglaterra.

Otra empresa que merece ser singularizada fue la duodécima y última expedición de corso del conde de Cumberland, y la más importante intervención británica de 1598. Se destaca porque parece desmentir la teoría general en lo referente a la consolidación de las defensas españolas en las Antillas, ya que llevó a cabo lo que Drake no pudo realizar, la ocupación de San Juan de Puerto Rico. Cuando la flota salió de Portsmouth el 6 de marzo, casi igualaba en tamaño a la de Drake, puesto que consistía en 1.200 hombres y 20 navíos con un porte total de 4.600 toneladas. Siete de ellos pertenecían a Cumberland, y los demás a mercaderes de la capital. Se dirigieron al Caribe haciendo escala en Dominica. Luego, escogieron la derrota más conocida y segura, la de las islas Vírgenes, en lugar de los estrechos y tortuosos canales por los que pasó Drake. Cumberland declaró que prefería ser el primero en tomar San Juan que el segundo en pasar por las islas Vírgenes.

Para no exponer sus navíos al fuego de las baterías que defendían la entrada del puerto principal, Cumberland desembarcó a unos 1.000

hombres armados que marcharon 20 kilómetros para atacar el fuerte de San Antonio, que protegía el acceso a la ciudad por la calzada desde el este. Aunque fracasó este primer intento el 6 de junio, al aproximarse de nuevo por tierra y en lanchas, los ingleses se apoderaron de la ciudad, evacuada por sus vecinos, que se refugiaron en el castillo. Sin embargo, a pesar de esta victoria estratégica, Cumberland poco a poco se daba cuenta de que era imposible ocupar la isla como base militar inglesa, pues su gente sucumbía diariamente a las fiebres tropicales. Después de tres semanas en la isla, habían muerto 300 hombres, además de los 60 caídos durante los combates para apoderarse de San Juan; otros 600 estaban enfermos, de los cuales 300 fenecieron antes de que zarparan rumbo a Inglaterra el 13 de agosto, o durante las primeras semanas del viaje. A costa de tantos esfuerzos y sufrimientos en tierra, Cumberland acumuló el botín acostumbrado en cueros, azúcar y jengibre, algunas campanas, 60 piezas de artillería de bronce y nueve presas, cuyo valor total estimó en 16.000 libras, una cantidad insuficiente incluso para pagar la mitad de sus gastos. En efecto, ninguna de las empresas a gran escala que tenían la intención de asestar un golpe aplastante a los intereses españoles en el Caribe, en busca de fama, honor y también despojos, logró colmar sus ambiciones. Sin embargo, en el caso de Cumberland vemos la eficacia de su estrategia militar contra las defensas españolas, en contraste con los defectos intrínsecos que contribuyeron al fracaso de Drake en San Juan en 1595.

Aún menos esperada y más sorprendente fue la hazaña de William Parker, que pensaba apoderarse del nuevo puerto de llegada de los galeones de Tierra Firme, Portobelo, con una escuadra que se componía del *Prudence* (100 toneladas), el *Pearl* (60 toneladas), una pinaza de 20 toneladas y dos chalupas, sobradamente tripulada por 208 hombres. Zarparon de Plymouth en noviembre de 1601. La buena fortuna los acompañó desde el primer momento en que entraron en el Caribe. En Cubagua, los vecinos les entregaron un rescate que valía 500 libras para que les devolvieran varias cargas de perlas, y cerca del cabo de la Vela apresaron un buque negrero portugués. La escuadra, ahora de seis navíos, echó anclas al este de un Nombre de Dios abandonado, desde donde se aproximaron a Portobelo en pinazas y chalupas, ayudados por guías negros. En la madrugada del 6 de febrero, forzaron a uno de sus prisioneros portugueses a responder al «quién vive» del nuevo castillo de San Felipe y del fuerte de Santiago, de modo que consiguió desembarcar sin oposición una vanguardia de unos 40 hombres. Mientras éstos comenzaban a sembrar la confusión mediante ataques contra el cuartel y las casas reales, los demás acudieron para adueñarse del puerto y saquear la tesorería. Parker sólo pudo ocupar Portobelo durante 24 horas, y encontró pocos tesoros, apenas 9.000 ducados, pero recogió una cantidad considerable de otros despojos y tomó otras tres presas. El éxito de su ataque se debía a su exacta información, a su astucia y a la buena suerte. Se hicieron a la mar el 9 de febrero y volvieron a Plymouth el 6 de mayo de 1602. Sin duda, Parker estaba dotado de la osadía y el valor de Drake, pero en esta ocasión se aprovechó completamente del factor sorpresa, que éste ya había perdido antes de llegar a las Antillas en 1595.

Los primeros comerciantes (1599-1604)

Basta mencionar los nombres de Parker, Newport, Geare y, por supuesto, Drake y Hawkins, para representar los viajes transatlánticos realizados por centenares de navegantes británicos desde 1585. Constituyen el primer período continuo de empresas ultramarinas a cargo de la comunidad marítima y comercial inglesa, si no todavía del Estado, con el motivo de enriquecerse en el Caribe a expensas de los españoles.

Pero al llegar a los umbrales del siglo XVII aparecen los primeros indicios de que en lugar de perseguir este mismo fin por medio de acciones agresivas, otros ya preferían cortar palo campeche para satisfacer su demanda en el mercado europeo, o vender ilegalmente mercancías europeas en el Caribe. Esto no debe ser motivo de sorpresa, puesto que los patrocinadores de los viajes de corso eran al mismo tiempo los principales mercaderes de la capital. Comerciaban con el Mediterráneo y África, y eran miembros de la Compañía de Levante y después de la Compañía de las Indias Orientales. En 1597, Michael Geare cargó madera en el golfo de Campeche. William Fetye, que se hizo a la mar en Londres en septiembre de 1598, se había provisto no sólo de las acostumbradas patentes de corso, sino también de varias sierras de acero con las cuales cortó 70 toneladas de palo santo en la isla de Nevis. Thomas Burwarde le siguió a este destino en octubre de 1599, y Newport visitó la misma isla en 1602.

Hasta este momento, los mercaderes británicos dependían de las importaciones de cueros, azúcar y otros productos americanos que venían en los barcos de corso. No es fácil explicar por qué cambió esta práctica, si no fuera por el conocimiento de que sus competidores de varias décadas, los franceses, y más recientemente los holandeses, tenían gran éxito comercial sin incurrir en los riesgos ni en los gastos adicionales de armar sus navíos como buques de guerra. Por supuesto, en la práctica no era posible hacer claras distinciones entre expediciones de corso y de comercio. Simon Boreman y sus 38 compañeros fueron detenidos en Río de la Hacha en 1601, después de comerciar y hacer asaltos en toda la costa desde Cumaná, y Christopher Cleeve convino en 1603 en transportar cargamentos de tabaco y cueros en nombre de varios mercaderes británicos en las Antillas, tras haber tomado Santiago de Cuba y desembarcado en Jamaica. Naturalmente, las autoridades españolas no observaron diferencias, tratando a todos los intrusos como piratas.

Sin embargo, en 1602 salieron de Inglaterra varios buques con fines principalmente comerciales. El *Prosperous* (400 toneladas), de Londres, que llevaba una carga que valía 30.000 ducados, pasó dos años cerca del puerto de Guanahibes. El *Mayflower* (300 toneladas) fue acompañado a Tierra Firme y La Española por tres barcos que pertenecían a mercaderes londinenses, y el *Vineyard,* uno de cuyos armadores era sir Richard Hawkins, recién regresado a Inglaterra tras su encarcelamiento en el Perú y España, hizo el primero de varios viajes para cargar cueros. Cuando Newport regresó a las Antillas en 1604, en esta ocasión tanto para comerciar como para robar, ya había muerto la reina Isabel I, y esos mercaderes y navegantes británicos que querían continuar organizando empresas marítimas semejantes a las de los últimos 18 años tendrían que hacerlo bajo las condiciones dictadas por el nuevo rey, Jacobo I.

RESUMEN DE UNA ÉPOCA

No cabe duda de que esta última fase de la guerra de los corsarios, entre 1595 y 1604, resultó ser más perjudicial que las anteriores. Por supuesto, a diferencia del holandes Piet Heyn en 1628, ninguna de estas empresas aisladas logró apresar una flota de galeones de Indias, pero sí interrumpieron varias veces el ritmo del transporte transatlántico patrullando la entrada de los puertos de Cartagena, La Habana y Santo Domingo y, a juzgar por las relaciones de los gobernadores españoles, estuvieron, a punto de paralizar el comercio del que dependían algunos puertos menores. Durante 18 años, el valor de las presas y los cargamentos que fueron llevados a Inglaterra oscilaba entre 100.000 y 200.000 libras cada año, de las que el 70 % correspondía a las Antillas. Realmente, los corsarios no ganaron la guerra contra España y no destruyeron su comercio transatlántico, pero en cierta medida contribuyeron a poner en tela de juicio la invulnerabilidad militar de España, especialmente en el mar y en las Indias Occidentales, y debilitaron su comercio ultramarino. También obligaron al monarca español a atender las necesidades defensivas de las islas y regiones de Tierra Firme, que seguían pidiendo ayuda.

Se podría afirmar que la política isabelina de permitir que la iniciativa marítima de su nación se dedicara principalmente a la organización privada de expediciones de corso, desvió la atención y el impulso de otras estimables empresas nacionales, tales como un proyecto coherente y coordinado para combatir a España, la colonización del litoral atlántico de Norteamérica o la búsqueda del paso del noroeste. En contra de esta afirmación se puede argumentar con igual justicia que los beneficios adquiridos mediante los viajes de corso de las asociaciones de mercaderes, terratenientes, navegantes, cortesanos, dueños de barcos y magnates eran suficientes para crear unas reservas de capital que después se podrían invertir en la expansión del comercio. La otra época, sin duda alguna, vio nacer a una nueva generación de navegantes como Geare, Newport, Parker y otros muchos menos conocidos, ricos en la experiencia de los viajes transatlánticos, que valía no sólo para realizar futuras expediciones de comercio y colonización a las Antillas y a Norteamérica, sino también a las Indias Orientales y al Mar del Sur. Además, aunque todavía queda mucho por estudiar, sin duda se aceleró el ritmo de la construcción naval, y especialmente la expansión de la marina mercante de Inglaterra, habiendo una mayor proporción de barcos de más de 300 toneladas, para ser precisos, 72 de los 133 fabricados entre 1581 y 1597. Además, la armada real estaba formada ahora por navíos capaces de atravesar el océano y lanzar asaltos contra las posesiones españolas en las Indias Occidentales. Estos factores, requisitos fundamentales para una nación insular, contribuyeron al aumento del comercio ultramarino y a los comienzos de la expansión colonial en el siglo XVII.

Los viajes de Drake y Hawkins de 1585 y 1595 siempre han sido bien documentados gracias a la investigación histórica, tal vez al estar tan íntimamente relacionados con los objetivos políticos de su reina, por turbios que éstos fuesen a veces. Desde 1569, Drake presentaba sin duda señales de actuar conforme a una estrategia previamente elaborada. Sin embargo, desde el punto de vista más amplio de la guerra de los corsarios en el Caribe, no se puede evitar la conclusión de que a veces se les ha otorgado una importancia excesiva, dadas las consecuencias a corto plazo del primer viaje y el fracaso del último. Por el contrario, las correrías y depredaciones de centenares de sus compatriotas durante 18 años, a pesar de no ser coordinadas ni celebradas por los historiadores, finalmente produjeron en conjunto repercusiones significativas.

VI

VIAJES DE COMERCIO Y COLONIZACIÓN (1604-1655)

El comienzo del comercio y de la colonización (1604-1631)

En el nuevo ambiente de paz señalado por la decadencia de la época isabelina y la subida al trono del rey Jacobo I en 1603, se iba a hacer uso de la rica herencia de las pasadas décadas de viajes de corso. Mediante sus repetidas travesías del océano Atlántico hacia las Antillas, centenares de navegantes británicos pudieron ampliar sus conocimientos de las técnicas de la navegación, familiarizarse con los vientos y las corrientes del mar e informarse sobre la situación de las colonias españolas y las rutas marítimas que las unían. Al igual que en Norteamérica, en los siglos futuros vendrían por las rutas que ellos habían conocido como pobladores y comerciantes, confiando en sus habilidades y en su experiencia. No obstante, un siglo de empresas marítimas aún no había concluido en una posición efectiva al dominio español en América, ni en la ocupación de tierras ya pobladas o no por españoles.

Pero en el Caribe se había obligado a España a dirigir los escasos recursos de una hacienda real en quiebra a la defensa de islas y costas efectivamente ocupadas, y entre ellas, preferentemente, las que estaban integradas en la red comercial del imperio, por ejemplo la costa desde Cartagena hasta Portobelo, La Habana y Veracruz. Por el contrario, otras costas e islas estaban abandonadas a las siguientes incursiones de sus enemigos, como es el caso de las Antillas Menores, Jamaica, Puerto Rico, el norte y oeste de La Española y la zona oriental de Venezuela. Ciertamente, el corso no murió con la reina Isabel I, ni la idea de que se podía hacer disminuir el poder español de Europa atacando las fuentes de su antigua riqueza en las Indias. Sin embargo, antes de principios del siglo XVIII, todo esto habría de convertirse en combates entre fuertes buques de guerra de las respectivas marinas reales, en lugar del apoyo oficioso y semioculto ofrecido por la Corona en el siglo XVI a los corsarios que actuaban indirectamente en defensa de los intereses de su país.

Al subir al trono en el mes de marzo de 1603, Jacobo I en seguida reveló su deseo de firmar una paz con España, y pocos meses más tarde indicó que pensaba retirar a los corsarios cualquier forma de ayuda o legitimación, al decretar que debían devolver a sus dueños todas las presas españolas hechas desde el 24 de abril. Así pues, el rey puso de manifiesto que los que entraban de una manera agresiva en aguas españolas merecían ser castigados en Inglaterra tanto como en España, aunque defendía el principio de que los mercaderes británicos tenían el derecho a comerciar pacíficamente en regiones no gobernadas efectivamente por los españoles. Pero el nuevo rey, que deseaba la paz antes que nada, no estaba dispuesto a aceptar las peticiones de los que habían financiado viajes de comercio en los últimos años del reinado de Isabel I, y que preferían no llegar a un acuerdo con España hasta que este país otorgara licencias para comerciar en el Nuevo Mundo. Aunque los negociadores españoles siguieron afirmando el principio de la total exclusión de extranjeros en el Nuevo Mundo, y rehusaron admitir la idea de que Inglaterra podía traficar de forma legal con regiones no ocupadas realmente por españoles, al fin se firmó el Tratado de Londres (1604), dado que ninguno de los dos países quería arriesgar la paz en Europa. En el texto se omitió, simplemente, cualquier mención a las Indias, lo cual significaba que, en realidad, España aceptó de modo tácito de que solamente la posesión activa de un territorio le daba a un país derecho a su jurisdicción sobre él.

En consecuencia, la intervención de navegantes británicos en el Caribe por motivos comerciales era la continuación de un proceso iniciado a fines del reinado de Isabel I. No se trataba sólo de cortar palo campeche sino, como en la época de John Hawkins, también de introducir contrabando donde quiera que lo desearan los pobladores y pudiera hacerse sin despertar la animosidad de las autoridades. Tampoco dejarían pasar una buena oportunidad para adueñarse de cargamentos valiosos transportados por barcos españoles solitarios e indefensos. Pero estos viajes, poco documentados, en ningún sentido disfrutaban de un apoyo oficial. El nuevo ímpetu de la Corona en la empresa ultramarina se dirigía hacia Norteamérica. Sin embargo, estas expediciones constituían una presencia inquietante y molesta, por ejemplo en la costa oriental de Venezuela, en Trinidad y en Cuba, y en los puertos de La Yaguana y Guanahibes, al oeste y noroeste de La Española. En el último caso, debido a la abierta participación de las autoridades locales en las transacciones que los contrabandistas, la Audiencia de Santo Domingo puso en práctica un proyecto de despoblación forzada de esa zona de la isla, con el que indirectamente, invitaron a que se crearan allí las bases permanentes de una nueva generación de intrusos piráticos, los bucaneros.

Al mismo tiempo, poco a poco iba cobrando vitalidad otra clase de interés, cuando los magnates y mercaderes ingleses empezaron a dirigir sus miras a la colonización permanente de las Indias en lugar de prolongar la reciente etapa de intermitentes viajes de corso y contrabando a colonias españolas algo empobrecidas, tales como Jamaica, Puerto Rico, Río de la Hacha, Margarita y Honduras. Por este motivo se nota el aumento de la penetración inglesa, especialmente en las Antillas Menores, para cultivar con su propio esfuerzo productos como el azúcar y el tabaco, muy solicitados en los mercados de Europa.

No nos toca en esta obra narrar la historia de la colonización inglesa en el Caribe ni en Norteamérica, sino recordar este proceso como lógico resultado de las incursiones de los navegantes británicos desde mediados del siglo anterior. Por razones diversas, la falta de oro y plata, la ferocidad de sus habitantes, los caribes, y la concentración de las defensas españolas en los principales centros de población y comercio, en el siglo XVII las Antillas Menores estaban abiertas a cualquier nación que decidiera explotarlas. Además, aunque se había impuesto como ruta preferida para atravesar el Atlántico seguir los vientos alisios del nordeste hasta las islas de Dominica o Guadalupe, era sumamente difícil viajar en sentido contrario hacia las Antillas Menores desde los principales lugares poblados del Caribe en el oeste, tales como San Juan, Santo Domingo, Cartagena o La Habana, de forma que fue hacia ellas hacia donde los capitanes británicos dirigieron sus naves, mas no sólo para hacer aguada, avituallarse o carenar sus barcos como hacían antes.

Después de desastrosos y trágicos primeros esfuerzos para establecer colonias en la isla de Santa Lucía y Granada en 1605 y 1609, respectivamente, en especial a consecuencia de los ataques de indios temibles y por la falta de una estrategia a largo plazo, en adelante se fijó la atención en las islas de Sotavento. Buscando un lugar donde establecerse que fuera más agradable que el que acababa de abandonar en el río Amazonas, Thomas Warner llegó a la isla de Saint Kitts en enero de 1624, con 15 ó 20 colonizadores para cultivar tabaco. Significaba el comienzo de la primera colonia permanente no española en las Antillas. Dos años más tarde, cuando ya había estallado la guerra entre España e Inglaterra tras la muerte de Jacobo I, el nuevo rey, Carlos I, le concedió patentes que le permitían combinar la colonización con expediciones de corso contra barcos españoles, con lo que podía ofrecer a sus financiadores una segunda fuente legítima de ingresos, a la manera antigua. Fracasó un ataque contra la isla de Trinidad, pero se extendió la colonización a Nevis en 1628, y luego a Antigua y Monserrat en 1632.

Entretanto, la isla de Barbados, situada al este de las islas de Barlovento y por eso aún más alejada de las colonias españolas, fue poblada por un grupo de 80 colonizadores al mando de John Powell. Éste también poseía una patente de corso bajo cuya autorización ya había apresado un navío español durante la travesía del océano. Durante la década siguiente, pobladores ingleses, franceses y holandeses iban a asentarse en estas islas, siempre recelosos de sus vecinos españoles y a veces aliados con los bucaneros.

Aunque éstos iban creando sus propias guaridas permanentes en el Caribe, la situación de los colonos fue precaria por mucho tiempo. Mientras todavía luchaban por hacerse autosuficientes, seguían dependiendo de sus vínculos marítimos con Inglaterra para recibir provisiones y refuerzos de pobladores que aligeraran la carga de sus trabajos. De este modo, cuando dejaba de arribar un navío con su cargamento de vituallas y mercancías para ser cambiadas por el tabaco, una colonia se veía reducida a veces al borde del hambre. Además, puesto que se encontraban en los márgenes de la jurisdicción española, y en islas sujetas a los ataques de los supuestos caníbales, no podían prescindir de la ayuda militar traída en los barcos de Inglaterra, para defender tanto de españoles como de indios. Por ejemplo, en 1629 la flota de Fadrique de Toledo, rumbo al Brasil para expulsar a los holandeses, aprovechó la ocasión para atacar las colonias en ciernes de Nevis y Saint Kitts, destruyendo así los frutos de varios años de arduo trabajo.

El viaje de sir Henry Colt a Barbados y Saint Kitts (1631)

Afortunadamente, gracias al diario de a bordo de sir Henry Colt, puede uno formarse una idea de las empresas marítimas inglesas a principios del siglo XVII, que contribuían tan necesariamente a la conservación y a la defensa de las nuevas colonias. Al escribir a su hijo Jorge en Inglaterra, explica que

> me he esmerado día y noche en compilar este diario, porque si has de ser navegante y emprender viajes, puedes aprender cómo pasar el tiempo y a quién agradecer por tu salvación.

El domingo 22 de mayo de 1631, Colt partió de Weymouth en el *Alexander*, al mando del capitán Burch. El navío estaba artillado con 16 cañones servidos por unos 30 artilleros y sus ayudantes, llevaba 4 compañías de mosqueteros y un número no especificado de navegantes y colonos, hombres, mujeres y niños. «Conque», afirma Colt, «estamos armados contra todos los adversarios». Después de atravesar el golfo de Vizcaya, pusieron rumbo a Madeira y a las Canarias, al parecer sin hacer escala, pero en vez de escoger la travesía directa continuaron hasta las islas de Cabo Verde. Echaron anclas en Barbados el 1 de julio, cinco semanas y cinco días después de salir de Inglaterra.

Desde el principio, el capitán Burch había prestado atención al reparto de los víveres, porque temía que la tardía partida de Inglaterra pudiera resultar en un viaje lento. Colt le informa a su hijo de que el mejor mes para salir es abril, regresando del Caribe a mediados de agosto, porque así se eluden las calmas de verano y los huracanes de invierno.

En realidad, llegaron a su destino sin ningún contratiempo, «tan favorecidos por los vientos y los mares que un esquife de Londres podría habernos acompañado sin peligro». Pero no hay que suponer que fuera siempre así, pues «calcular la longitud es más difícil [que la latitud]», y Barbados es «bajo, difícil de encontrar y aislado, como una moneda tirada al suelo en el terreno baldío de Newmarket». Según Colt, el año anterior varios navíos no lograron desembarcar sus pasajeros y cargamentos allí.

En los meticulosos consejos que escribe para su hijo, Colt enumera lo que deben de haber sido las reglas imprescindibles para hacer un viaje a las Indias en pleno verano, cuando a menudo los recién llegados murieron víctimas de las frecuentes epidemias:

> La región más peligrosa por la cual debes pasar está debajo del trópico, porque hay fiebres y calenturas que han matado a mucha gente en la época calurosa del año. Nuestro remedio fue sangrar en seguida a quien se quejara de un dolor de cabeza, y así se acabó la enfermedad. Tienes que mantener siempre caliente el estómago con un peto de algodón o de lana, y nunca andes con la camisa desabotonada después de sudar, porque el viento es frío y el estómago debe mantenerse caliente. Para facilitar la digestión y protegerse contra la disentería, que es el mayor peligro, echa pimienta a todos tus caldos y come pasas día y tarde, lo cual mata la sed. No comas mucha carne fresca ni salada, ni tampoco frutas; el mejor régimen consiste en la harina de avena, guisantes, arroz, harina de trigo, mantequilla y queso holandés. Una gallina guisada con pimienta y bizcochos es buena comida. Bebe un poco de agua de angélica o de romero antes de comer y a veces después.

El 14 de julio, el *Alexander* volvió a zarpar rumbo a la isla de Saint Kitts, pero tras situarse entre Martinica y Dominica, fue atacado por dos naves españolas de unas 200 toneladas que salieron de repente de un ancladero escondido. Sin prestar atención a los gritos de «amainá, perros ingleses», éstos libraron un combate en retirada durante todo el día, hasta que lograron escapar. Curiosamente, como buen católico que antes había luchado por el rey de España en los Países Bajos, Colt declara que no está dispuesto a pelear más «contra una nación que hasta ahora amaba y honraba más que a cualquier otra en Europa». Desviado de su derrota por este encuentro, el *Alexander* no fondeó en Saint Kitts hasta el 21 de julio.

Las experiencias del *Alexander* sirven para ilustrar las frecuentes travesías del Atlántico de barcos y navegantes cuya misión era contribuir a la protección y conservación de las nuevas colonias inglesas en las Antillas Menores. Probablemente esperaban llegar a un estado de convivencia con los vecinos territorios españoles del Caribe, pero, en el porvenir, la proximidad de las colonias de ambos países iba a promover amargos conflictos entre guardacostas españoles y contrabandistas británicos, de los que había de resultar la presencia en el Caribe de buques de guerra ingleses. Sin embargo, hasta este momento no se hizo ningún esfuerzo por arrebatar al dominio español ningún territorio poblado desde el comienzo de la época colonial. Esta situación cambió en 1655, cuando se aprestó en Inglaterra una enorme expedición marítima y militar.

Los viajes del capitán William Jackson (1638-1645)

Los antecedentes del famoso proyecto de 1655 deben buscarse en la disminución de la influencia de los partidarios de la paz con España en la corte de Carlos II. En su lugar, se nota la nueva adopción de la antigua política isabelina de equipar expediciones de corso, las cuales ahora lanzaban sus ataques desde la colonia de la isla de Providencia (o Santa Catarina), a unos 240 kilómetros de la costa nicaragüense, poblada por ingleses que abandonaron Bermuda y Saint Kitts en 1630. El rey inglés acordó permitir que se aprestasen empresas de corso privadas, a fin de ejercer represalias contra naves y mercancías españolas. Por consiguiente, Maurice Thomson, de Londres, junto con varios mercaderes de Cornualles, financió el viaje de William Jackson, que arribó a Providencia en abril de 1639 y desde allí saqueó las costas centroamericanas, cerca del río Desaguadero. Regresó a Inglaterra con una pequeña cantidad de plata y un cargamento de índigo y azúcar que logró vender por unas 1.400 libras. A éste parece haberle seguido un segundo viaje semejante el siguiente año. Otros capitanes también frecuentaban en 1639 las islas de la Bahía, donde tomaron Trujillo y ganaron un rescate de 16.000 pesos de a ocho, en parte plata y en parte índigo.

Pero la más famosa de estas expediciones fue la de William Jackson. Partió de Londres en el mes de julio de 1642, compuesta por el *Charles* (350 toneladas y de 18 a 20 cañones) al mando de Jackson, el *Valentine* (240 toneladas y 20 cañones) y el *Dolphin* (140 toneladas y 16 cañones). Llegaron a Barbados el 27 de septiembre, donde tardaron otras seis semanas en buscar nuevos reclutas y armar tres pinazas de 10 ó 12 toneladas cada una, denominadas *Mercury*, *Pegasus* y *Argus*. Por este motivo, al hacerse a la mar el 11 de noviembre, la flotilla, algo atestada de gente, constaba de seis barcos y 640 hombres, a los cuales se añadieron a otros 250 voluntarios en Saint Kitts. Pusieron rumbo a Tierra Firme, pero sus ataques fueron rechazados en la isla de Margarita el 25 del mismo mes y, prudentemente, optaron por no arremeter contra los fuertes de La Guaira, puerto de Caracas. Al contrario, en Puerto Cabello, el 7 de diciembre, unos 200 hombres armados penetraron siete u ocho kilómetros tierra adentro, quemando propiedades y profanando una capilla, aunque sin obtener ganancias notables. El 18 del mismo mes descubrieron que los vecinos de Maracaibo ya habían huido de la ciudad, al parecer despojándola de todo salvo azúcar, cueros y tabaco. Pero antes de transcurrir un mes, las autoridades lograron reunir 10.000 pesos como rescate para evitar la total destrucción del lugar.

La flotilla de Jackson invernó en las costas centroamericanas y reparó sus barcos cerca del cabo Tiburón, en el sudoeste de La Española, a principios de marzo de 1643, antes de lanzar un ataque por sorpresa contra la isla de Jamaica el 25 del mes. Sin gran dificultad ocuparon su capital, Villa de la Vega, puesto que la fama de sus correrías ya había minado el entusiasmo en la resistencia de los vecinos. Varios ingleses pensaron entonces en renunciar a su vida errante, seducidos por la rica tierra y el clima sano de una Jamaica que a sus ojos se parecía a un paraíso terrenal. En esta ocasión, para cumplir con el acostumbrado compromiso con sus armadores, Jackson se negó a aceptar sus peticiones, y el 21 de abril levaron anclas. Pero en vez de volver a Centroamérica, a causa de fuertes vientos contrarios se vieron forzados a detenerse en la isla Gran Caimán, donde el 1 de junio unos 200 descontentos finalmente lograron abandonar la empresa, con la intención de volver a Barbados. Trujillo cayó en poder de los demás el 18 de julio, y luego, tras recorrer la costas de Centroamérica y el istmo de Panamá, se apoderaron de Tolú «el jardín de Cartagena», de resultas de un ataque a la luz de la luna el 14 de noviembre. El botín constaba de plata, joyas, azúcar y comestibles.

A fines de febrero de 1644, la flotilla llegó a Cuba, donde su gente pasó varios meses en tierra, construyendo cabañas en las que vivir mientras carenaban y reparaban sus navíos. No volvieron a hacerse a la vela hasta el 5 de julio, para emprender la última etapa de sus correrías en el golfo de México. Aunque en el viaje naufragaron tres de sus barcos (el *Valentine* y dos de sus presas), el 11 de septiembre se adueñaron de varios pueblos, incluso de Tabasco, y también de mucho botín, en donde figuraban oro, cueros y palo campeche. El 12 de este mes se decidió comenzar el viaje de retorno a Inglaterra, no menos accidentado que la ida hasta este momento. Jackson alcanzó Barbados en el *Charles* el 27 de octubre. Tres meses después zarpó hacia Inglaterra, donde echó anclas el 6 de marzo de 1645. Otros navíos fueron alcanzados por vientos tempestuosos hasta que tuvieron la buena suerte de fondear cerca de la isla de Saint Kitts, el 14 de febrero de 1645. Los que deseaban volver a Inglaterra emprendieron el viaje el 29 de abril, pero perdieron el *Dolphin* durante una batalla librada en el canal de la Mancha con tres buques de guerra españoles, antes de llegar a puerto en el mes de julio.

Durante un viaje poco conocido, con extraordinaria resistencia y una osadía indudable, William Jackson y sus tripulantes erraron a su voluntad por el Caribe en una empresa que trae a la memoria las depredaciones de los corsarios isabelinos. Sus hazañas levantaron las más airadas protestas del embajador español, Alonso de Cárdenas, en una carta dirigida al parlamento el 2 de abril, y con tan poco resultado como las peticiones de sus antecesores ante la corte de Isabel I. Ciertamente, las aventuras de Jackson dieron ánimos a los que deseaban emularle, pero, además, encendieron las primeras discusiones sobre la elaboración de un proyecto para apoderarse de tierras en el Caribe por medio de una conquista militar. En efecto, los esfuerzos para realizar estas ambiciones se demoraron unos diez años debido a las Guerras Civiles en Inglaterra, pero el vencedor de ese conflicto, Oliver Cromwell, era amigo y compañero de los fundadores de la colonia de la isla de Providencia. Sin duda, adquirió mucha información sobre las Indias, y tal vez su entusiasmo, por medio de estos contactos personales.

El Proyecto Occidental de Oliver Cromwell (1654-1655)

Una vez recibido en diciembre de 1653 el título de «Señor Protector de Inglaterra, Escocia e Irlanda», e impuestas nuevas restricciones comerciales en las Indias a sus rivales holandeses en abril de 1654, tras una corta guerra naval, Oliver Cromwell dirigió su atención a la consolidación de su propio poder, así como al prestigio y engrandecimiento nacional en ultramar. Motivado por fervorosos sentimientos anticatólicos, con el término de las Guerras Civiles en su país disponía también de grandes fuerzas navales y militares, a muchas de las cuales les faltaba empleo. Al fijar los ojos en las Indias, la cuestión más importante que se planteó era si debía conseguir por un acuerdo, o bien por acciones hostiles, que España reconociera las colonias inglesas y su derecho a comerciar. En las discusiones del Consejo de Estado en el mes de junio de 1654, prevalecía la opinión de los que abogaban por un ataque por sorpresa siguiendo la tradición de los corsarios isabelinos, enviando una expedición naval y militar para apropiarse de los caudales americanos y para ocupar permanentemente una posición estratégica que pudiera defenderse contra cualquier ataque español.

Por tanto, en el mes de agosto se llamó al embajador Cárdenas para informarle de que sólo podrían existir buenas relaciones con su país bajo dos condiciones: primero, que España concediera a todos los ingleses residentes en países bajo su dominio la libertad de credo para practicar su religión protestante, y segundo, que se diera a Inglaterra la libertad para comerciar en el Caribe. Al presentar su respuesta negativa, el embajador le comunicó a Cromwell que lo que exigía era tanto como «pedir los dos ojos del rey de España». De esta forma el proyecto inglés ya revestía la apariencia de ser una empresa nutrida por los antiguos sentimientos antiespañoles y anticatólicos, con el fin de ganar presas y ventajas comerciales.

El principal fallo en los argumentos sobre la formulación del proyecto se encuentra en el hecho de que Cromwell dio excesivo crédito a las palabras de Thomas Gage, dominico apóstata que había vivido varios años en América antes de nacionalizarse y casarse en Inglaterra, donde en 1648 publicó su famoso libro *The English American, a new survey of the West Indies* [1]. Cegado por el fervor de su nueva fe y obsesionado por su odio hacia el catolicismo, Gage era culpable de engañar a Cromwell con respecto a la facilidad con que se podrían hacer conquistas en el Nuevo Mundo. A su parecer, después de apoderarse de La Española y de Cuba, en menos de dos años toda Centroamérica caería en manos inglesas. La influencia de Gage fue tal que otro proyecto más práctico, propuesto por Thomas Modyford, futuro gobernador de Jamaica, fue rechazado hasta que lo adoptaron los comandantes navales a fines del siglo XVIII. Éste pretendía conducir una expedición marítima a Barbados para lanzar un asalto contra Trinidad y la región

---

[1] Hay una reciente edición en español, *Viajes por la Nueva España y Guatemala*, ed. D. Tejera, Crónicas de América, 30, Madrid, 1987.

del estuario del río Orinoco, porque estando a barlovento de las principales colonias españolas en las Antillas, juzgaba que sería necesario enviar una flota desde España para frustrar el intento. Una vez así instalado en las Indias, luego sería posible avanzar paso a paso por la costa de Tierra Firme hacia Cartagena. En realidad, cuando una junta de capitanes, navegantes y mercaderes se reunió en agosto de 1654, de resultas de haber rehusado aceptar el ultimátum de Cromwell el embajador español, las instrucciones que entregaron a los futuros comandantes eran bastantes imprecisas. Proponían ataques preliminares contra La Española o Puerto Rico, y más tarde una ofensiva contra Cartagena, La Habana y Tierra Firme, desde el Orinoco hasta Portobelo. Sin duda, el objetivo general era expulsar a los españoles de un puerto o isla que ya ocupaban y establecer una base militar inglesa.

Lo que desde el principio parece indecisión, tampoco inusitada en la época de Drake y Hawkins, fue agravado por la manera precipitada y descuidada en que se preparó la flota. Aunque los 38 navíos (incluidos 20 transportes) estaban tripulados por 2.970 marineros y armados con 1.126 cañones; el ejército de tierra, de 2.910 hombres, estaba mal armado y se le pagaba con poca frecuencia. Ha sido descrito por fuentes fidedignas como una desordenada multitud de ladrones, rateros, estafadores y pícaros reclutados en las calles de Londres. Se les dieron pocas ocasiones para hacer ejercicios militares o aprender a manejar un fusil. A imitación de Jackson, iban a reclutar a otros 1.200 en Saint Kitts, Nevis y Monserrat, y a unos 3.000 ó 4.000 en Barbados. Sin embargo, cuando la expedición zarpó el 25 de diciembre de 1654, tenía ese mismo punto flaco que tanto desbarató los planes de la última empresa de Drake y Hawkins, esto es, un mando dividido y una gran falta de precisión en lo referente a la jurisdicción de ambos comandantes. Por tanto, mientras en el Caribe las cosas iban de mal en peor, se recriminaban mutuamente Robert Venables, general de la gente de tierra, y el experto navegante William Penn, almirante de la flota y padre del futuro fundador de la colonia cuáquera de Pennsylvania.

Al llegar a Barbados el 29 de enero de 1655, inmediatamente empezaron a reclutar los refuerzos de gente, hasta reunir un ejército de unos 8.000 ó 9.000 hombres, pero no una cantidad suficiente de víveres y de pertrechos militares, de modo que cuando salieron rumbo a Santo Domingo el 31 de marzo, antes de la llegada de los buques que traían provisiones de Londres, seis hombres tenían que compartir las raciones de cuatro. Según las fuentes españolas, cuando la flota se divisó sobre la costa de La Española, constaba de unos 56 navíos, 36 de ellos grandes buques de guerra y los demás fragatas, pinazas y lanchas [2]. El almirante Penn no se atrevió a lanzar un ataque frontal contra Santo Domingo, pues temía que la entrada al puerto estuviese obstruida, como ocurría en realidad, no por una barrera, como él sospechaba, sino por dos naves ancladas a través de la entrada al estrecho canal. Le preocupaban también los peligros de intentar desembarcar al ejército en un puerto fortificado. Por tanto, mientras Penn emprendía una ofensiva de distracción estratégica al este de la ciudad, al vicealmirante William Goodson se le asignó la tarea de poner a la mayor parte de los soldados en tierra, a unos 15 kilómetros al oeste, cerca del río Jaina, donde desembarcó Drake en 1585.

Pero parece que ahora nadie sabía exactamente dónde se encontraba dicho río. Goodson no quería acercarse a la costa porque temía que sus navíos encallasen, y el viento los llevó a la punta Nicoya, a unos 45 kilómetros de Santo Domingo, donde comenzaron a desembarcar a la gente en la tarde del sábado 14 de abril. Fue un error de fatales consecuencias para la empresa en La Española, y los oficiales navales tenían la culpa. La marcha del ejército por tierra el 17 de abril fue detenida por ataques guerrilleros, y no se intentó un segundo avance hasta el 24, por causa inexplicable. Ahora el calor, las fiebres, el hambre, la sed y la disentería habían agotado las fuerzas y la determinación de las tropas inglesas, que se batieron en retirada. Para cuando se pusieron a salvo en los barcos cuatro días más tarde, habían muerto unos 1.000 soldados. Venables se quejó de la cobardía de la gente de tierra y del erróneo lugar de desembarco, mientras Penn se sentía agraviado por no haber tenido la oportunidad de bombardear los fuertes desde sus navíos.

Cuando los supervivientes de este humillante desastre se hicieron a la vela el 4 de mayo, la intención de sus comandantes era apoderarse de Jamaica, para evitar el tener que regresar a Inglaterra con nada más que narrar que historias de una derrota. Las perspectivas de conseguir una victoria, aunque fuese engañosa, eran mejores, ya que la isla había

---

[2] I. A. Wright, *Spanish narratives of the English attack on Santo Domingo (1655)*, Camden Miscellany, 14, Londres, 1926.

sido saqueada por Sherley en 1597, por Newport en 1603 y, como acabamos de ver, por Jackson en 1643. Estaba poblada por unos 1.500 españoles, de los cuales 500 eran capaces de manejar armas, unos pocos indios, portugueses y esclavos negros, en total no más de 2.500 personas. Sólo dos de las más pequeñas fragatas de 24 cañones pudieron entrar en el puerto de Caguaya (hoy Kingston) el 10 de mayo, seguidas por lanchas y pinazas. Descubrieron poca resistencia, pues la mayoría de la población huyó al campo con sus familias y objetos de valor. Venables se adueñó de Villa de la Vega al día siguiente, y al cabo de una semana presentó al gobernador, Juan Ramírez de Orellana, el texto de una capitulación que debía firmar. Gage hizo de intérprete.

Cuando en el mes de julio las noticias de estos sucesos se propagaron en Europa, el embajador Cárdenas de nuevo hizo airadas protestas y pidió a Cromwell una restitución por aquel ataque no provocado. En esta ocasión fue la negativa de Cromwell la que motivó su retirada por el gobierno español y la ruptura, por tanto, de las relaciones diplomáticas. Por esto, fue una suerte que en este nuevo ambiente de hostilidad Cromwell hubiera iniciado un programa de construcción naval que proyectaba la fabricación de cinco buques de guerra al año. Menos edificante era el sistema de recluta forzosa para reunir los 20.000 marineros necesarios para servir en una marina real que en 1660 consistía en unos 160 buques de guerra.

Entretanto, en Jamaica Penn y Venables habían abandonado a su gente a la enfermedad, a la continua resistencia de los guerrilleros españoles y a la muerte. Los dos fueron encarcelados brevemente en la Torre de Londres como víctimas propiciatorias del ignominioso fracaso en La Española, pero Cromwell reaccionó en seguida para aprovechar la toma inesperada de Jamaica, adoptando medidas para colonizar la isla y fundar una base de operaciones para una escuadra de buques de guerra al mando de William Goodson. De esta forma, y al mismo tiempo España, por primera vez, se dio privada de una de sus islas mayores, poblada desde los primeros años de la época colonial, e Inglaterra por fin ocupó permanentemente una isla en el corazón de las posesiones españolas, de inmenso valor estratégico respecto a las operaciones de la armada real.

VII

LA ARMADA REAL EN EL CARIBE (1655-1762)

Las operaciones de la escuadra de Jamaica desde 1655

Tras la ocupación de Jamaica, una escuadra formada por una docena de buques de guerra se quedó en Port Royal, inaugurando así la primera base ultramarina de la armada real. Con ellos, el vicealmirante Goodson emprendió viajes cuyos objetivos se asemejaban mucho a los de los corsarios del siglo xvi. Por ejemplo, el 31 de julio de 1655 se dirigió a Santa Marta, desembarcó a 120 hombres, se apoderó del lugar y dos semanas después, cuando las autoridades se negaron a pagar un rescate, mandó que se le prendiera fuego. La mayor parte de su botín consistía en 32 cañones, algunos de los cuales dejó en Port Royal para su fortificación. En abril de 1656, Goodson largó velas otra vez, comandante ahora de una flota de 23 navíos gracias a la llegada de refuerzos de Inglaterra. Atacó e incendió Río de la Hacha el 4 de mayo, pues no se le pagó ningún rescate, llevándose un botín de solamente cuatro cañones; hizo escala en Santa Marta del 8 al 13 de mayo, capturó un navío de 100 toneladas frente a Cartagena el 14 del mismo mes, y volvió a Jamaica al día siguiente. En la entrada del estrecho de Florida, aguardó durante el verano la llegada de las flotas que venían de Veracruz y Portobelo, pero la primera no se hizo a la vela, puesto que sus capitanes estaban enterados de los movimientos de la flota inglesa, y la segunda se adelantó en cinco días.

El sucesor de Goodson como comandante de la escuadra de Jamaica era uno de los más distinguidos y famosos navegantes de su tiempo, el comodoro Christopher Myngs. Iba a continuar esta fase de expediciones de corso de los navíos de la marina real a lo largo de la costa de Tierra Firme, con su acostumbrada determinación y destreza. En 1658 persiguió a dos buques mercantes hasta Tolú, y luego quemó el puerto; al año siguiente, en Coro, tuvo la buena suerte de dar con 22 cajas, cada una de las cuales contenía 400 libras de plata valorada en 1.500.000 pesos, el botín más grande jamás llevado a Port Royal por una sola expedición. Pero en 1662, al atreverse a atacar Santiago de Cuba, Myngs también hizo gala de las cualidades de mando decidido y acción resuelta que les faltaron a Penn y Venables siete años antes en Santo Domingo. Al mando de la fragata *Centurion*, que llevaba 1.300 hombres y 46 cañones e iba acompañada por 11 barcos de bucaneros, Myngs se acercó a un fondeadero no defendido al este de la ciudad el 5 de octubre. Al día siguiente, la flotilla empezó a entrar por la estrecha boca del canal que conducía al puerto, bombardeada por la artillería del castillo de San Pedro de la Roca que estaba en lo alto de los acantilados, mientras unos 900 soldados marcharon por tierra para asaltarlo, con éxito, por detrás. Las tropas se entregaron al pillaje a voluntad hasta el día 15, cuando los navíos bajaron hasta la boca del puerto, donde tardaron otros cuatro días en volar el castillo. Transportaron a Port Royal las piezas de menos peso, y arrojaron por los acantilados todos los cañones grandes. Levaron anclas el 22 de octubre, con un botín de azúcar, cueros, vino, plata, algunos esclavos y campanas de iglesia.

El 12 de enero de 1663, Myngs se hizo a la mar otra vez con 1.500 hombres en el *Centurion* e igual número de barcos bucaneros rumbo al nuevo destino de San Francisco de Campeche, en Yucatán. Aunque lograron capturar unos 16 buques, el botín les decepcionó y perdieron a 30 hombres durante un precipitado ataque frontal contra un presidio muy bien defendido. Tras este último episodio en el Caribe, Myngs volvió a Inglaterra, donde el rey Carlos II le armó caballero [1].

---

[1] En realidad, fue el almirante Robert Blake quien consiguió los éxitos más resonantes contra los galeones de plata. En septiembre de 1656, cerca de Cádiz, su flota aguardó la llegada de los galeones que habían logrado escapar de Goodson en el Caribe. Uno de sus capitanes, Richard Stayner, apresó la capitana, cargada con 2.000.000 de pesos, hundiendo otros dos galeones, que llevaban 1.600.000 pesos. Luego, el 20 de abril de 1657, en Santa Cruz de Tenerife, descubrió anclada la flota de la Nueva España después de haber invernado en el Caribe. Aunque se habían descargado y escondido 10.500.000 pesos, Blake echó a pique o incendió la flota entera, compuesta por 11 navíos.

El Caribe como escenario de guerra naval (1689-1739)

Cuando en 1689 se entablaron discusiones en Londres sobre la necesidad de enviar una fuerza naval al Caribe, la novedad consistía en el hecho de que ya no era una escuadra más para asaltar los puertos y navíos españoles. Se respondía así a las peticiones de varias colonias británicas que temían ser atacadas por navíos franceses al comienzo de un nuevo conflicto contra esta nación, y representaba la justa comprensión del valor de la estrategia naval por parte de los políticos ingleses. Cuando el 8 de marzo de 1690 se hizo a la vela desde el puerto de Plymouth una escuadra de ocho buques al mando del comodoro Laurence Wright, su objetivo era defensivo antes que ofensivo, a saber, la protección de las islas inglesas en el Caribe y de su comercio contra cualquier agresión francesa. Wright empezó a embarcar en mayo a unos 2.300 hombres en Barbados, con los cuales volvió a tomar Saint Kitts en julio, antes de retirarse su escuadra a fines de año. Por lo menos cuatro veces en los próximos siete años, es decir, hasta firmarse la Paz de Ryswick en 1697, otras escuadras de cinco a diez buques se dirigieron al Caribe con semejante propósito. En 1693, sin embargo, se le encomendó a la flota del comodoro sir Francis Wheler, integrada por 12 buques con 462 cañones, una línea de acción más agresiva, pensando, erróneamente, que se podría acortar la guerra en Europa apropiándose del territorio francés en el Nuevo Mundo, pero debido a la falta de coordinación entre la gente de tierra y de mar, en abril fracasaron sus ataques contra la base naval de Martinica. La última de estas operaciones, una escuadra más poderosa bajo el mando del vicealmirante John Neville en 1697, introdujo un nuevo elemento en los conflictos de las potencias europeas en el Caribe, puesto que recibió la misión de evitar que los buques de guerra franceses se apoderasen de los galeones de plata españoles. Sin embargo, mientras se aproximaba todavía a Cartagena, Neville supo que había llegado tarde, ya que de resultas de un impresionante ataque, una flota francesa ya había despojado a la ciudad de un botín de oro, plata y piedras preciosas. Aunque Neville se trasladó con su escuadra a La Habana, el general de los galeones españoles rechazó su oferta de escoltar sus navíos durante el viaje transatlántico.

Esta misma cuestión del destino de la plata americana iba a atraer la atención de los estrategas navales en Londres durante las guerras desencadenadas por la polémica de la sucesión española. Las instrucciones del almirantazgo insistían sobre todo en la importancia de privar a Francia de los medios para financiar con plata de las Indias sus hostilidades contra Inglaterra. Una manera de conseguirlo sería interrumpir su transporte, como la reina Isabel había intentado hacer más de un siglo antes.

El 27 de julio de 1702, tras haber sido informado de la declaración de guerra contra Francia, el vicealmirante John Benbow, uno de los almirantes más pintorescos de la marina real, al mando de una escuadra de 7 buques con 392 cañones y 2.215 hombres, buscó navíos franceses en Léogane (antes La Yaguana), y luego, con éxito, cerca de Santa Marta, el 18 de agosto. Esa noche logró librar un combate con la retaguardia de una columna de diez buques, y hasta el día 24 continuó persiguiéndolos en su capitana, la *Breda*. A pesar de haberle destrozado la pierna una bala de cadena, se mantuvo al mando de su escuadra, pero sus capitanes, uno por uno, abandonaron la persecución. Según Benbow, cuando se les pidió cuentas presentaron toda clase de disculpas, «exagerando la fuerza del enemigo, la falta de hombres y de municiones, y el viento ligero, todas excusas patentes». Benbow no tuvo más remedio que volver a Port Royal. Tras una investigación del episodio, se condenó a muerte a dos capitanes, a los que se fusiló más tarde en Plymouth; otro fue expulsado de la armada real, y un cuarto murió antes del proceso. Justificada su conducta, Benbow falleció después de serle amputada la pierna, el 4 de noviembre de 1702.

Quien tuvo más éxito en las Antillas en la primera década del siglo fue el comodoro Charles Wager. Desde junio de 1707 era comandante de la escuadra de Jamaica, que solía patrullar por las costas desde Cartagena a Portobelo y el norte de Cuba. El 28 de mayo de 1708 divisó una flota de 17 galeones y otros buques de guerra rumbo a La Habana, y dirigió el fuego de sus cañones hacia los tres buques insignia. El *San José* (64 cañones) voló por los aires, salvándose sólo 11 de 600 hombres; otro, de 44 cañones, fue apresado, y el tercero se incendió el 31 de mayo.

Ni Wager ni los siguientes comandantes de la escuadra de Jamaica lograron repetir esta victoria, ni jamás desviaron de su destino más que una pequeña parte de la plata, aunque sí pudieron retrasar su llegada a España. En la reciente presa había solamente 13 cajas de pesos y 14 barras de oro.

Otro motivo para explicar la presencia de buques de guerra británicos en el Caribe surgió en 1725, cuando la antiguas rivalidades políticas de Europa dieron origen a una nueva alianza francobritánica. Temiendo que esto provocara un conflicto con España, el gobierno de Londres resolvió restringir su capacidad para librar una guerra, encomendado al vicealmirante sir Francis Hosier la misión de trasladarse a Cartagena y Portobelo para impedir el libre movimiento de las flotas de plata, pero sin entrar en combate con ellas. Según el gobernador de Jamaica, «la paz de toda Europa depende de si Hosier logra encerrar los galeones en esos puertos».

Zarpando de Plymouth el 9 de abril de 1726, el vicealmirante puso rumbo a Portobelo, donde se unieron a su escuadra otros buques de Jamaica, formando una flota de 16 navíos. Lo que siguió fue un aburrido y penoso bloqueo desde junio a diciembre. Tampoco tuvo éxito en paralizar completamente el transporte de la plata a Cádiz, pues aunque Hosier patrulló la costa de Cartagena entre febrero y agosto de 1727, se ha estimado que unos 8.000.000 de pesos, de un total de 30.000.000, fueron llevados por tierra a Cartagena, y desde allí a La Habana en navíos aislados. Lo que sí se hace patente en este episodio, sin embargo, es la trágica falta de compasión por parte del almirantazgo y de los políticos de Londres con respecto a la suerte de los marineros británicos, de los cuales murieron por los menos 4.000, incluso dos almirantes (Hosier uno de ellos), siete capitanes y 50 tenientes. Además, esta acción desacreditó la teoría concebida en Londres de que el bloqueo de los galeones en sus puertos antillanos no sería considerado como un acto de guerra, mientras que sí lo sería su secuestro o su apresamiento. No obstante, al menos se había observado que indirectamente la presencia de la escuadra de Hosier tuvo otro efecto muy deseado, al limitar las operaciones de los guardacostas españolas.

En un capítulo del Tratado de Utrecht (1713), se le habían concedido a Gran Bretaña ciertos derechos limitados para comerciar con las colonias españolas, además del asiento de esclavos negros. Inmediatamente, se extendió un gran resentimiento por el mundo español, donde esto se veía como otra violación de su monopolio en las Indias. En enero de 1714 se informó al gobierno de Londres de que un guardacostas español había apresado varios barcos británicos, so pretexto de haber cargado mercancías producidas en las colonias españolas. Rápidamente, se multiplicaron semejantes acontecimientos, extendiéndose incluso más allá de la alta mar y de las costas, hasta la entrada de guardacostas en los puertos de las colonias británicas, donde pusieron en tierra a gente armada para saquearlas. Sin duda, los supuestos ultrajes cometidos por los guardacostas respondían a las depredaciones de los bucaneros y al aumento del contrabando surgido al amparo de la nueva legislación, pero si hubieran restringido sus actividades a erradicar estos males y no se hubiesen entrometido indiscriminadamente en el comercio legítimo de otros navíos británicos, tal vez pudiera haber sido posible evitar la guerra de 1739. Tal como estaban las cosas, siguieron deteniendo y registrando cualquier barco con que tropezaran durante los años veinte y treinta, hasta que la situación entró al fin en crisis. La respuesta británica consistió en imponer castigos donde se cometían los asaltos y donde España era más vulnerable, esto es, en el Caribe. Pero la crisis también volvió a despertar el interés por el Mar del Sur, adonde se envió la flota de George Anson.

En cuanto a las Antillas, y como medida provisional, una escuadra de cinco buques a las órdenes del comodoro Charles Brown intentó en vano destruir la amenaza de los guardacostas en la primavera de 1738, pero un año más tarde, el nombramiento del vicealmirante Edward Vernon como comandante de otra escuadra semejante significó un drástico cambio en la política naval británica en el Caribe. Ya había servido allí a las órdenes del comodoro Wager, y era uno de los más competentes y mejor informados, aunque a veces impulsivos, oficiales de su tiempo.

LAS CAMPAÑAS DEL VICEALMIRANTE VERNON (1739-1742)

Al ser elegido miembro del parlamento en 1722, Vernon en seguida comenzó a destacarse por sus debates. Pronunció inflamados discursos defendiendo a quienes anhelaban declarar la guerra a España debido a las operaciones de sus guardacostas, y en contra de los que preferían una solución pacífica para las disputas, especialmente el primer ministro, sir Robert Walpole [2]. Ciertamente, Vernon habría respal-

---

[2] Walpole dimitió el 2 de febrero de 1742, se dice que debido al éxito y a la popularidad de Vernon.

dado las protestas del capitán Robert Jenkins, de la *Rebecca*, que en 1738 compareció ante la Cámara de los Comunes llevando como prueba de las atrocidades cometidas por los españoles una botella de vidrio; dicho recipiente, afirmaba el propio Jenkins, contenía una de sus orejas, cercenada cerca de La Habana en abril de 1731 por Juan León Fandino, capitán de un guardacostas. Por lo tanto, la próxima guerra no podía ser otra que «La Guerra de la Oreja de Jenkins». Durante una reunión del almirantazgo, Vernon opinó que se debía enviar una fuerte escuadra a las Indias Occidentales «para dañar al enemigo en lo más esencial, destruir sus minas, apoderarse de sus tesoros, capturar sus navíos [y] arruinar sus colonias». Concluyó que «si nos apoderásemos de una vez de Portobelo y Cartagena, luego perderían [los españoles] todas las Indias». Vernon recibió sus órdenes el 19 de julio de 1739, y se hizo a la vela desde Spithead cuatro días después. Antes que específicas, estaban redactadas en términos generales, autorizándole para «destruir las colonias españolas en las Indias y perjudicar sus navíos de cualquier manera que fuese posible». También se nota una resolución más enérgica cuando sugieren que «en caso de que se encontrara que los buques de guerra españoles estuviesen tan expuestos que juzgara que era práctico quemarlos o destruirlos en el puerto, debe hacerlo». Al parecer, no iban a repetirse los errores cometidos en el caso de Hosier, y se confiaba en la propia iniciativa de Vernon.

La flotilla zarpó de Jamaica el 5 de noviembre, compuesta por los cinco buques que había traído de Inglaterra, el *Burford* (70 cañones), el *Worcester*, el *Strafford* y la *Princess Louisa* (60 cañones cada uno), el *Norwich* (50 cañones), más el *Hampton Court* (70 cañones), al mando del comodoro Charles Brown, llevando un total de 2.495 hombres. Al acercarse a Portobelo, el 20 de noviembre, los capitanes y otros oficiales subalternos de Vernon debieron de haber estado totalmente familiarizados con las instrucciones tácticas que había distribuido dos semanas antes: tiene fama de haber adoptado en sus navíos prácticas que después se incorporaron al manual naval de instrucciones para combates; por medio de frecuentes maniobras y ejercicios, solía entrenar a sus oficiales y marineros en el uso de armas de fuego y de los cañones, y hay que confesar que a muchos les hacía falta esta instrucción, pues nunca habían manejado antes un mosquete.

Como el viento dificultaba su acceso, el 21 de noviembre sólo les fue posible bombardear y luego tomar al asalto el castillo exterior a la entrada del puerto. Pero al día siguiente, antes de que Vernon tuviera ocasión de enviar sus buques contra los dos fuertes interiores, recibió del gobernador, Francisco Martínez y Retes, una lista de los términos para la capitulación, que en seguida fueron modificados por Vernon, incluyendo no sólo todas las fortificaciones, sino también todos los navíos que se encontraban en el puerto. Durante las tres semanas que las fuerzas de Vernon ocuparon Portobelo, destruyeron sistemáticamente sus fortificaciones, dejando el puerto sin defensas, llevándose más de 50 piezas de artillería de bronce y destrozando 80 de hierro. Sin embargo, se observó escrupulosamente lo capitulado con el gobernador, al asegurarle que ni las propiedades privadas ni los vecinos del lugar serían maltratados. Los buques británicos salieron de Portobelo el 13 de diciembre, rumbo a Port Royal.

Durante el año 1740, Vernon cumplió los deberes rutinarios de la escuadra naval de Jamaica, a la espera de refuerzos de galeones y de soldados que le permitieran atacar lugares de mayor interés estratégico, tales como Cartagena y La Habana. Del 6 al 9 de marzo, sus buques bombardearon Cartagena, pero desde lejos y sin causar ningún daño, aunque Vernon sin duda recogió informes sobre la situación del puerto y sus defensas. Hicieron escala en Portobelo entre el 10 y el 22 de marzo, sin provocar ninguna reacción hostil entre las autoridades ni los habitantes, y luego Vernon se dirigió con tres de sus navíos a Chagres, centro de operaciones de los guardacostas. Atacó el castillo de San Lorenzo y lo derruyó el 23 del mismo mes, apoderándose del pueblo al día siguiente; acumuló un botín que valía 70.000 libras y quemó dos guardacostas.

Aunque el gobierno de Walpole sólo de mala gana había consentido en 1739 enviar al Caribe la pequeña escuadra de Vernon, tan fervorosa era la aclamación popular de resultas de su victoria en Portobelo que ya no pudo encontrar la manera de negarle más tropas y buques de guerra.

Tras largas discusiones sobre sus objetivos, y a pesar del conocido antagonismo de Vernon contra las operaciones que combinaban fuerzas navales y terrestres, el gobierno concibió un enorme proyecto cuyo objetivo principal era apoderarse de La Habana, punto de reunión de las flotas y los galeones. Se le comunicó a Vernon que iban a ser enviados a Jamaica 8.000 soldados al mando del general lord Charles Cathcart, en una flota de unos 20 buques bajo la dirección de sir Chaloner Ogle [3]; allí se reunirían con ellos otros 3.600 soldados enviados por 9 de las 13 colonias británicas de Norteamérica. La flota zarpó de Spithead el 26 de octubre de 1740, llegó el 17 de diciembre a Dominica, donde murió Cathcart, probablemente de disentería, y empezó a reunirse en Port Royal el 8 de enero de 1741.

Con la muerte de Cathcart, Vernon pudo abandonar el proyecto para asaltar La Habana, que no le atraía, pues juzgaba que el puerto era invulnerable tras sus fortificaciones, de modo que el 25 de enero, conforme a una decisión del consejo de guerra, la flota puso rumbo a Tierra Firme para emprender un ataque contra Cartagena. La componían 29 buques de línea y 24 barcos menores armados con más de 2.000 cañones, y 85 navíos de transporte para llevar las tropas británicas y coloniales. Aunque la ciudad daba al mar, no era posible un ataque frontal a causa de los bajíos, rocas y fuertes rompientes; además, sólo se podía entrar en el puerto interior por la Boca Chica, defendida por cuatro fuertes y una batería de fajina, con un total de 150 piezas de artillería, ya que la Boca Grande no era lo bastante produnda para admitir buques de línea.

Los combates, que se iniciaron el 9 de marzo, fueron notables por la bien coordinada estrategia de Vernon en cuanto a las maniobras de sus fuerzas navales, la vacilación desastrosa al final del nuevo comandante de la gente de tierra, Thomas Wentworth, y la tenaz resitencia de los defensores, bajo las órdenes del virrey Sebastián de Eslava y Blas de Lezo, comandante de las fuerzas navales españolas. Una vez más, Vernon consiguió combinar una estrategia global dotada de una flexibilidad que permitía la iniciativa individual de sus capitanes. Fue un bombardeo naval lo que facilitó la toma de los cuatro fuertes exteriores, la batería y la nave capitana española *Galicia* (70 cañones), al mostrarse reacio Wentworth a introducir a sus soldados en el combate. Finalmente, para cuando se le hubo persuadido a atacar el fuerte en el monte San Lázaro, el 9 de abril, estaban ya muy debilitados por la enfermedad y por haber sido cruelmente expuestos durante largo tiempo al calor abrasador de la ardiente arena blanca. Al saber que habían muerto 43

---

[3] Navegó en la flota de Ogle, como ayudante de los cirujanos, Tobias Smollett, cuya novela *The adventures of Roderick Random* (1748) proporciona detalles únicos sobre la vida de los marineros de la Armada real durante esta expedición. Véase B. McL. Ranft, *The Vernon papers* (Navy Records Society, 99), Greenwich, 1958

oficiales y 600 de los soldados de Wentworth durante este asalto, y que de una fuerza original de 8.000 hombres solamente 3.550 eran capaces de pelear, a Vernon no le quedó más recurso que retirarse. Antes de hacerlo, arrasaron las fortificaciones que habían tomado, y echaron a pique o capturaron 13 galeones y 50 navíos más pequeños. La flota británica se hizo a la mar el 6 de mayo, rumbo a Port Royal.

Vernon participó en otras dos operaciones de escaso éxito antes de ser reemplazado por Ogle. En la primera, sus buques se quedaron fondeados en la bahía de Guantánamo desde el 18 de julio hasta el 24 de noviembre de 1741, pero la gente de tierra, otra vez al mando de Wentworth, dejó de avanzar, ahora contra la ciudad de Santiago de Cuba, conforme a su proyecto; la única recompensa fue la captura de tres navíos, uno de los cuales llevaba 70.000 pesos de a ocho. Igualmente, otro plan para atravesar el istmo y adueñarse de Panamá no avanzó más allá de Portobelo, donde Vernon desembarcó el 28 de marzo de 1742; al abandonar esta empresa el 3 de abril, de nuevo se echó la culpa a las fiebres y a las lluvias. Vernon partió de Jamaica el 19 de octubre de 1742, y desembarcó el 6 de enero del año siguiente en Bristol, donde el fervor y entusiasmo populares demostraron que entre mucha gente gozaba de la fama de ser uno de los marinos más heroicos de su nación, al que otros le habían fallado. La única novedad con respecto a las operaciones de los buques de la marina real en esta época fue un esfuerzo por interrumpir el comercio español con la costa de Venezuela. Se le encargó esta misión al comodoro Charles Knowles, jefe de la escuadra de las islas de Sotavento, cuyos navíos fueron reforzados en 1743 para constituir una flotilla de 10 buques, con 392 cañones y 2.045 hombres. Sus asaltos contra La Guaira y Puerto Cabello fueron rechazados en febrero y abril.

Las actividades del vicealmirante Vernon significan, evidentemente, que el Caribe no era una zona sin importancia durante los conflictos ocasionados por las alianzas políticas en Europa. Además, como en el caso de la intervención de Anson en el Mar del Sur, o del proyecto venezolano de Knowles, existen motivos para sospechar que los objetivos no eran simplemente la paralización del comercio español, ni siquiera la ocupación de sus territorios. Ya que estas operaciones navales pueden interpretarse como precursoras de intervenciones como la de sir Home Popham en Buenos Aires en 1806, cuyo propósito fue fomentar aspiraciones locales nacionalistas y, naturalmente, por motivos de propio interés, ganar ventajas comerciales para Gran Bretaña. Tanto las instrucciones de Knowles como las de Cathcart se refieren a la eliminación de las restricciones españolas sobre el comercio y a la creación de un nuevo comercio libre con Gran Bretaña. Al menos, Vernon destruyó las fortificaciones de Portobelo y Chagres, lo cual paralizó el comercio a través del istmo, y los galeones no volvieron ya a salir en una flota, siendo sustituidos por navíos aislados de registro.

Desde 1744, una nueva guerra marítima contra Francia complicó las acciones de los buques de guerra británicos en el Caribe, pero sus tareas principales eran las mismas de antes, es decir, atacar el comercio del enemigo, defender el suyo y proteger las colonias británicas. Todo esto debían conseguirlo los diversos navíos que constituían la escuadra de Jamaica (de 10 a 14 buques de guerra) y la de las islas de Sotavento (de 5 a 10). Además, se asignaron a éstos las invasiones que resultaron en la toma de Guadalupe en enero de 1659 y la de Dominica en junio de 1761. En la práctica, las dos escuadras operaban de forma independiente, aunque se comunicaban regularmente con Norteamérica, de donde recibían la mayoría de sus provisiones. Existían instalaciones para la reparación y apresto de buques de guerra en los arsenales de Port Royal y English Harbour (Antigua).

La expedición naval a La Habana (1762)

Hasta 1762, los navegantes británicos no se habían atrevido a intentar apoderarse de la capital cubana, a pesar de sus más de dos siglos de experiencia de intervenciones en el Caribe. La expedición naval de ese año tiene su origen, por una parte, en la reanudación de las correrías de los guardacostas españoles, especialmente contra los barcos que venían para cargar palo campeche y contra los colonos británicos en las costas e islas de Nicaragua y el golfo de Honduras, y por otra en las continuas violaciones de la neutralidad española de los buques de guerra británicos durante la recién terminada guerra con Francia. De resultas de los reveses sufridos por el imperio francés en el Nuevo Mundo, España e Inglaterra se encontraban cara a cara como rivales, en tanto que principales potencias coloniales. Pero al saberse que las dos monarquías borbónicas se aliaban en secreto, Gran Bretaña respondió en seguida, declarando la guerra a España el 4 de enero de 1762.

La decisón específica de intentar apoderarse de La Habana radicaba no sólo en el hecho de que hasta este momento había conseguido resistir a este tipo de ofensiva, sino también en su importancia estratégica como excelente base naval y como centro de administración y de comercio españoles en el Caribe.

La expedición resultó ser una obra maestra de la táctica y de la guerra anfibia en general. El vicealmirante sir George Pocock, comandante de siete buques de línea y una fragata, debía transportar a Barbados a las fuerzas terrestres, a las órdenes del teniente general conde de Albemarle, y allí se les uniría la escuadra de Jamaica, al mando del contraalmirante George Rodney. Por fin se logró juntar una flota de 25 buques de guerra, 200 buques de transporte y 11.000 soldados, incluso los reclutados en las Antillas. Otros regimientos de Norteamérica de unos 4.000 soldados acudieron, algo atrasados, en el mes de agosto. La estrategia exigía una total coordinación entre la gente de tierra y de mar, una gran velocidad para llegar por sorpresa, y el engaño. Tras su reunión en el Caribe, la flota iría a amenazar Puerto Rico, La Española y la colonia francesa de Saint-Domingue, encubriendo así su objetivo final y avanzando siempre rápidamente con miras a terminar las operaciones navales antes de la temporada de los huracanes, a fines de agosto. Además, en lugar de acercarse a La Habana desde el oeste, como solían hacer las flotas españolas y los corsarios, Pocock tenía la intención de forzar el Canal Viejo de las Bahamas, a pesar de no disponer de pilotos.

Aunque no se ejecutó de un modo absolutamente perfecto, la estrategia resultó un éxito. La expedición levó anclas de Spithead el 5 de marzo de 1762, y arribó a Barbados el 20 de abril. Cuando empezó a fondear al este de La Habana el 6 de junio, el gobernador Juan de Prado y sus ministros estaban asistiendo a misa, y al principio supusieron que se trataba de una flota amiga. Sin embargo, los defensores no presentaron su rendición a los comandantes británicos hasta el 12 de agosto, después de sufrir un intenso bombardeo naval y los asaltos de las fuerzas terrestres. La ciudad fue ocupada durante diez meses. Al terminarse el reparto de los despojos, en 1772, se habían repartido unas 737.000 libras entre los que participaron en el ataque [4]. La marina es-

---

[4] Pocock recibió más o menos 122.698 libras, los capitanes 1.601 libras cada uno, los contramaestres 17 libras y los marineros e infantes de marina menos de 4 libras. So-

pañola perdió 9 buques de línea, que se rindieron con la ciudad, 3 fueron hundidos a la entrada al puerto y 2 incendiados en los astilleros. Por la ruptura de las líneas de comunicación y del comercio, y por el estímulo que daba la toma de La Habana a los que deseaban reformas en el imperio español de América, España sufrió un grave revés militar y un golpe contra su prestigio y reputación internacionales. Pero, como solía ocurrir entonces en zonas tropicales, también fueron enormes las bajas de soldados y marineros en cuyos esfuerzos y valor estaba fundada esta victoria. Entre el 7 de junio y el 9 de octubre, murieron casi 800 navegantes y 500 infantes de marina británicos, de los cuales sólo 86 fueron abatidos por el enemigo; de las fuerzas terrestres, murieron 5.366, y 4.708 de éstos a causa de enfermedades.

bre este episodio, véase D. Syrett *The siege and capture of Havana*, 1762, Navy Records Society, 114, Londres, 1970.

SEGUNDA PARTE

NORTEAMÉRICA

I

LOS PRIMEROS EXPLORADORES (1480-1547)

Bristol y el Nuevo Mundo

Situado a orillas del río Avon, en el sudoeste de Inglaterra, el puerto de Bristol fue, aproximadamente entre los años 1480 y 1508, el principal punto de partida de los primeros buques ingleses que se atrevieron a cruzar el océano Atlántico rumbo al oeste. Situado también más o menos a la mitad de la ruta marítima entre Islandia y la Península Ibérica, ya en el siglo XII se había creado allí un importante comercio, exportando telas de lana inglesas e importando de Islandia bacalao salado y de España y Portugal aceite de oliva y vinos. A fines del siglo XV, seguía siendo el más próspero de los puertos de provincias ocupados en el comercio ultramarino, pero fue precisamente en esta época cuando se registraron algunos cambios con respecto a su largo comercio tradicional.

Un motivo parecen haber sido las relaciones cada vez más hostiles con los propios islandeses, agravadas por la rivalidad comercial en esas aguas con los barcos de la Liga Hanseática, de modo que en 1481 casi se había paralizado el comercio con Islandia, y durante su visita en 1486, los mercaderes de Bristol le hablaron al rey Enrique VII de una crisis económica. Surgieron en seguida dos consecuencias: en primer lugar, la necesidad de descubrir nuevas zonas de pesca, una búsqueda que se confundía con la fascinación por islas legendarias tales como Antilla, Brasil y San Brandano, que los cartógrafos solían situar en el Atlántico, y en segundo lugar la creación de nuevos mercados, por ejemplo en las islas de Madeira, y tal vez en las Azores y en las islas de Cabo Verde. Por medio de sus viajes a estas islas, los navegantes de

Bristol, que después iban a participar en las expediciones a través del Atlántico, se enteraron de primera mano del progreso de la exploración ultramarina a la que se habían dedicado las naciones ibéricas, ampliando así la información que ya habían recogido en sus viajes a la Península. Sin embargo, ha de considerarse como una hipótesis todavía no comprobada la idea de que los navegantes de Bristol conocían las antiguas narraciones escandinavas sobre viajes transatlánticos a Norteamérica, o que habían oído hablar de las colonias nórdicas en Vinlandia hacia el año 1000. Lo cierto es que se familiarizaron con la navegación por el Atlántico Norte, y tal vez se informaron sobre las rutas hacia Groenlandia durante sus visitas a Islandia.

Por fin, aparte de la búsqueda de islas míticas, la atracción de nuevos mercados y la improbabilidad de que los de Bristol poseyeran noticias ciertas sobre tierras al oeste de Islandia, la llegada a este puerto del veneciano Juan Caboto en 1494 aportó otro motivo para la expansión marítima inglesa a fines del siglo xv, a saber, la esperanza de alcanzar las costas de Asia siguiendo un derrotero hacia el oeste que se suponía mucho más corto de lo que era en realidad[1]. Antes de esto, en 1493, había pedido vanamente ayuda en Sevilla y en Lisboa para realizar un proyecto que se parecía en ciertos aspectos a la empresa de Cristóbal Colón. El origen de la decisión de venir a Inglaterra, como en 1488 había hecho Bartolomé Colón en nombre de su hermano, y especialmente de residir en Bristol, ha de buscarse en sus contactos con mercaderes y navegantes de esta ciudad en la Península Ibérica. Igual que otros italianos, Colón, Vespuccio y Verrazzano, iba a navegar al servicio de una nación extranjera, y sería el descubridor de Norteamérica para Inglaterra.

JUAN CABOTO

Tradicionalmente se describe a Caboto como un experimentado navegante y mercader italiano que había viajado por el antiguo camino de las especias hacia el Levante, hasta la ciudad de La Meca. Interrogó a los navegantes árabes del Mar Rojo sobre el origen de las especias,

---

[1] Como Colón, Caboto nació en Génova, a más tardar en 1453, y existen dudas sobre sus primeros años. Pero en 1476 se naturalizó en Venecia.

drogas, perfumes, sedas y piedras preciosas, quienes le dijeron que se encontraba en el Lejano Oriente. Como Colón, es posible que leyera las obras de Marco Polo para informarse sobre China y Cipango (Japón). Caboto sólo salió de España después del trascendental regreso de Colón de las Indias, en 1493 [2], por lo que se ha supuesto que, provisto de las aparentemente incontrovertibles pruebas del descubrimiento de Asia por medio de un viaje al oeste, Caboto juzgó que era el momento oportuno para ofrecer al rey inglés la oportunidad de rectificar el error de haber rechazado el proyecto que le propuso Bartolomé Colón cinco años antes. Por otra parte, si dudaba de que Colón hubiera llegado a las Indias y sabía que navegantes de Bristol habían hallado una costa en el oeste, era posible que ésta fuera el nordeste de Asia. Por lo menos valía la pena investigar la hipótesis. En todo caso, Enrique VII ya estaba dispuesto a apoyar el plan de Caboto, especialmente al saber que éste se comprometía a correr con todos los gastos. Además, un viaje con destino a Asia no sería incompatible con el otro objetivo de descubrir islas y nuevas pesquerías, y serviría para limitar cualquier propósito español de monopolizar el nuevo comercio. Así, en una carta al rey Fernando en 1496, el embajador en Londres, Pedro de Ayala, comunicó que el rey inglés había aceptado un proyecto presentado por «uno como Colón».

El 5 de marzo se expidió una patente a Juan Caboto y a sus tres hijos para que aprestaran a su costa cinco navíos para navegar a todos los países y mares del este, norte y oeste (no del sur, puesto que Colón y los portugueses ya habían establecido su autoridad allí), y para ocupar y tomar posesión de cualesquier tierras nuevas hasta entonces no visitadas por cristianos. Si tuvieran éxito, se les facultaba para gobernar esas tierras en nombre del rey y para establecer un monopolio comercial con el puerto de Bristol, con franquicia de los impuestos de aduana para las mercancías que importaran. A cambio de estos privilegios, los Caboto se comprometían a entregar una quinta parte de sus ganancias a la Corona. Este documento presenta una notable semejanza con las cartas de donación otorgadas por los monarcas portugueses a sus compatriotas que deseaban explorar la costa de África.

[2] M. Ballesteros Gaibrois, «Juan Caboto en España», *Revista de Indias*, 4, 1943, pp. 607-627, demuestra que estaba en España de 1490 a 1493.

Aunque, según estas disposiciones, en 1496 se hizo a la vela un solo barco al mando de Juan Caboto, volvió pronto, debido al tiempo adverso, a la falta de provisiones y al hecho de que «la gente que llevaba le desconcertó». Afortunadamente, se puede hablar con mayor seguridad y precisión de algunos de los sucesos de la segunda expedición. Caboto zarpó de Bristol el 20 o 22 de mayo de 1497, de nuevo al mando de un solo barco, el *Mathew* (50 toneladas), tripulado por unos 18 ó 20 hombres. Mientras estos datos atestiguan el valor y la confianza de Caboto en sí mismo como navegante, revelan al mismo tiempo el escepticismo de los vecinos de Bristol, de los que participaron sólo dos mercaderes y muy pocos marineros. Puso rumbo a la punta sudoeste de Irlanda, Dursey Head (51° 36' N), y desde allí se dirigió hacia el oeste procurando seguir una latitud fija, como Colón en su primer viaje al Nuevo Mundo, sirviéndose de un cuadrante, una brújula y una tablilla para mantener su curso. Después de una travesía bastante rápida, de sólo unos 35 días, tomaron tierra el 24 de junio, sin hacer ninguna mención de las nieblas ni del hielo que se supone habrían encontrado en esas aguas. Fue una derrota bastante común en la primera época de los viajes ingleses a Terranova, aunque a veces los navíos encontraban fuertes vientos del oeste que dificultaban y prolongaban la travesía.

Como siempre ocurre en estos casos, los historiadores se han enredado en una discusión profunda y prolongada para identificar sin la menor duda la posición exacta de la arribada de Caboto en la costa norteamericana, así como el rumbo que siguió allí.

En resumen, parece bastante seguro afirmar que los límites más extremos de la región visitada son los 45° y 54° N, o sea, más o menos desde Halifax, en la costa de la Nueva Escocia, hasta el cabo Bauld, la punta más septentrional de Terranova [3]. Sólo desembarcaron en el primero de estos lugares, donde alzaron una cruz, las banderas de Inglaterra y de Venecia, y tal vez el estandarte papal, como símbolos del dominio universal cristiano, de la soberanía inglesa y del orgullo pa-

---

[3] Mediante un análisis detallado, Morison propone una primera arribada en la punta norte de Terranova (cabo Dégrat, en los 51° 37' N), y luego un viaje al sur por la costa oriental de la isla, volviendo al norte antes de regresar a Bristol. Otros escogen el Labrador, la costa del Maine o la isla cabo Bretón, con lo que no se sabe si pisó tierra firme o solamente una de las muchas islas.

triótico de Caboto. Aunque no vieron a ninguno de los indígenas de la región, observaron fuegos apagados, trampas, redes para pescar y una aguja para repararlas. Con miras a una posible explotación futura, anotaron que había árboles altísimos muy adecuados para construir mástiles, y un clima templado que, con gran optimismo, juzgaron sería propicio para el cultivo de palos de tinte y para la cría del gusano de seda. La decisión de no realizar más exploraciones en tierra se explica por el temor de Caboto a que su pequeño grupo no resistiera sin grandes bajas cualquier conflicto con los indios.

Después de bordear la costa oriental de Terranova durante un mes, andaban escasos de víveres, y el 20 de julio decidieron despedirse de la costa de Norteamérica, cerca del cabo Bauld. Echaron anclas en el puerto de Bristol el 6 o el 8 de agosto, lo cual significa un viaje asombrosamente rápido de ida y vuelta, en sólo once semanas. En cuanto desembarcó en Bristol, Caboto partió en seguida por tierra para explicar sus descubrimientos al rey, en Londres, llevando sus cartas de marear y un globo terráqueo, pero, fuera de estos objetos, con pocas pruebas tangibles del éxito de su expedición, y, desde luego, sin ningún oro, especias, indios ni papagayos. No obstante, su llegada causó una gran emoción en la capital, y especialmente en la corte, donde el 10 o el 11 de agosto Enrique VII le hizo un regalo personal de 10 libras, que él gastó en lucirse vestido de seda en las reuniones donde le festejaron. El 13 de diciembre se le concedió a Caboto una renta vitalicia de 20 libras, una cantidad considerable, que había de ser pagada de los impuestos de aduana del puerto de Bristol.

En lo que respecta a las interpretaciones de lo que había conseguido, tanto Caboto como sus amigos parecían no abrigar ninguna duda de que las tierras que habían visitado a unas 700 leguas de Bristol formaban parte de los márgenes del nordeste del continente de Asia, o sea, la costa de Catay, en el reino del Gran Khan, de modo que logró convencer a algunos que le escucharon en Londres de que en su próximo viaje cumpliría la misión de ir más allá de las regiones ya descubiertas para cambiar paños ingleses por sedas, especias y joyas en las ciudades de China y Cipango. Aunque ni la corte de Londres ni el propio Caboto se dejaron impresionar mucho, las noticias sobre mares hirviendo de peces fueron recibidas con entusiasmo por los navegantes de Bristol, que buscaban nuevas zonas para sustituir a las pesquerías de Islandia. En este sentido, se nota una clara distinción entre los futuros motivos de los viajes de Caboto, por una parte, y los de la comunidad marinera de Bristol, por otra.

El 3 de febrero de 1498, el rey Enrique VII concedió a Caboto nuevos privilegios, que le permitían aprestar hasta seis navíos de no más de 200 toneladas para lo que sería su último y desastroso viaje. Una vez cruzado el océano, se esperaba que navegaría rumbo al sudoeste por costas ya conocidas hasta que llegase a Cipango, donde debía establecer una factoría. Esta vez el propio rey alquiló, tripuló y aprovisionó para un año el más grande de los barcos, un buque mercante de Londres de unas 200 toneladas. Al hacerse a la vela a principios de mayo, iba acompañado por cuatro barcos más pequeños de Bristol cargados de telas bastas, gorras y encajes. Aunque esta expedición constituye el primer esfuerzo por parte de la Corona inglesa para emular las empresas españolas y portuguesas en ultramar, es, con mucho, inferior a las expediciones que se organizaron tras la vuelta de Colón del Nuevo Mundo en 1493, o a la de Vasco da Gama de la India en 1499. Esto parece indicar que aunque el monarca y los mercaderes de Bristol y Londres ahora estaban dispuestos a jugarse algún dinero, habían concluido que un gran éxito era posible, pero no seguro.

Sobre la suerte de la expedición, el consenso general opina que uno de los navíos atracó, gravemente dañado, en un puerto irlandés, mientras los otros, incluido el de Caboto, naufragaron. Sin embargo, existe otra teoría, poco fundamentada, que afirma que Caboto logró volver al Nuevo Mundo en 1498, se dio cuenta de que en realidad aquél no era el continente asiático y vivió tranquilo y retirado en Bristol hasta su muerte en 1499, cuando se sabe que se le pagó por última vez su pensión. Mientras esta suposición tal vez sirva para contestar a las preguntas sobre la disminución del interés británico en las empresas transatlánticas, y, sobre, todo el silencio de los cronistas, poco interesados en narrar un fracaso, está fundada en pruebas indirectas, sacadas, por ejemplo, del primer mapa de América dibujado por Juan de la Cosa en 1500 y conservado en el Museo Naval de Madrid. No sólo incluye los descubrimientos realizados por Caboto en 1497, sino que extiende la costa de Norteamérica hacia el sudoeste, hasta un punto al noroeste de Cuba. Por tanto, algunos intérpretes suponen que esta delineación de la costa se debe a las noticias sacadas del último viaje de Caboto, en 1498.

En efecto, con los resultados de las dos expediciones de Juan Caboto debió de haber sufrido una gran desilusión la gente menos interesada en la fama ganada por medio de descubrimientos que en obtener ganancias de sus negocios. Ni siquiera existen datos convincentes de que los navegantes de Bristol se aprovecharan inmediatamente de las ricas pesquerías de Terranova, cuya explotación cayó en manos de los portugueses. Igualmente, la Corona inglesa no adotó ninguna medida para ejercer su jurisdicción ni para explotar las tierras descubiertas por Caboto. Sin embargo, se había despertado el primer interés, vacilante, en Norteámerica, que por fin llevaría a los ingleses a fundar colonias permanentes. Pero antes de examinar la época posterior a Caboto, quedan dos preguntas a resolver. ¿Fueron sus viajes las primeras expediciones inglesas en atravesar el océano Atlántico?, y, si no lo fueron, ¿es que algunas de las anteriores llegaron a las costas de América, aun antes que Colón?

EL PREDESCUBRIMIENTO INGLÉS DE AMÉRICA

La respuesta a la primera pregunta resulta ser bastante sencilla, pues disponemos de documentos que describen dos expediciones que zarparon del puerto de Bristol mucho antes de que llegara allí Caboto. El 15 de julio de 1480, un navío de 80 toneladas aprestado por John Jay y capitaneado por John y Lloyd se hizo a la mar para buscar la isla del Brasil, que creían se encontraba al oeste de Irlanda. Volvió a un puerto irlandés no más tarde del 18 de septiembre, sin haber visto ninguna tierra debido al pésimo tiempo. Luego, el 6 de julio de 1481, dos barcos de Bristol, el *George* y el *Trinity,* que pertenecían en parte a un oficial de aduana, Thomas Croft, salieron en busca de la misma isla. Desafortunadamente, un silencio exasperante oculta la suerte de los dos navíos y, peor aún, faltan pruebas concretas sobre otros viajes semejantes hasta los de Caboto. Sólo cuando examinamos las fuentes indirectas de información, aparecen las peliagudas preguntas sobre un posible predescubrimiento inglés de América.

En una carta escrita a los Reyes Católicos el 25 de julio de 1498, el embajador Ayala declara que «los de Bristol ha siete años que cada año han armado dos, tres, cuatro carabelas para ir a buscar la isla del Brasil, y las Siete Ciudades». Evidentemente, cuando ponemos esta información al lado de las susodichas expediciones de 1480 y 1481, parece que indica un continuo interés durante por lo menos 18 años antes de las expediciones de Juan Caboto. Pero sugerir en base a estos documentos, como han hecho algunos investigadores, que estas expediciones volvían cada año a pescar a los bancos de una Terranova descubierta con anterioridad, es una conjetura inverosímil, aun suponiendo que los de Bristol ocultaran su descubrimiento de esa tierra. Por otro lado, se podría explicar la tenacidad de los mercaderes en enviar navíos cada año por un anterior descubrimiento de tierra hecho casualmente, tal vez antes de 1480, y que se esforzaron por repetir en años posteriores hasta 1497.

No obstante, la contribución más polémica a este debate fue drásticamente revelada en 1956, con la publicación de L. A. Vigneras de una carta que descubrió en el Archivo General de Simancas. Carece de fecha, está escrita en español por un inglés, John Day, residente en Andalucía, que se dirige al Almirante Mayor, el cual podría ser el propio Colón [4]. Puesto que describe tanto los objetivos como los resultados del primer viaje de Caboto, del cual es una fuente inestimable de información, se la puede fechar en los últimos días de 1497, o a principios del siguiente mes de enero. Lo más notable es que contiene la primera y única afirmación evidente de que algunos navegantes de Bristol habían visto tierra al otro lado del Atlántico antes que Caboto. Reza así:

> Se presume cierto haberse hallado y descubierto en otros tiempos el cabo de la dicha tierra por los de Bristol que hallaron el Brasil, como de ella tiene noticia Vra S.ª, la cual se decía la isla de Brasil, y presúmese y créese ser tierra firme la que hallaron los de Bristol.

Así, la carta de Day parece sugerir que la tierra descubierta por Caboto en 1497 es la tierra del Brasil (o la isla del Brasil), vista ya «en otros tiempos». Pero, precisamente, cuándo se vio por primera vez esta

---

[4] Se ha identificado a John Day como Hugh Say, miembro de una familia de mercaderes londinenses que también comerciaban entre Bristol y España. La carta se publicó en español con un comentario en inglés por Vigneras, en la *Hispanic American Historical Review*, 36, 1956, pp. 503-509. Este autor piensa que el destinatario fue Fadrique Enríquez, gran almirante de Castilla.

tierra es el nudo de la cuestión, que no han solucionado los historiadores.

Mientras aceptan un descubrimiento hecho por navegantes de Bristol antes de que Caboto llegara a esa ciudad, algunos investigadores lo sitúan a principios de la década de los noventa. Por otra parte, queda aún por explicar la afirmación de una vista de tierra norteamericana, de una arribada, incluso antes de 1480, igual que el total rechazo de la carta de Day por S. E. Morison, que simplemente finge no reconocer su indiscutible existencia. Sin embargo, si la declaración de Day se estudia en el contexto de los viajes conocidos desde Bristol, es posible presentar argumentos lógicos a favor de un descubrimiento inglés de América entre 1481 y 1491, siendo la más probable la primera de estas fechas. Pero los datos son escasísimos, de modo que cualquier información nueva, incluso la más insignificante, es capaz de reducir la fuerza del argumento o bien de desviarlo en otra dirección, como solía pasar en los antiguos debates sobre la vida y la empresa de Colón. En fin, es una teoría plausible, hasta ahora sin pruebas definitivas [5].

De esta manera, sólo podemos suponer con autoridad que los navegantes británicos encontraron y narraron el descubrimiento de su Brasil (o la isla de las Siete Ciudades) antes de 1497, describiéndolo al principio como una isla con respeto a los cartógrafos del siglo xv, y luego como Tierra Firme, como lo había hecho Day. La falta de interés por parte de los cronistas contemporáneos se suele explicar como un silencio impuesto oficialmente para guardar el secreto o bien por el fracaso total de todos los esfuerzos por repetir el hecho hasta 1497. Dejamos a los biógrafos de Colón la cuestión de si el Almirante Mayor se enteró de un descubrimiento inglés de la isla del Brasil antes de 1492, por medio de una correspondencia anterior con Day (o con otras fuentes), o si solamente vio la carta cuando ya estaban formuladas sus ideas sobre las Indias antes de su tercera expedición, en 1498.

[5] En un documento al embajador inglés en Madrid, Robert Thorne afirma en 1527 que su padre Robert y Hugh Elyot descubrieron Terranova, pero no dice cuándo.

Los últimos viajes del reinado de Enrique VII (1501-1505)

Tras un breve intervalo después de la muerte de Caboto, entre 1501 y 1505, se impuso un ritmo anual de expediciones marítimas de Bristol a Norteamérica. Faltan diarios de a bordo para cada viaje, pero se puede confiar en los datos referentes a la existencia de las expediciones, ya que no a su destino. La nueva época se inició el 19 de marzo de 1501, cuando el rey entregó una nueva patente a un grupo de tres mercaderes de Bristol y tres portugueses de las Azores, entre ellos el famoso João Fernandes, «el labrador». Les confirió autoridad para buscar, ocupar y tomar posesión de tierras todavía no descubiertas por cristianos (de esta forma anulaba la anterior concesión a la familia Caboto), así como para gobernarlas, disfrutar de un monopolio comercial durante diez años, castigar a todos los malhechores, en particular a los que «violan a las mujeres de las susodichas islas o países», y expulsar a cualesquier intrusos. Solamente estaban sujetos a pagar los derechos de aduana sobre las importaciones a Inglaterra.

La primera confirmación de viajes exploratorios en 1501 y 1502 reside en el hecho de haber entregado el rey, el 7 de enero de 1502, un regalo de cinco libras a «los hombres de Bristol que hallaron la isla». Otros documentos también constatan que Enrique VII ofreció recompensas a varios marineros que le presentaron halcones y un águila, y que aprobó una donación de 20 libras «a los mercaderes de Bristol que han estado en Terranova», siendo la primera vez que se usa esta palabra.

Queda mucho por aclarar con respecto al destino de estos viajes, pero sabemos que también le fueron presentados al monarca tres indios vestidos con pieles, acostumbrados a comer carne cruda, que se comportaban como «bestias salvajes» y hablaban una lengua incomprensible. Es probable que fueran indios de Norteamérica (algunos dicen que esquimales), y seguro que fueron los primeros en llegar a Inglaterra.

El 9 de diciembre de 1502, Enrique VII concedió una nueva patente a dos ingleses y dos portugueses no sólo para efectuar exploraciones, sino para poblar tierras, incluso en las zonas antes descubiertas, con tal de que no estuvieran ocupadas efectivamente por otros europeos, de modo que esta nueva concesión no sólo podría incluir lo descubierto por Portugal en el noroeste del Atlántico, sino también los privilegios otorgados a Juan Caboto. La confirmación de viajes en 1503, 1504 y

1505 viene dada por documentos que se refieren a regalos presentados al rey o hechos por él, a saber, un regalo de 20 chelines al hombre que de trajo la isla recién descubierta varios halcones, un arco y flechas, en 1503; un préstamo de 40 chelines a la compañía, en 1504, y otra donación de cinco libras a un cura «que va a la nueva isla» (probablemente como capellán más bien que como evangelizador), y regalos de loros y gatos monteses, en 1505.

Por consiguiente, estos exiguos datos nos inducen a sacar la conclusión de que las expediciones realizadas entre 1501 y 1505 se hicieron a la mar para explorar las nuevas tierras de la zona noroeste del Atlántico, que generalmente todavía se denominaban islas. Parece improbable que los mercaderes invirtieran dinero sin esperanzas de ganancias materiales, pero faltan listas de mercancías adquiridas, salvo las curiosidades exóticas del Nuevo Mundo, y sólo podemos suponer que los navíos trajeron a Bristol pequeñas cantidades de pieles y tal vez de pescado. Pero, a diferencia de los viajes de Caboto, no existe ninguna indicación de que les interesara descubrir una nueva ruta hacia Asia. Por el contrario, la información que existe sólo nos permite sugerir que tal vez ampliaran la zona de sus exploraciones desde Terranova hasta las regiones más tarde llamadas Nueva Escocia y Nueva Inglaterra, donde intercambiaron mercancías con los indios. Por supuesto, todo esto les infunde una mayor confianza para cruzar el Atlántico, aumenta sus conocimientos sobre la extensión y la complejidad del litoral oriental de Norteamérica, y les anima a reflexionar sobre si la tierra al otro lado del mar, en vez de ser islas dispersas, podría constituir, a fin de cuentas, una tierra firme con las dimensiones de un continente, que cortaba la ruta hacia Asia.

Durante los últimos años del reinado de Enrique VII se suspenden las expediciones comerciales para equipar otras que andan buscando un estrecho hacia Asia, por el archipiélago ártico, en el norte, a lo largo de la costa atlántica de Norteamérica. Acertadamente, el encargado de la misión es Sebastián Caboto, el único que menciona su expedición de 1508 a 1509, pero que, sin embargo, parece haber creado mucha confusión al no escribir una versión definitiva de sus experiencias y, además, contando historias distintas a varios cronistas; como sabemos que no hizo nada para evitar que los viajes de su padre se le atribuyesen a él, es evidente que no se oponía a que circulasen versiones falsas de la verdad para aumentar el prestigio de su propia reputación.

En todo caso, al parecer se aprestaron dos navíos, quizás a expensas de financiadores de Londres, y ya no exclusivamente de Bristol —en efecto, en esta ocasión no es seguro que fuera este puerto el verdadero punto de partida—. Se dice que los barcos llevaban a unos 300 hombres, lo cual, si fuera verdad, indica que pensaban establecer una especie de factoría, y no solamente explorar. Las distintas narraciones están de acuerdo al decir que llegaron tan lejos hacia el norte que, aun en el mes de julio, encontraron enormes masas de hielo flotando en el mar, aunque la tierra no estaba cubierta de nieve. Había luz continua durante casi todo el día. Después de acercarse a la costa en los 45° N, los límites más extremos de su derrota parecen haber sido los 55° N (Pedro Mártir), al norte del cabo Harrison, en la costa del Labrador, o los 67° 30' N (Ramusio), en la costa oriental de la Tierra de Baffin.

En este punto, ya que los marineros se quejaban de los peligros del hielo, Caboto puso proa hacia el sur, siguiendo la costa oriental de Norteamérica hasta los 36° N (Mártir), o sea, cerca de la isla Roanoke, o hasta los 25° N (López de Gómara), en la punta meridional de Florida. Es posible que buscara otro estrecho hacia Asia por estas aguas más templadas antes de suspender el viaje, cuando temía entrar en regiones bajo dominio español. La expedición volvió a Inglaterra en 1509, cuando supieron que el rey Enrique VIII había heredado el trono de su padre [6].

Como consecuencias de este controvertido viaje, podemos suponer una más exacta delineación de la costa de Norteamérica, y una percepción más clara de la realidad de que no existía ningún estrecho hacia Asia entre Florida y Terranova o el Labrador, aunque el propio Caboto no lo admitió hasta 1536. Por otro lado, al menos en Inglaterra —como veremos pronto en los viajes de Martin Frobisher—, encontró una aceptación general la idea de que Caboto había descubierto un paso a Catay rumbo al noroeste, lo cual, a su vez, animó a los ingleses a creer que les pertenecía a ellos por derecho. Pero en un futuro próximo no sería fácil persuadir al nuevo rey, casado con una española, Catalina de Aragón, a que emprendiera unas aventuras en el Nuevo

---

[6] Los que escriben narraciones de la empresa confían exclusivamente en Sebastián Caboto, por ejemplo, F. López de Gomara, *La historia general de las Indias*, Zaragoza, 1552; P. Mártir, *De orbe novo decades*, Alcalá, 1516; G. B. Ramusio, *Navigationi et viaggi*, Venecia, 1550 y 1556, tomos 1 y 3.

Mundo que pudieran provocar conflictos con el dominio español en las Indias, ni tampoco era probable que la Corona se empeñara en autorizar viajes que producían pocos beneficios tangibles. Igualmente, los mercaderes de Bristol que todavía estaban interesados en los viajes transatlánticos, estaban satisfechos con enviar sólo un pequeño número de barcos cada año para explotar las pesquerías de Terranova. Por lo tanto, cuando en 1521 Sebastián Caboto presentó un nuevo proyecto para una expedición a su estrecho hacia el noroeste, no pudo reunir el apoyo necesario entre los mercaderes de Bristol, a pesar de cierto entusiasmo por parte del rey.

Sin embargo, en Inglaterra no murió la fascinación por una ruta septentrional hacia las Indias Orientales después de la muerte del rey que la había patrocinado. En parte, esto se debe a los proyectos de los mercaderes de Bristol Robert Thorne y Roger Barlow, residentes en Sevilla. En su plan original de 1527, en una *Declaration of the Indies* dirigida a su monarca, y en una carta al embajador inglés en Madrid, el Dr. Edward Lee, Thorne expresó con gran entusiasmo su fe en la posibilidad de navegar hacia el noroeste desde las tierras recién descubiertas por navegantes de Bristol, y por mares abiertos, hasta entrar en el océano Pacífico por medio de un paso polar. Éste tendría la ventaja de ser más corto que la ruta abierta por los españoles a través del estrecho de Magallanes, o la que habían descubierto los navegantes portugueses por el cabo de Buena Esperanza, y de ser más seguro por gozar de luz constante durante los meses de verano. Desgraciadamente, aunque se había ganado el favor del rey y comprado un barco, se aplazó el proyecto en 1532, tras la muerte de Thorne, y no se resucitó hasta 1541, bajo el patrocinio de Barlow. Pero en esta ocasión, el rey juzgaba que eran excesivas las peticiones de «un piloto de Sevilla» (quizás Caboto). El asunto tal vez volviera a ser tratado en 1546, y lo fue realmente en 1551, cuando el embajador español anunció que Sebastián Caboto estaba elaborando un proyecto «para descubrir unas islas, dirigiéndose hacia el polo ártico». Para años venideros, debemos esperar a Frobisher.

LOS VIAJES DEL REINADO DE ENRIQUE VIII (1509-1547)

Se notan pocos progresos apreciables en cuanto a los objetivos, y mucho menos en los resultados, de la empresa marítima inglesa durante esta época. El mar fascinaba al nuevo rey, que protegía a los cartógrafos Girolamo da Verrazzano y Jean de Rotz, y aceptó, aunque no los puso en práctica, los proyectos de Thorne y Barlow, pero sólo patrocinó de un modo positivo y directo tres expediciones.

La primera fue organizada en 1517 por John Rastell, cuñado de sir Thomas More, cuya *Utopía* se publicó sólo un año antes y que sin duda avivó su interés por el Nuevo Mundo. En el mes de marzo había reunido cuatro o cinco navíos de Londres, y recibido un préstamo de la Corona que confería a la empresa cierta aprobación oficial. Los navíos transportaban a unos futuros colonos, 30 ó 40 soldados y las herramientas apropiadas para establecer un pueblo en la costa oriental de Norteamérica, probablemente en un lugar de clima templado que esperaban hallar navegando al sur desde Terranova. Ocurrió que la expedición se desintegró cerca de la costa de Irlanda a causa de discordias e intrigas, tal vez debido al mando poco firme de Rastell, por lo que se le recuerda principalmente por haber escrito su *New Interlude* (1519) de diálogos en verso, que resume su propia opinión, bien informada y progresiva, de la geografía del Nuevo Mundo. Adoptando una visión simplificada pero actual, el texto describe un nuevo mundo que llama América, como Martin Waldseemüller, excepto que usa el vocablo para referirse a las dos Américas y no sólo a Sudamérica. Según dice, forma un continente de 5.000 millas (8.047 kilómetros) de largo, a una distancia de solamente 1.000 millas (1.609 kilómetros) de Catay hacia el oeste, al cual se podría navegar, y después volver a Inglaterra tras circunnavegar el globo. No obstante, el motivo principal de su obra (como de su viaje), fue estimular el poblamiento y la explotación de las costas y aguas de Norteamérica, antes que ponerse en contacto con Asia.

El segundo y más importante de los viajes a Norteamérica durante el reinado de Enrique VIII fue el de John Rut, que en 1527 bordeó la costa desde el Labrador y Terranova hasta las Antillas españolas. El 20 de mayo, dos navíos, el *Samson* y la *Mary Guildford* (160 toneladas), levaron anclas en el río Támesis. Partieron juntos de Plymouth el 10 de junio en busca de tierras desconocidas, pero después de una larga travesía el 1 de julio se separaron el uno del otro durante un temporal, y no tenemos más noticias sobre la suerte del *Samson*. En la latitud de los 53° (Hawke Bay, el Labrador), Rut narra cómo los marineros se asustaron al divisar enormes masas de hielo en el agua; viendo que su paso estaba cerrado, optó por volver al sur para buscar un puerto donde refugiarse y recuperarse en la costa de Terranova. Llegó al futuro puerto de Saint John's el 3 de agosto. Con la travesía que vino a continuación tenía el propósito de reconocer y dibujar la costa atlántica de Norteamérica, pero terminó en una llegada completamente imprevista al puerto de Santo Domingo, el 25 de noviembre.

Según las declaraciones hechas por los marineros británicos en La Española, habían salido con la intención de descubrir la tierra del Gran Khan, buscando un estrecho entre el Labrador y Terranova, lo cual parece significar que el objetivo de la empresa era investigar la entrada al estrecho que pensaba haber descubierto Sebastián Caboto y al cual daba tanto crédito Robert Thorne. No existe ninguna indicación de que los españoles sospecharan que Rut también estaba encargado de verificar si había otro paso a las Indias Orientales a través de aguas templadas hacia el sudoeste, pero no parece inconcebible que tal propósito formara parte de un esfuerzo por anticiparse a una posible explotación francesa de la costa atlántica tras el viaje de Giovanni da Verrazzano de 1524, que había admitido provisionalmente la existencia de tal paso [7]. No obstante, aunque debe de haber existido algún motivo especial que pusiera en marcha la expedición de Rut, no han salido a luz más que tenues pruebas de que antes de 1527 en Inglaterra se conociera un mapa del viaje de Verrazzano.

El tercer y último viaje a Norteamérica durante el reinado de Enrique VIII fue la curiosa expedición de Richard Hore, ciudadano de Londres, mercader de pieles y navegante. En 1536 fletó dos barcos, el *Trinity* (140 toneladas) y el *William,* a fin de visitar Terranova con el doble propósito de pescar y de ofrecer a 30 caballeros de Londres «deseosos de ver las cosas extrañas de este mundo» un viaje de recreo a una remota región del planeta. Zarparon de Gravesend el 19 de abril, y tardaron dos meses en llegar al cabo Bretón. Desde aquí se dirigieron a la costa norte de Terranova, y luego al Labrador.

Por fin, el *William* volvió a Londres cargado de bacalao el 29 de septiembre, pero el viaje del *Trinity* distó mucho de proporcionar mu-

---

[7] Giovanni da Verrazzano, hermano del cartógrafo Girolamo, recorrió la costa atlántica de Norteamérica desde Carolina del Norte hasta Terranova en 1524. Entró también en la bahía de Nueva York, y pensaba que la bahía Pamlico era el Mar del Sur.

cho placer a los caballeros. Andaban ya escasos de víveres en el mes de julio, y no tuvieron más remedio que comer raíces y hierbas en la costa del Labrador. Durante una de estas excursiones en tierra, se narra cómo uno de los caballeros mató a un compañero suyo y se lo comió. Los que escaparon de una muerte natural o anormal, tuvieron la suerte de apresar un buque de pesca francés cargado de provisiones, con lo cual abandonaron el *Trinity* para regresar en él, avistando la costa de Cornualles, cerca de Saint Ives, a fines de octubre.

Así terminó la primera excursión turística a Terranova. Cuando se pone junto a los dos viajes anteriores, tal vez nos ayude a comprender por qué el rey volvió la espalda a los proyectos para explorar las costas norteamericanas hasta el fin de su reinado. Pero, después de todo, ha de considerarse como una época de grandes desilusiones, al no haberse aprovechado de la iniciativa de los navegantes de Bristol. Habían descubierto el litoral de una tierra firme de dimensiones continentales, se pensaba que existía un paso por mar abierto a las Indias Occidentales, los mares de Terranova abundaban en pescado. Pero en contraste con la época de los grandes descubrimientos portugueses y españoles, faltó todo interés por explotar estas novedades y, a excepción de unos pocos individuos como Rastell o Barlow, nadie se sentía inspirado para cuestionar los anticuados conceptos geográficos.

II

EL DESPERTAR DE UN NUEVO INTERÉS (1576-1590)

FROBISHER Y EL ESTRECHO DEL NOROESTE (1576-1578)

Como acabamos de explicar, desde la expedición de John Rut en 1527 la idea de llegar a Asia a través de un paso por el norte quedaba en estado latente. No obstante, dado el éxito de españoles y portugueses en abrir rutas por el sudoeste y el sudeste respectivamente, era obvio que los navegantes británicos no tenían más remedio que establecer su propia vía de acceso al oriente en esa misma dirección. En efecto, cuando el proyecto se resucitó en el último año del reinado de Eduardo VI, 1553, no navegaron hacia Norteamérica, sino rumbo al nordeste. En este año, una compañía comercial aprestó en el río Támesis la expedición de sir Hugh Willoughby y Richard Chancellor, a fin de buscar Catay doblando el cabo Norte, en Noruega. Willoughby y sus tripulantes murieron congelados, pero Chancellor logró alcanzar el Mar Blanco y viajar por tierra hasta Moscú, de forma que sin llegar a Catay trabó relaciones comerciales que por fin dieron la supremacía a la Compañía Rusa o de Moscovia en cuanto a la exploración y comercio en zonas septentrionales. Era la primera sociedad anónima en la historia del país, e iniciadora de una larga actividad exploradora de los navegantes británicos en busca del paso hacia Asia.

Durante algunos años, esta Compañía pudo resistir las peticiones de sir Humphrey Gilbert y Martin Frobisher, que proponían otra ruta polar hacia Asia, por el noroeste, lo cual significaba una usurpación del monopolio de la Compañía. Cuando Frobisher y Gilbert finalmente consiguieron allanar sus diferencias con la Compañía, la más importante contribución de Gilbert al renacimiento del interés por el estrecho del noroeste fue la publicación de sus planteamientos geográficos en el *Discourse of a discoverie for a new passage to Cataia* (1576), escrito por primera vez, de hecho, una década antes. Es un tratado que revela los pocos avances realizados desde principios de siglo en cuanto a la clarificación de algunas ideas bastante absurdas, pero también es el primer esfuerzo serio por resumirlas. Brevemente, describe una Norteamérica muy estrecha, cuyas costas norteñas estaban bañadas por un océano abierto y no obstruido por el hielo, en el cual se podía penetrar a través de varias rutas marítimas entre Groenlandia, el Labrador y la tierra firme hacia el sur. La salida al Pacífico podía efectuarse por el estrecho de Anián, que se creía separaba Asia y América. Desde allí era una travesía bastante corta llegar hasta el Japón, China y las Molucas [1].

Pero sería Frobisher, mediante una serie de tres viajes, quien pondría a prueba estas teorías el primero, tras la formación de un grupo de socios que por fin solicitaron con éxito una modificación del monopolio ejercido por la Compañía de Moscovia sobre la exploración en zonas polares. Entre ellos figuraba Michael Lok, miembro fundador de esa Compañía, que contribuiría con casi la mitad del costo de la primera expedición, unas 1.614 libras. Dos barcos de unas 25 toneladas, el *Gabriel* y el *Michael*, acompañados por una pinaza de 10 toneladas y tripulados solamente por unos 32 hombres, se hicieron a la vela de Ratcliffe, en el río Támesis, el 7 de junio de 1576. A diferencia de las dos empresas siguientes, ésta estaba marcada por un cierto sello intelectual, que llevaba algunas de las últimas obras sobre navegación y cosmografía, junto con una buena colección de instrumentos [2].

En lugar de seguir la ruta directa al oeste, bordearon primero la costa oriental de Inglaterra hasta las islas Shetland, donde perdieron la

---

[1] Este concepto del mundo está representado en el mapa de Abraham Ortelius de 1564, modificado por el de Gerardus Mercator en 1569, que extiende la costa norteamericana más al norte, a la zona de hielo, e incluye islas imaginarias en el Atlántico Norte, sacadas de los viajes ficticios de los hermanos Zeno.

[2] Entre los libros figuran dos de A. Thevet, *Cosmographie universelle* (1575) y *Singularitez de la France antarctique* (1558), en la versión inglesa de Thomas Hacket de 1568; P. de Medina, *Arte de navegar* (1545), y los viajes ficticios de sir John Mandeville (1568). En cuanto a los instrumentos y mapas, se mencionan una ballestilla, un astrolabio, 20 brújulas, 18 relojes de arena, una esfera armilar, un holómetro geométrico, un «horologium universale» y un «compassum meridianum». También llevaba cartas de marear que incorporaban los errores del mapa de Nicolò Zeno (1558), por ejemplo la isla de Frislandia, y el susodicho mapa de Mercator.

pinaza. Luego, viraron rumbo al oeste hasta llegar a la punta meridional de Groenlandia el 11 de julio. Pensaban que era la isla imaginaria de Frislandia, representada en el mapa de Nicolò Zeno (1558) y que después incorporó al suyo Gerardus Mercator (1569). Ahora, abandonado por el *Michael*, cuyos marinos parecen haber sido intimidados por las masas flotantes de hielo, Frobisher dirigió su *Gabriel* de nuevo al oeste el 20 de julio, avistando «otra tierra de hielo» que iba a ser llamada Meta Incognita por la reina Isabel, y más tarde la Tierra de Baffin.

Cuando hubieron pasado dos semanas navegando entre enormes bloques de hielo y densas nieblas, a los 63° N entraron en un fiordo o golfo ancho y profundo, y creían que pasaban por un estrecho formado a babor por la costa de Norteamérica y a estribor por Asia. También declararon que, después de seguirlo unos 290 kilómetros, pudieron vislumbrar la salida al océano Pacífico, Catay y las Indias Orientales. Según el precedente sentado por Magallanes, Frobisher bautizó el presunto estrecho con su propio nombre. Hoy se conoce simplemente como la bahía Frobisher. Como ya sólo le quedaban 13 marineros después de haber sido atacados por los esquimales, decidió emprender el viaje de regreso el 26 de agosto. Había tomado posesión de la tierra recién descubierta en nombre de su reina y dado instrucciones a sus hombres para que recogiesen recuerdos como símbolos de este acto.

En cuanto echaron anclas en el puerto de Londres el 9 de octubre, se despertó un interés sensacional por sus aventuras a causa de dos razones. El primer motivo fue la curiosidad, puesto que Frobisher volvió acompañado por un esquimal de facciones que se parecían, según la opinión común, a las de la gente de Asia; tristemente, su valor publicitario pronto disminuyó con su muerte, debida a una enfermedad pulmonar. No obstante, es más probable que la codicia desempeñara un papel decisivo en provocar el fervor general por un segundo viaje, porque Lok había pedido que se ensayara un trozo de roca, pesada y negra, que encontró entre los recuerdos traídos de Meta Incognita. Al principio, dos ensayadores concordaron en que era de marcasita o pirita de hierro, luego un tercero, el italiano Agnello, llegó a una conclusión que convenía más a Lok, que buscaba la ayuda financiera para una nueva expedición, pues el italiano declaró que la roca era rica en oro.

Esta noticia se extendió pronto y, armado de estas pruebas, en marzo de 1577 Lok fundó una empresa, la Compañía de Catay, tanto para continuar la labor de exploración como para explotar el mineral. Recibió un total de suscripciones de 5.150 libras aportadas por la reina y por una asociación de cortesanos, caballeros y mercaderes de Londres, una cantidad suficiente para pagar las deudas de la primera expedición y cubrir los gastos de aprestar la segunda. Era significativo también que ésta estaba formada no sólo por el *Gabriel* y el *Michael*, sino también por el buque real *Aid* (200 toneladas), destinado a traer nuevas cantidades de roca a Londres. En total llevaban 134 hombres, de los cuales tres eran refinadores de minerales, y ocho, mineros.

Después de hacerse a la vela el 26 de mayo de 1577, rumbo a las Orcadas y la costa de Groenlandia (o Frislandia), el 17 de julio los tres navíos fondearon cerca de una isla que ahora se llama Loks Land, a la entrada de la bahía Frobisher. De nuevo tomaron posesión de la tierra, levantando una cruz y enarbolando una bandera, creyendo todavía que era un promontorio de la costa de Asia, pero sin realizar ninguna exploración sistemática para verificarlo. Varias cortas excursiones en las costas norte y sur del «estrecho» Frobisher resultaron en otros tantos encuentros hostiles con los esquimales, que fueron fielmente retratados en las primeras pinturas europeas de esa raza por John White, que más tarde adquiriría fama como artista de la primera colonia inglesa en Virginia [3]. Entretanto, las actividades mineras en la isla Kodlunarn habían producido unas 200 toneladas de la roca negra, de la que ahora se decía que brillaba como el oro. Cuando finalmente las bodegas de los tres navíos estaban ya completamente abarrotadas y el hielo se extendía por el mar un poco más cada noche, largaron velas el 23 de agosto y fondearon en Padstow el 17 de septiembre.

La descarga de una cantidad tan grande del supuesto tesoro sirvió para crear un ambiente de frenético y aun loco entusiasmo, el cual, a pesar del trabajo lento y todavía inconcluso de los ensayadores, siguió atrayendo inversiones a la compañía, de modo que en la primavera de 1578 su capital había ascendido a 20.000 libras. Por tanto, cuando todavía no se había demostrado el valor de la roca, Frobisher partió por

---

[3] Se encuentran en la Biblioteca Británica. Véase P. Hulton y D. B. Quinn, *The American drawings of John White*, Londres, 1964.

tercera vez del río Támesis el 31 de mayo, en esta ocasión rumbo a la costa meridional de Inglaterra e Irlanda. Su expedición constituía la primera especulación comercial importante de Inglaterra en ultramar, y su flota de 15 navíos, incluido el *Aid* de la reina, era la mayor que hasta entonces saliera de Inglaterra para navegar por aguas no europeas. Se le había ordenado a Frobisher explorar su «estrecho» y desembarcar a unos 100 hombres bajo el mando de Edward Fenton para construir un fuerte y quedarse allí hasta el próximo año. Ya nadie hablaba de llegar a Catay.

Durante los meses de julio y agosto, todo se redujo a una tremenda prueba de resistencia debido a las espantosas condiciones climáticas: densas nieblas, bancos y masas flotantes de hielo, impidieron su entrada en la bahía Frobisher. Al impedírsele el paso a este lugar de arribo, Frobisher se vio obligado por la corriente a penetrar, el 7 de julio, en un segundo estrecho al sur de Meta Incognita, y seguirlo durante unas 60 leguas. Llamado por Frobisher Mistaken Straits (Estrecho Equivocado), más tarde sería el estrecho de Hudson. Sin embargo, Frobisher afirmó que si no se le hubiera mandado cargar por lo menos 800 toneladas de roca, habría tenido la oportunidad de «pasar al Mar del Sur». A fines del mes de julio, por fin entraron en la bahía Frobisher, y allí, en la isla Kodlunarn, comenzaron a extraer la roca presuntamente aurífera. Abandonaron la tarea el 31 de agosto, cuando Frobisher se alejó de su «estrecho» por última vez. Debido al clima poco acogedor y a que el barco que transportaba una casa prefabricada había sido hundido por el hielo, prudentemente decidió no poner en práctica el proyecto de levantar un fuerte, aunque sí construyeron una cabaña en que dejaron baratijas para los esquimales y un horno en el cual habían cocido pan.

Tras haber vencido tantos posibles desastres en el mar, los navíos llegaron dispersos a Inglaterra a fines de septiembre y a principios de octubre de 1578. A Frobisher le esperaba un problema sobre el que era incapaz de triunfar, pues habían fracasado totalmente todos los esfuerzos de los ensayadores de Bristol y Londres por extraer oro de la roca traída por la segunda expedición. Durante cinco años siguieron tenazmente haciendo experimentos para encontrar oro u otro metal precioso en 1.296 toneladas de roca, hasta que al cabo se utilizó para reparar los caminos del sur de Inglaterra. Sólo dos años después de su constitución, la Compañía de Catay se declaró en quiebra, acusándose mutuamente Lok y Frobisher de la mala administración y aun de falta de honradez.

No obstante, este episodio reveló que los buques mercantes eran capaces de realizar largos viajes transatlánticos al Ártico a pesar de tan hostiles condiciones climáticas. Los tres viajes, en conjunto, proporcionaron una valiosa experiencia respecto a la organización de este tipo de empresas, y especialmente sobre la manera de reunir los recursos financieros. Además, no se borró de la memoria la fascinación por Catay, y los cartógrafos siguieron reflejando en sus mapas la creencia de que algún día otros alcanzarían ese destino por el «estrecho» Frobisher (o tal vez su Mistaken Straits). Pero lo que no se aprendió de este fracaso es que la fascinación por los metales preciosos, en este caso la pirita, o el justamente llamado «oro de los locos», fácilmente vence al sentido común a costa de otros proyectos mejor fundados y más seguros de ser realizados con éxito.

Los viajes de John Davis (1585-1587)

Hoy se recuerda a John Davis como a uno de los mejores exploradores y pilotos de su país, y como eminente experto en la ciencia de la navegación. Por medio de su amistad con la familia Gilbert, consiguió la ayuda necesaria para salir en busca de un estrecho hacia China y las Indias Orientales. Su primer proyecto fue rechazado en 1583 por la Compañía de Moscovia, pero dos años más tarde la reina Isabel entregó patentes a una asociación de caballeros, mercaderes y terratenientes de Londres y del sudoeste, incluido el propio Davis, Adrian Gilbert (hermano menor de sir Humphrey) y Walter Raleigh. Se les autorizó a navegar rumbo al norte, nordeste y noroeste, donde gozarían de un monopolio comercial con todas las tierras descubiertas y del derecho a establecer y gobernar una colonia. En efecto, Davis optó por dirigir tres expediciones con destino a Norteamérica.

Con sólo dos buques, el *Sunshine* (50 toneladas) y el *Moonshine* (35 toneladas), tripulados por 42 hombres en total, Davis se embarcó para su primer viaje desde Dartmouth el 7 de julio de 1585, avistando tierra por primera vez el día 20, en la costa oriental de Groenlandia, a través de las acostumbradas nieblas. Bordeando la costa hacia el sur, doblaron el cabo meridional de Groenlandia y siguieron costeando hasta el 29 de julio, cuando se encontraban en la latitud de 64° 15' N (cerca de Godthab). El 1 de agosto, navegando rumbo al noroeste, atravesaron el estrecho al que después se daría el nombre de Davis, desembarcando el 7 de agosto en la costa oriental de la Tierra de Baffin, cerca del cabo Walsingham, en los 66° 40' N, un poco por debajo del Círculo Polar Ártico. Dirigiéndose de nuevo hacia el sur, finalmente entraron en un golfo muy profundo al que bautizaron con el nombre del conde de Cumberland. Reconocieron las costas cercanas, pero regresaron al mar abierto el 20 de agosto, pues la estación ya estaba avanzada, concluyendo, no obstante, que habían descubierto la ruta hacia Asia. Fondearon en el puerto de Dartmouth el 30 de septiembre, después de un viaje poco afectado por los peligros del hielo.

Cuando Davis hubo convencido a sus socios del sudoeste (que contribuyeron con más de 1.000 libras de un total de 1.175) de la navegabilidad del «estrecho» por él descubierto, los dos barcos volvieron a hacerse a la mar el 7 de mayo de 1586, acompañados por la nave *Mermaid* (120 toneladas) y la pinaza *North Star* (10 toneladas). Esencialmente, repitieron la derrota que siguieron la primera vez, y confirmaron los descubrimientos del año anterior, pero continuaron más al sur, hacia la costa del Labrador, donde cargaron mucho pescado, aparentemente sin haber descubierto la entrada del estrecho de Hudson. Durante todo el viaje, generalmente Davis iba demostrando una precisión impresionante y una gran habilidad como navegante al calcular la posición por medio de la estima, sirviéndose de la tablilla y la corredera.

Si después de este segundo viaje abrigaba dudas de que el golfo de Cumberland desembocara en el Pacífico, las guardó para sí al llegar a Dartmouth a principios de octubre. Sin embargo, los mercaderes del sudoeste rehusaron gastar su dinero en esta ocasión, y sólo pudo contar con el apoyo de sus socios de la capital, a condición de que permitiera que uno de sus barcos pescara bacalao una vez llegado a Norteamérica, esperando así compensar el costo de la empresa. De esta manera, Davis tendría que trasladarse a la pinaza para realizar la labor de exploración. Zarparon de Dartmouth el 19 de mayo de 1587 el *Sunshine*, el *Elizabeth* y el *Ellen* (20 toneladas), con rumbo directo al punto más septentrional de la costa occidental de Groenlandia alcanzado hasta entonces. Desde allí, tenían la intención de penetrar por el estrecho de Davis hasta la bahía denominada más tarde de Baffin. En efecto, después de avanzar hasta los 72° 46' N (cerca de Upernavik) el 30 de junio, pusieron rumbo al oeste hasta que el hielo que obstruye el paso al norte durante todo el año les empujó hacia el sur a lo largo de la costa oriental de la Tierra de Baffin. Lo que siguió fue una repetición del viaje anterior, porque entraron de nuevo en el golfo Cumberland el 20 de julio, hasta explorar las islas que se encuentrarn en su fondo. Luego pasaron a la costa del Labrador. Sin embargo, en esta ocasión Davis sí apuntó que a partir del último día del mes «pasó un enorme golfo [el estrecho de Hudson], donde el agua hervía y corría como si fuera el punto de encuentro de las mareas». Probablemente quería decir el punto de encuentro de las aguas de los océanos Atlántico y Pacífico, pero decidió no explorarlo. Cuando regresó a Dartmouth el 15 de septiembre, descubrió que sus antiguos compañeros ya estaban allí, anclado el *Sunshine*, con las bodegas llenas de bacalao.

Salvo esta mercancía, los tres viajes de John Davis no produjeron ninguna ganancia tangible, aunque sin duda aclararon aspectos de la geografía del noroeste, identificando Groenlandia, localizando su punto más meridional y verificando su independencia de la costa de Norteamérica. Aún quedaba por resolver el misterio de Frislandia. En efecto, este problema se agravó, pues Davis pensaba que Frobisher había visitado esta isla imaginaria y luego Groenlandia, donde sitúa su «estrecho», no habiendo alcanzado nunca la costa de Norteamérica. En cuanto a la interpretación de sus propias exploraciones, Davis afirmó que navegando hacia el norte descubrió que «el mar estaba abierto, el paso (a Catay) muy probable [y] su travesía fácil». Realmente, se había acercado más que cualquier otro a la entrada del estrecho Lancaster, donde empieza el verdadero pasaje septentrional, aunque obstruido por hielo.

LOS PROYECTOS COLONIALES DE SIR HUMPHREY GILBERT

Desde que nació el interés de los navegantes británicos por hacer descubrimientos en el Nuevo Mundo, las patentes que se concedieron para su exploración generalmente también se referían a la posibilidad de crear colonias. Sin duda, al principio se pensaba que serían factorías en la ruta hacia el destino último, China y Cipango, en las que intercambiar mercancías con los indígenas. Hasta el reinado de Isabel I no se inició ningún proyecto de navegación que tuviese como objetivo adicional el transporte de inmigrantes, una actividad que, poco a poco, iría formando el modelo de la expansión colonial que dominaría los contactos marítimos entre Inglaterra y Norteamérica en el siglo XVII. Nuevamente debemos dirigir la atención hacia Gilbert (sir Humphrey desde 1570) en busca de los orígenes de esta novedad sobre una zona que, aproximadamente, se extendía desde los 40° hasta los 50° N, desde las costas de la futura Nueva Inglaterra hasta Terranova.

Desde el principio es evidente que Gilbert, aunque en dos documentos que presentó a la reina en noviembre de 1577 solicitaba una patente para realizar «el descubrimiento y colonización de algún lugar desconocido», se interesaba igualmente en encontrar medios para causar daños a los intereses del rey español, en una época en que se enfriaban las relaciones entre los dos países. John Oxenham ya había atravesado el istmo de Panamá, hacia el Mar del Sur, y circulaban rumores sobre la inminente partida de Francis Drake rumbo al Perú. En realidad, Gilbert buscaba la oportunidad para participar al mismo tiempo en la guerra de represalias por medio de un viaje de corso en el Caribe, y después saquear todos los barcos extranjeros que encontrara cerca de Terranova, antes de volver a Inglaterra con bastante bacalao para cubrir los gastos de la primera expedición, y tal vez una segunda.

Aunque no se divulgaron por completo sus objetivos, en la patente que le entregó el 11 de junio de 1578 la reina autorizó a Gilbert a poblar tierras no ocupadas por cristianos y a ejercer sobre ellas las facultades de gobernador. La concesión de estos poderes representa la única aportación hecha por parte de la Corona, de modo que Gilbert y sus socios, entre ellos sus hermanos y William Hawkins, tendrían que financiar el proyecto. Todavía no se había identificado con exactitud ninguna región en concreto, pero sin duda ésta había de encontrarse por medio de la explotación de la costa situada al norte de la Florida española, conocida por el enigmático nombre de Norumbega, que, como Cíbola o Quivira, parece haber designado una ciudad o reino indio legendario, rico en metales preciosos y en pieles. Su flota, de 10 barcos, con 175 cañones y 670 hombres, indica ciertamente que perseguía objetivos a largo plazo en Norteamérica. La verdad es que el viaje fue corto, ya que después de haberse hecho a la mar en el puerto de Plymouth el 18 y 19 de noviembre, varios barcos abandonaron inmediatamente la flota con la intención de buscar presas en las costas de Francia y España; entretanto, Gilbert y los demás se refugiaron en distintos puertos irlandeses. No volvieron a Dartmouth antes del mes de abril de 1579, pero al parecer sin haber hecho ningún esfuerzo concreto por atravesar el Atlántico. En cierto sentido, este episodio simboliza el inseguro e indeciso desarrollo de los proyectos para crear colonias inglesas en Norteamérica a finales del siglo xv.

Como Gilbert sabía que, conforme a las condiciones de su patente de 1578, debía establecer una colonia en un plazo máximo de seis años o bien perder sus derechos y privilegios por su incumplimiento, se vio obligado a vender tierras propias a fin de reunir los fondos necesarios. También entabló interesantes discusiones con dos católicos, sir George Peckham y sir Thomas Gerrard, a quienes se les había ocurrido resolver su dilema de ser ingleses honrados tanto como fieles católicos asentando colonias en Norteamérica, donde no se les perseguiría por sus creencias. Este proyecto, entonces, se quedó en nada, pero revela otro motivo para la creación de colonias en Norteamérica, como un refugio para los que sufrían trabas contra su fe en Inglaterra, y que conocería un éxito notable en el siguiente siglo. Además, es una de las primeras, aunque tardías, indicaciones de que las labores de exploración habían de transformarse en una presencia inglesa permanente en Norteamérica, y de que las visitas de los navegantes y marineros británicos dejarían de constituir simplemente un traslado a aguas americanas de las rivalidades políticas y religiosas de Europa por medio de viajes de corso o piratería. Sus esfuerzos, a la larga, iban a facilitar el establecimiento de colonias y a asegurar su conservación durante las primeras fases de su existencia.

En cuanto a Gilbert, luchando para reunir los fondos necesarios para un segundo viaje, no tuvo más remedio que recurrir a un pequeño grupo de amigos y parientes, como Raleigh. Éste contribuyó con un navío que valía unas 2.000 libras. Aun así, Gilbert apenas tenía bastante en total para aprestar una escuadra, y mucho menos para fundar y mantener una colonia. Además, por la falta de víveres, se vio obligado a abandonar la derrota al Caribe para tomar una travesía directa hacia Terranova.

El 11 de junio de 1583, zarparon de Plymouth el *Delight* (120 toneladas), el *Raleigh* (200 toneladas), que a los dos días abandonó a los otros, por la falta de vituallas o poque muchos marineros estaban enfermos, el *Golden Hind* (40 toneladas; no se trata de la famosa nave capitana de Drake, con el mismo nombre), el *Swallow* (40 toneladas), apresado de un modo arbitrario al pirata John Callice, cuyos tripulantes escaparon así a la horca, y, por último, la pinaza *Squirrel* (10 toneladas). La dotación total era de 260 hombres. No divisaron la costa de Terranova hasta el 30 de julio, tras una travesía de siete semanas en lugar de cinco como era el promedio, retraso producido como consecuencia de haber partido cuando la estación ya estaba bastante avanzada para emprender semejante viaje, de modo que se encontraron con las tempestades y los fuertes vientos contrarios que solían dificultar esta travesía directa al oeste. El 3 de agosto atracaron en el puerto de Saint John's, del cual Gilbert tomó posesión dos días más tarde a pesar de estar fondeados allí unos 36 barcos de distintas naciones, levantando una columna de madera que llevaba el escudo de la reina Isabel. Durante dos semanas bastante tranquilas, intentó consolidar esta primera colonia inglesa en América, distribuyendo terrenos y buscando metales preciosos. Sin embargo, aun antes de partir para llevar a cabo su proyecto principal de fundar una colonia en la tierra firme de Norteamérica, surgieron señales de los próximos desastres cuando mucha gente huyó a los barcos de las flotas pesqueras, mientras fue preciso permitir que los enfermos volviesen a Inglaterra en el *Swallow*. Se resume el mal humor de uno de los compañeros de Gilbert en esta nota: «no veo nada sino la soledad; [es] fuente inagotable de pescado».

De esta forma, el 20 de agosto tres navíos se dirigieron, entre nieblas y tormentas, hacia la costa de Norumbega. Parece que desde el cabo Bretón pusieron rumbo a la isla Sable, con esperanzas de aprovisionarse de carne fresca, pues sabían que allí los portugueses habían abandonado ganado y cerdos. Pero el 29 de ese mes, el *Delight* encalló en los bajíos y fue destrozado por la fuerza de las olas, muriendo ahogados unos 80 hombres. Durante el viaje, Gilbert ya se había trasladado a la pinaza *Squirrel*, ya que la juzgaba más a propósito para la tarea de recorrer la costa. Pero ahora su tripulación estaba descontenta, desilusionada y enferma. Comenzaba ya el invierno, y por eso Gilbert optó por regresar a Inglaterra el último día del mes. Murió cuando la pequeña pinaza fue hundida por una ola al norte de las Azores, el 9 de septiembre de 1583. En solitario, el *Golden Hind* llegó a Falmouth el 22 del mes, y a Dartmouth unos pocos días después.

Aunque valiente, patriótico y resuelto, como capitán de barco y de sus marineros, sin embargo, todo indica que a Gilbert le faltaban la experiencia, habilidad y talento innatos de Frobisher o Drake, de modo que provocó la desconfianza, la indisciplina y el descontento entre muchos de sus subordinados. Se le recuerda como navegante debido a sus exploraciones, así como por la idea de crear colonias en las regiones costeras recién descubiertas. Sin embargo, dado el ambiente político que reinaba, no nos sorprende que, como Raleigh, quisiera aprovecharse de todas las oportunidades posibles para enriquecerse a expensas de los españoles en el Caribe.

Walter Raleigh y la fundación de la primera colonia en Virginia (1584-1586)

Posteriormente, sería Walter Raleigh quien habría de asumir la tarea de llevar a cabo ese aspecto del proyecto de su hermanastro, esto es, la fundación de una colonia en la poco conocida tierra firme del sudeste de Norteamérica, aunque las circunstancias le impidieron ejercer personalmente el mando de sus navíos. La colonia debía de estar situada a una distancia bastante grande de Florida, en dirección al norte, para evitar que se repitiese la matanza de los colonos franceses de 1565, pero al mismo tiempo no tan alejada que no pudiera servir como base en la cual armar buques para atacar los galeones españoles que pasaban por el estrecho de Florida. Raleigh, como John Hawkins y Drake, recomendaba esta táctica para debilitar la capacidad militar de España en Europa.

Con una patente del 25 de marzo de 1584, semejante a la de Gilbert, Raleigh envió a Norteamérica una expedición preliminar de reconocimiento, con la intención de confirmar sus esperanzas y ambiciones. Dos navíos de menos de 50 toneladas, al mando de Philip Amadas y Arthur Barlowe, caballeros de su casa, se hicieron a la vela del puerto de Plymouth el 27 de abril, siguiendo la tradicional derrota española, primero a las Canarias y luego al oeste hasta llegar a las Antillas, ruta que iban a utilizar las expediciones con destino a Virginia hasta principios del siglo XVII. Doblando el cabo de San Antonio a fines de junio, la corriente del golfo los llevó sin contratiempos por lo que podrían ser las revueltas y traicioneras aguas del estrecho de Florida, y empezaron a recorrer la costa oriental de Norteamérica a principios de julio. De nuevo tras haber evitado los peligros que amenazaban la navegación, esto es, las islas que protegen la costa de Carolina del Norte, largas, bajas y arenosas, el 4 de julio visitaron la isla Wococon (hoy Ocracoke), y el 13 echaron anclas cerca de la isla Hatarask. Cuando tomaron posesión de la tierra en nombre de su reina, se pusieron a explorar las aguas que se encuentran entre los escollos arenosos y la tierra firme, trabando relaciones amistosas y de mutua curiosidad con los indios, y visitando el emplazamiento de la futura colonia de Roanoke. Partieron rumbo a Inglaterra el 23 de agosto y fondearon el 15 de septiembre tras una rápida travesía.

La descripción de las tierras visitadas en este viaje, escrita por Arthur Barlowe, presenta un escenario idílico donde indios inocentes y amables viven en un medio natural exuberante y fértil. Recuerda, en efecto, a los retratos de los amerindios hechos por Colón y Pedro Mártir, procurando, intencionadamente, transmitir una favorable impresión, que inspirara una reacción entusiástica. Por consiguiente, Barlowe pinta un grato paisaje de pinos, cipreses, cedros, viñas y un maíz que se cosecha tres veces por año.

«Creo», dice, «que no se puede encontrar una abundancia igual en todo el mundo». Cuenta que vio perlas y cobre en forma de adornos, y que en la comida ofrecida por los indígenas se encontraban venados, conejos, pescados, nueces y calabazas. Sus anfitriones indios eran «los más mansos, amistosos y fieles; carecían en absoluto del engaño y de la traición, como los que viven en un siglo de oro». Desgraciadamente, a la larga sufrieron un fin tan trágico como los indios que encontró Colón por primera vez en 1492.

Esta relación, sumamente optimista, de la primera empresa de Raleigh no pudo menos que persuadir a la reina Isabel a armarle caballero en enero de 1583, y a acceder a su petición de que la tierra cubierta por las alabanzas de Barlowe se bautizara, en su honor, con el nombre de Virginia; en esa época, se conocía así a toda la costa comprendida entre la Florida española hasta la isla Cabo Bretón. Sin embargo, para convertir el favor de la reina en ayuda financiera, Raleigh obtuvo el apoyo de Richard Hakluyt, cuyo *Discourse of Western Planting* (1584) enumera de forma detallada todos los beneficios que se esperaban obtener estableciendo colonias en Norteamérica, como, por ejemplo, la evangelización de los infieles, la expansión del comercio, el empleo de vagabundos, ladrones y desempleados en Inglaterra, así como las ventajas estratégicas de una base marítima. Pero la reina no estaba dispuesta a ofrecer más que su aprobación y a prestarles un solo barco. Parecía que Raleigh tendría que contar de nuevo con sus amigos y sus propios recursos. Sin embargo, a fin de solucionar, al menos parcialmente, este problema, armó uno de sus propios navíos, el *Roebuck,* para hacer un viaje de corso en aguas europeas. La venta de sus dos presas holandesas le ayudó a cubrir los gastos de su segunda expedición; éste fue un método que iban a adoptar algunas de las naves a punto de hacerse a la vela con destino al Nuevo Mundo.

Siete navíos en total levaron anclas en el puerto de Plymouth el 9 de abril de 1585: el *Tiger* (160 toneladas), prestado por la reina; el *Roebuck* (140 toneladas), el *Red Lion* (100 toneladas), el *Elizabeth* (50 toneladas), de Thomas Cavendish, segundo circunnavegador inglés del mundo, la *Dorothy,* una pinaza de Raleigh, y otras dos embarcaciones semejantes. La dotación total era de más de 500 hombres, de los cuales más de la mitad eran marineros, 108 colonizadores y los restantes soldados o artesanos. Como la reina se negó a darle permiso para salir del país, Raleigh encomendó el mando a sir Richard Grenville, aunque no era navegante de profesión. Entre los otros, figuraban dos individuos encargados de reunir datos objetivos que corroboraran las descripciones de Barlowe. El primero era John White, cosmógrafo y artista quien, como ya vimos, acompañó a Frobisher en 1577. Su misión ahora era dibujar o pintar pájaros, animales y, especialmente, a los indígenas y sus costumbres. Su compañero era Thomas Hariot, científico y matemático, que en 1588 publicaría un resumen de su amplio informe etnológico, favorable y en ocasiones bastante parcial, titulado *Briefe and true report.* Los dos debían efectuar, asimismo, un reconocimiento de la región y levantar mapas. La costumbre de incluir a artistas y científicos en las expediciones marítimas se impondría como norma más tarde, por ejemplo en los viajes de la armada real al Mar del Sur en el siglo XVIII.

Como sus antecesores de 1584, Grenville escogió la derrota del sudoeste, hacia las Canarias y Dominica (7 de mayo), y luego a Puerto Rico (12 de mayo), donde inmediatamente hizo construir un fuerte en la bahía de Guayanilla. Las ventajas de haber escogido esta ruta eran que durante un mes pudieron aprovisionarse de agua y víveres, traficar, asaltar buques españoles y descansar antes de continuar hacia su destino. En efecto, capturaron tres presas en el canal de la Mona, vendieron sus cargamentos y exigieron rescates por algunos de sus pasajeros;

con lo que ganaron por estas actividades compraron ganado y caballos. Luego, estuvieron entre el 5 y el 7 de junio en la amable compañía de las autoridades y vecinos de Isabela, en la costa norte de La Española, y cuando en las islas Caicos no descubrieron las salinas que habían esperado encontrar, se dirigieron a través de las Bahamas hacia Norteamérica.

Ahora, a diferencia de los expedicionarios de 1484, al aproximarse a fines del mes de junio a la costa de Virginia, chocaron con los bancos de arena. En lugar de navegar hasta Hatarask y el paso entre los escollos que habían descubierto Amadas y Barlowe, el *Tiger* varó cerca de la isla Wococon. Así, solamente a fines de julio, después de varias semanas de exploración en las chalupas al otro lado de los bancos de arena de la bahía y del río Pamlico, la escuadra fondeó frente a la isla Roanoke. Hacia el 25 de agosto, cumplida su misión de dejar a los colonos en el lugar escogido por ellos, Grenville partió para Inglaterra. Cerca de las islas Bermudas apresaron un galeón español, el *Santa María y San Vicente* (300 a 400 toneladas), cuyo cargamento de azúcar, pieles, jengibre, cochinilla, perlas y un poco de oro valía lo suficiente para cubrir los gastos de toda la expedición.

Dejaron en Roanoke como gobernador al experimentado soldado Ralph Lane, pero sólo a unos 107 colonos y soldados, ya que faltaban víveres. Durante el invierno, aquéllos realizaron viajes de exploración hacia el norte, hasta la bahía de Chesapeake, donde pensaban que encontrarían perlas, pero una vez que vieron frustradas estas esperanzas, al menos habían descubierto una región que gozaba de mayores ventajas como núcleo de colonización que Roanoke. También entraron en la bahía Albemarle y en el río Chowan a fines de marzo de 1586, y durante el mes siguiente remontaron el río Roanoke tierra adentro, atraídos por un rumor sobre metales preciosos cerca de un mar salado (¿otro estrecho hacia el Pacífico?). Entretanto, durante los meses de invierno era necesario contar con la ayuda de las comunidades de indios, pues llegaron demasiado tarde para poder cultivar los terrenos fértiles. En todo caso, esperaban que Grenville volviera pronto con nuevas provisiones, y cuando finalmente sembraron cereales en abril, sabían que no podrían cosecharlos hasta julio. Al correr el rumor de que los indios preparaban un ataque, ahora naturalmente inquietos y descontentos por la presencia de los ingleses, Lane tomó la iniciativa por medio de un asalto por sorpresa contra ellos el 1 de junio.

Ocho días después, vieron anclada una gran flota. No era Grenville, sino sir Francis Drake, rumbo a Inglaterra después de su viaje de
corso por las Antillas. Al principio se resolvió que Drake les dejara uno
de sus navíos, con el cual podrían realizar más exploraciones y tal vez
trasladarse a la bahía de Chesapeake. Pero sucedió que, cuando una
tempestad dispersó la mayoría de sus buques, Drake cambió de propósito y se ofreció entonces a llevar a los 105 supervivientes a Inglaterra. Zarparon de Roanoke el 18 de junio y llegaron a Portsmouth el 28
de julio.

Lo que queda de la historia de los esfuerzos por establecer la primera colonia inglesa en la tierra firme de Norteamérica consiste en
continuas desilusiones y finalmente el fracaso. Sólo dos días después
de haber salido Drake de Roanoke, llegó un barco enviado por Raleigh
que traía provisiones. Al ver el lugar abandonado, se hizo a la vela
inmediatamente para regresar a Inglaterra. Luego, a mediados de julio,
Grenville visitó Roanoke brevemente con una flota de varios navíos,
desembarcó sólo a unos 15 hombres, a quienes les encargó la defensa
del fuerte, y sin más ni más se hizo a la mar rumbo a Inglaterra. Por
el contrario, tanto su viaje de ida, que empezó el 2 de mayo, como el
de vuelta, en el mes de diciembre, fueron bastante lentos, pues el verdadero objetivo de Grenville era capturar presas en alta mar.

LA VUELTA A VIRGINIA EN 1587

Cuando Raleigh planeaba la vuelta a Virginia, incorporó a su plan
los frutos de la experiencia adquirida durante la primera empresa. Por
ejemplo, ahora pensaba establecer la colonia en la bahía de Chesapeake y no en la isla Roanoke. Además, la expedición la constituían 117
colonos, de los cuales 17 eran mujeres, y su gobernador no sería el
militar Lane, sino el artista White. Esto significa un decisivo cambio
en sus objetivos, de asentamiento militar a población civil. El 8 de
mayo de 1587, el *Lion* (120 toneladas), un filibote y una pinaza levaron anclas en el puerto de Plymouth, rumbo otra vez a las Canarias,
Dominica, Puerto Rico y las Bahamas. También como en los viajes anteriores, surgieron conflictos entre los marineros, resueltos a ir en corso, y los colonizadores, deseosos de llegar cuanto antes a Norteamérica. Cuando fondearon junto a la isla Roanoke el 22 de julio, se dieron

cuenta de repente de que el fuerte había sido quemado y de que sus 15 soldados habían sucumbido ante un ataque de los indios o por hambre.

Es una cuestión todavía pendiente de resolver por qué White decidió quedarse en Roanoke en lugar de seguir viaje a la bahía de Chesapeake, según sus instrucciones. Él mismo se queja de los marineros, poco dispuestos a dedicar más tiempo en exploraciones y ansiosos por buscar presas españolas. Sin embargo, pudiera ser que White prefiriera quedarse en un lugar que ya conocía en vez de trasladarse a una bahía de la que no sabía mucho. En realidad, el gobernador abandonó la nueva colonia el 27 de agosto, aparentemente de común acuerdo, para traer nuevas provisiones de Inglaterra. Transcurrirían tres años antes que volviera a ver Roanoke.

Aunque al principio Raleigh se apresuró a preparar una nueva flota con destino a Norteamérica al mando de Grenville, durante 1588 y 1589 todos los recursos marítimos del país se concentraron para enfrentarse con la Armada Invencible, y luego para contraatacar, por ejemplo, por medio de los corsarios en el Caribe, a fin de evitar que España lanzara una segunda ofensiva. Así, Raleigh no encontró manera de enviar de nuevo a White a Virginia hasta 1590, cuando salió como pasajero en una escuadra equipada por John Watts, uno de los más activos armadores de expediciones de corso. Levaron anclas en el puerto de Plymouth el 20 de marzo, y fondearon cerca de Hatarask el 15 de agosto, pasando por las Antillas y el estrecho de Florida, y siguiendo la costumbre de apresar barcos españoles en el Caribe. La colonia de Roanoke había sido abandonada, pero no había ningún indicio de una posible masacre. La única indicación del paradero de los colonos era la palabra «Croatan» grabada en el tronco de un árbol, lo cual parecía significar que se habían trasladado a esa isla por algún motivo desconocido.

Su suerte todavía está envuelta en el misterio, y ha originado cuentos sobre su incorporación, voluntariamente o bien como esclavos, a varias tribus indias, entre cuyos miembros se ha dicho que hay individuos de ojos azules y pelo rubio, con apellidos que se corresponden con los de algunos de los colonos y cuyas lenguas conservan palabras inglesas del siglo XVI.

No nos toca aquí ahondar en las causas generales del fracaso de las primeras colonias de Virginia, sino sacar conclusiones con respecto a los aspectos marítimos de su fundación, y no cabe duda de que sin los muchos navegantes británicos que arriesgaron sus vidas en el siglo XVI, ni siquiera habría sido posible contemplar la creación de colonias. Cada vez más marinos poseían la experiencia práctica de la navegación transatlántica; existían cartas de marear y derroteros más precisos, especialmente con respecto a Terranova, y habían empezado a difundirse los conocimientos generales sobre los vientos y las corrientes; se estudiaban de una manera más científica los problemas de la variación magnética y la aplicación práctica de la astronomía; pronto se emplearían nuevos instrumentos como la ballestilla o cuadrante de Davis, que siguió siendo un aparato fundamental para la navegación hasta 1731, y se publicaban obras en inglés sobre temas náuticos.

Desgraciadamente, no se daba la suficiente importancia a la manera en que las nuevas colonias dependían totalmente de los lazos marítimos con Inglaterra. Además, en cuanto a la región situada al norte de la Florida española, aún faltaban detalles precisos sobre ella cuando Raleigh pensó en establecer su colonia en Virginia, y luego persistieron las evaluaciones y descripciones basadas en el superficial reconocimiento de Amadas y Barlowe, o en las relaciones escritas por Hariot y Hakluyt, a quienes faltaba un buen criterio crítico. El conocimiento específico del litoral era tan inexacto que aún perduraban las teorías sobre un estrecho hacia el Pacífico; no se dieron cuenta de los peligros existentes para la navegación, y escogieron un trecho de la costa en el que no existía una bahía en la cual pudiera resguardarse una flota. Era posible que una pinaza de 20 toneladas pasara desde Hatarask al otro lado de las islas arenosas, a la bahía Pamlico, pero todos los otros navíos debieron anclarse en alta mar, a varios kilómetros de la costa, expuestos a las inclemencias del tiempo. En este caso, fue un error no prestar atención a la recomendación de Lane de trasladar la colonia a la bahía de Chesapeake.

Por otra parte, podemos estimar que los barcos apresados por Gilbert en su viaje de ida y vuelta a Norteamérica en 1586, junto con las mercancías que adquirió por medio del comercio o por la fuerza, valían unas 20.000 libras. Para cualquier interesado era obvio que los beneficios obtenidos por las actividades piráticas eran mucho más inmediatos e impresionantes que los frutos de un proceso de colonización pacífica y paciente, de forma que varios participantes en las empresas de Raleigh optaron por seguir el ejemplo de los corsarios en las Antillas. En cierto sentido, los éxitos de la guerra de los corsarios disminuían todavía el interés por fundar colonias, especialmente entre los capitanes y marineros, ansiosos por volver a casa adecuadamente recompensados por haber soportado los peligros del Atlántico y de las costas norteamericanas.

III

EL ESTRECHO DEL NOROESTE (1602-1631)

La Compañía de las Indias Orientales y los viajes de Waymouth y Knight (1602-1606)

Los primeros años del siglo XVII no sólo presenciaron cambios motivados por la muerte de Isabel I y la sucesión de Jacobo I en la empresa marítima de Inglaterra, sino también otros debidos a la creación de una corporación que estaba destinada a desempeñar un papel decisivo en el progreso de las aspiraciones comerciales e imperiales de este país en el lejano oriente, es decir, la Compañía de las Indias Orientales. Aunque en el mes de septiembre de 1599 101 mercaderes de Londres se comprometieron a invertir más de 30.000 libras, la concesión de sus privilegios se aplazó hasta el 31 de diciembre de 1600, durante las negociaciones diplomáticas para firmar una paz con España. Por un período de 15 años, a los socios de la Compañía se les otorgó el derecho a explotar en exclusiva el comercio con las Indias Orientales por el cabo de Buena Esperanza y el estrecho de Magallanes. Representaba el propósito inglés de competir con la larga intervención portuguesa en esas aguas, así como con las incursiones holandesas desde los años noventa. La primera expedición, al mando de sir James Lancaster, zarpó del río Támesis en la primavera de 1601, rumbo al este. Volvió en 1603, con un enorme cargamento de pimienta y otras especias de Bantam, en la isla de Java.

Sin embargo, antes de la vuelta de Lancaster se veía que los mercaderes británicos deseaban aún su propia ruta al oriente, por la que no tendrían que luchar para establecer su supremacía, por lo que resolvieron equipar una pequeña expedición en busca del estrecho del noroeste. También tenían en cuenta el hecho que la ruta al este, doblando el cabo de Buena Esperanza, era larga y costosa, pues solía llevar a una escuadra o flota dos o tres años el realizar el viaje de ida y vuelta. Por el contrario, parecía más corta la derrota por el Ártico y, además, en lugar de consumir las reservas nacionales de oro y de plata, se esperaba que en las frías regiones polares sería posible crear nuevos mercados en los que vender paños ingleses para ayudar a financiar la exploración. Aunque la Compañía de Moscovia en seguida se quejó de esta nueva usurpación de sus derechos con respecto a la exploración de esas zonas, sus protestas fueron rechazadas por el Consejo Privado.

De esta manera, en abril de 1602 la Compañía acordó aprestar dos filibotes al mando de George Waymouth, el *Discovery* (70 toneladas) y el *Godspeed* (60 toneladas), aprovisionados para 18 meses y tripulados por sólo 35 hombres. Se hicieron a la vela en el Támesis el 2 de mayo, dirigiéndose a las Orcadas y luego a la costa de Groenlandia, como Frobisher y Davis. Atravesaron el estrecho de Davis y el 28 de junio fondearon cerca de la costa oriental de la Tierra de Baffin, en la latitud de los 63° 53' N. Desde este punto, Waymouth puso rumbo al norte en busca de las aguas abiertas mencionadas por Davis, dispuesto a invernar en América si fuera necesario. Sin embargo, no había contado con la reacción de sus tripulantes ante esta poco halagüeña y quizás peligrosa perspectiva, pues en la latitud de los 68° 40' N empuñaron el timón y se negaron a avanzar hacia el norte. Volviendo sobre sus pasos, Waymouth cuenta que el 25 de julio avistaron un brazo de mar en los 61° 40' N, probablemente el futuro estrecho de Hudson, aunque es casi seguro que exagera al afirmar que penetró en él durante unas 100 leguas.

Tras su regreso a Dartmouth el 15 de agosto, Waymouth declaró firmemente que había descubierto un pasaje más seguro hacia Asia, y también menos obstruido por el hielo que el estrecho de Davis, lo que bastó para convencer a los fieles partidarios de la ruta polar que había llevado a nuevos límites la labor exploratoria de Frobisher y Davis. Sin embargo, no pudo equiparse una segunda expedición hasta 1606. Ésta se organizó como un esfuerzo colectivo de la Compañía de las Indias Orientales y la de Moscovia, que unidas se llamaban la Sociedad de Mercaderes Ingleses para el Descubrimiento de Nuevos Comercios. Confiaron el mando a John Knight, que el año anterior había navegado a Groenlandia al servicio del rey de Dinamarca. El 18 de abril salió de Gravesend en el *Hopewell* (40 toneladas), rumbo a las Orcadas, donde, al parecer deliberadamente, tomó un rumbo más al sur, tal vez con la concreta intención de verificar las declaraciones de Waymouth, y no los descubrimientos de Davis. El 13 de junio, en los 57° 25' N, divisaron unas costas que parecían ser islas (tal vez las islas Okak o Cod, sobre la costa del Labrador). Al aproximarse a la tierra en el *Hopewell,* entre nieblas muy densas, «fueron tan amenazados por enormes islas de hielo que estuvieron en peligro de ser aplastados».

Frustradas otras tentativas de desembarcar, el 24 de junio la fuerza del hielo les arrancó el timón, y con el barco ya medio lleno de agua no tuvieron más remedio que vararlo en una ensenada para salvar los víveres. El día 26 Knight, su primer oficial, Edward Gorrill, y tres marineros fueron en una lancha a visitar otra isla, en los 56° 4' (¿Paul, Kikkertavak o Tunungayualok?), con la esperanza de hallar una bahía en la que reparar el *Hopewell.* Nunca se les volvió a ver, probablemente porque fueron muertos por los mismos esquimales que, dos días después, atacaron a los demás. Temiendo no regresar nunca a Inglaterra, comenzaron a trabajar desesperadamente con hachas y piquetas para achicar el hielo que ya rodeaba el barco. El 4 de julio lograron liberarlo y pusieron rumbo a Terranova, aunque hacía mucha agua, pero finalmente arriaron la boneta principal, la embrearon, y consiguieron pasarla por la borda para colocarla contra la vía de agua. Cuando se hubieron restablecido y reparado otros daños sufridos por el *Hopewell,* zarparon de la bahía Fogo el 22 de agosto y atracaron en el puerto de Dartmouth el 24 del siguiente mes, tras un viaje que debe de haber llevado hasta el límite de su resistencia tanto al barco como a sus ingeniosos tripulantes.

Los viajes de Henry Hudson (1607-1611)

No es fácil descubrir ni un solo aspecto de la expedición de Knight que le animara a uno a sospechar que a alguien le interesara repetirla, aunque esto sería negar el valor de los navegantes de esa época, de los que el más famoso era Henry Hudson. A diferencia de sus antecesores, viajaría por todo el área del Ártico en busca de los tres supuestos estrechos hacia China y Japón. En 1607 bordeó el litoral oriental de Groenlandia, y luego siguió el límite de la banquisa rumbo al nordeste, hacia Spitsbergen. Después de explorar su costa norte, concluyó que no había paso alguno en esa dirección. Un año más tarde, y con los mismos resultados, trató de pasar entre Spitsbergen y Nueva Zembla, pero los impenetrables hielos le obligaron a retroceder.

Estas dos expediciones gozaron del apoyo de la Compañía de Moscovia, pero en abril de 1609 Hudson se embarcó en el puerto de Amsterdam, de nuevo rumbo al nordeste, en un curioso viaje al servicio de la Compañía Holandesa de las Indias Orientales. Sin embargo, cuando cerca de Nueva Zembla, por circunstancias misteriosas, la tripulación de su barco, el *Halve Maen,* rehusó seguir su derrotero original, Hudson les convenció para cruzar el Atlántico hacia la costa de Norteamérica. Su propósito era descubrir un estrecho hacia China que él creía que se encontraba entre las latitudes 37° y 41° N, según las noticias que le había enviado un amigo en la nueva colonia de Virginia. Avistaron la costa de la Nueva Escocia a fines de julio, y siguieron rumbo al sur hasta el principio de septiembre, cuando entraron en un ancho río que a primera vista parecía un estrecho. Sólo después de haberlo explorado durante 240 kilómetros tuvieron la poco grata certeza de que no era así. Por supuesto, hoy se conoce como el río Hudson. Aunque la Compañía Holandesa prefirió no investigar inmediatamente la región que Hudson había visitado, más tarde otros holandeses vinieron a comerciar; construyeron un fuerte que poco a poco fue adquiriendo las dimensiones de un poblado llamado Nueva Amsterdam, y que finalmente, tras su captura por ingleses, se llamó Nueva York.

Así pues, Henry Hudson recorrió el litoral norteamericano, pero todavía no había buscado el estrecho del noroeste, el único que le quedaba por explorar después de los viajes mencionados. Éste era el objetivo de su expedición de 1610, en la que le apoyaron las Compañías de las Indias Orientales y de Moscovia, junto con varios mercaderes y magnates de la capital, atraídos por las perspectivas del comercio ultramarino. Realmente, no se jugaba mucho, puesto que sólo se aprestó el *Discovery,* en el que viajó Waymouth, tripulado por 23 hombres y abastecido solamente para seis u ocho meses. Zarpó del río Támesis el 17 de abril rumbo a las Orcadas, las islas Shetland y Faroe, y luego la costa sur de Islandia (11 de mayo a 1 de junio) y Groenlandia (4 a 20 de junio). Sin entrar en el estrecho de Davis, se dirigieron hacia el oeste, probablemente atendiendo a las noticias de Waymouth, y el 24 de junio divisaron la isla después denominada Resolution, cerca de la punta sudeste de la Tierra de Baffin, ya antes señalada por Davis en su mapa. A partir del día 26, empezaron a acercarse a la entrada del Mistaken Straits de Frobisher, en lo sucesivo conocido como el estrecho de Hudson.

Sin dejarse intimidar por el hielo que había desanimado a sus antecesores, Hudson recorrió la costa de la bahía de Ungava. Luego puso rumbo al noroeste, dibujando las costas mientras navegaba, hasta que, el 3 de agosto, el *Discovery* atravesó un estrecho paso entre una isla y la tierra firme para entrar en la bahía que todavía tiene el nombre de este capitán. Sin duda, Hudson creía que había llegado al océano Pacífico, o al menos a un golfo del mar que habría de conducirle a él. Desgraciadamente, su detallada narración termina en este momento. A principios de septiembre, después de bordear la costa oriental de la bahía, alcanzaron su límite más meridional, en los 51º N, en el interior de la bahía más tarde bautizada James. Siguieron dos meses de exploración, cuyo curso resulta imposible trazar por la falta de exactitud del relato de Abacuk Pricket, que se refiere simplemente a «un laberinto sin fin». Sin embargo, probablemente cruzaban y volvían a cruzar la bahía James, pero no hay indicación alguna de que avanzaran más allá del cabo Henrietta María, en dirección a la costa occidental de la bahía de Hudson, por lo que nunca se enteraron del hecho de que no era mar abierto. A principios de noviembre, cuando se acercaba lo más recio del invierno, tuvieron que arrastrar su navío fuera del mar para evitar que lo aplastara el peso del hielo. Se prepararon para aguantar los rigores del clima polar, sustentándose con un régimen de pescado y aves marinas para suplir lo que les quedaba de sus reservas de víveres.

Anteriormente habían surgido discordias en el estrecho de Hudson, pero volvieron a aparecer, recrudecidas, el 10 de septiembre, cuando Hudson reunió a su gente para juzgar la conducta de su primer oficial, Robert Juet, que le había acompañado en sus viajes de 1608 y 1609. Finalmente, se dedujo que Juet había pronunciado palabras que provocaban el descontento a bordo, y aun el motín, y fue sustituido por Robert Bylot. Tras un largo invierno, los supervivientes no pudieron hacerse a la mar hasta el 18 de junio, enfermos de escorbuto y debilitados por el hambre, agravadas sus quejas por los apuros de los últimos siete meses. Se ha dicho que al declarar Hudson que pensaba comenzar de nuevo la labor de exploración, un protegido suyo, Henry

Greene, y el desafecto Juet lograron ganar bastante favor entre los marineros para destituirle, alegando como excusa que había reservado una parte de las escasas provisiones para su uso personal. Sin embargo, esta historia de segunda mano no concuerda con la de los supervivientes que volvieron a Inglaterra. Éstos declararon que, cuando sólo quedaban víveres para 14 días, se resolvió abandonar a su suerte a los enfermos en una chalupa, a fin de que sus otros compañeros no murieran por la falta de comida. Además, se decía que el propio Hudson juzgaba que se encontraba en unas condiciones físicas tan malas que no esperaba volver nunca a Inglaterra.

Lo cierto es que no cabe duda de que el 22 de junio Hudson, su hijo y siete hombres fueron dejados en una lancha no muy lejos del lugar donde habían pasado el invierno, y murieron todos. Cuatro de los supervivientes del *Discovery,* incluido Greene, fueron muertos por los esquimales el 29 de julio cerca de la salida de la bahía de Hudson, mientras buscaban alimentos. Juet murió de hambre cerca de la costa de Irlanda. Los demás, tan sólo ocho marineros, volvieron a Gravesend en el mes de septiembre de 1611, culpando de la muerte de su capitán a Juet y a los que murieron a manos de los salvajes, aunque ellos, al menos por su parte, habían estado conformes con la decisión de abandonarle. Hasta 1618 no se les declaró inocentes de toda participación directa en el motín.

BUTTON, GIBBONS, BYLOT, BAFFIN Y HAWKRIDGE (1612-1619)

Pese a las persistentes dudas acerca de las circunstancias que concluyeron en el abandono de Hudson en junio de 1611, así como a los apuros que todos habían pasado durante el invierno en la bahía de Hudson, las historias narradas por los supervivientes despertaron tanto entusiasmo que unas 160 personas se apresuraron a invertir en un nuevo viaje, motivado especialmente por la mención de una corriente procedente del oeste, que se interpretó como una prueba de la proximidad del Mar del Sur. Es obvio que el interés siguió creciendo aun después de hacerse a la mar esta expedición, pues el 26 de julio de 1612, bajo el patrocinio del príncipe Enrique de Gales, se publicaron los estatutos por los que se creaba la Compañía de Mercaderes Descubridores del Estrecho del Noroeste. Ahora tenía 288 socios, muchos de los cuales opinaban sin duda que simplemente se trataba de pasar por el estrecho recién descubierto por Hudson, en la dirección por la que venía la corriente, para llegar a China y al Japón.

Se entregó el mando a Thomas Button, que a mediados de abril de 1612 se hizo a la mar en Gravesend con dos navíos, el *Resolution* y el *Discovery*. El príncipe Enrique le había ordenado poner rumbo a la boca del estrecho de Hudson y atravesarlo, «recordando que su fin está en el oeste»; pero, prudentemente, también le aconsejó que procurase descubrir otra bahía más al sur, en una zona de clima más templado, en caso de que el invierno les sorprendiera antes de que terminaran su misión. Una vez demostrada la salida al Pacífico, Button debía transmitir las noticias en el *Discovery*, mientras que él seguiría navegando a China y a Japón. Finalmente, debía llevar a cabo tareas científicas: observar la variación magnética, el eclipse del 20 de mayo, las conjunciones de los planetas y la distancia entre la luna y estrellas conocidas, como una manera de calcular la longitud.

Al llegar a Norteamérica, donde puso el nombre de su nave capitana, *Resolution*, a la isla situada en la entrada del estrecho de Hudson, Button avanzó rápidamente hacia el final del estrecho, y fue el primero en atravesar la bahía hasta tomar tierra en la costa occidental, en los 60° 40' N. Por razones obvias, puesto que había esperado hallar un paso abierto hacia el Pacífico, llamó al lugar Hopes Checked (o Esperanzas Frustradas). Hasta que se hizo imposible la libre navegación de los navíos a causa del hielo, emprendió una exploración de esta costa, que bautizó con el nombre de Nuevo País de Gales, instalándose para invernar en un lugar que llamó Puerto Nelson (57° 10' N), el 15 de agosto.

Según varias relaciones, perdieron muchos hombres, y también el *Resolution*. Cuando ya no podían pescar por haberse helado el río Nelson, recurrieron a las perdices blancas como su principal fuente de alimentación hasta que el 21 de abril el hielo empezó a retroceder. Volvieron a Hopes Checked a mediados de julio, bordeando la costa occidental de la bahía. A principios de agosto continuaron rumbo al norte, penetrando en lo que después se llamaría el estrecho Roes Welcome hasta los 65° N. Volvieron sobre sus pasos y, costeando las islas Southampton, Coats y Mansel, Button entró en el estrecho de Hudson a finales de agosto, volviendo a Inglaterra en la tercera semana de septiembre.

Como consecuencia de esta serie de exploraciones, Button debió
de haberse dado cuenta de que las ideas de Hudson carecían de un
fundamento firme, puesto que lo que revelaban era la existencia de una
bahía impresionante o de un mar rodeado casi completamente por tierra. Era poco probable que en el trecho de costa que no visitaron ni
él ni Hudson, entre Puerto Nelson y el cabo Henrietta María, existiera
el estrecho hacia Catay. Sin embargo, Button no confesó públicamente
que se habían desvanecido por completo las perspectivas de hallar un
estrecho, y algunos socios de la Compañía siguieron aferrándose al último atisbo de esperanza. Lograron suprimir la narración oficial del
viaje, divulgando sólo la información que no limitara futuras inversiones ni acabase con el interés popular, de modo que se continuaron las
exploraciones hasta 1619. Esto es aún más extraordinario cuando uno
piensa en el hecho de que el siguiente viaje fue un fracaso total.

Al mando de William Gibbons, que había participado en la expedición de 1612, el *Discovery* zarpó del río Támesis por cuarta vez en
1614, probablemente durante el mes de mayo, aprestado por la Compañía del Estrecho del Noroeste. Existe poca información sobre sus objetivos específicos, si bien, aparentemente, tenía el proyecto de entrar
en el estrecho de Hudson, pero en vez de seguir hasta la bahía, debía
investigar, según los consejos de Button, lo que hoy se llama el canal
de Foxe, pues una poderosa corriente o marea corría desde esa dirección. Pero lo que ocurrió fue que aun antes de llegar al estrecho de
Hudson, el *Discovery* fue empujado por las masas de hielo hacia una
bahía en la costa del Labrador, en los 58° 30' N, tal vez la bahía Sa-
glek, donde se quedó unas 10 semanas antes de volver a Inglaterra.

El *Discovery* salió de Londres por quinta vez el 16 de abril de
1615, capitaneado por Robert Bylot, que había sido elegido como su
primer oficial tras las disputas surgidas en la expedición de 1610, y que
más tarde fue el responsable de haberlo pilotado hasta Inglaterra. Aunque todavía no se habían disuelto las sospechas sobre su participación
en el abandono de Hudson, su experiencia en la derrota hacia el Ártico era, evidentemente, razón suficiente para haberle incluido en las expediciones de Button y Gibbons. Como piloto en este su cuarto viaje,
llevaba al más distinguido navegante de su época, William Baffin, famoso por su audacia, talento y meticulosas observaciones científicas, y
que sería el autor de una detallada narración de esta empresa, lo cual
tal vez explique por qué a menudo el viaje se le atribuye únicamente

a él. Tenía, además, la experiencia de un viaje a Groenlandia en 1612, y otros dos a Spitsbergen en 1613 y 1614. Bylot y Baffin se hicieron a la mar en 1615, sin duda para llevar a cabo la misma misión que se había confiado, en vano, a Gibbons.

Con una escasa tripulación de sólo 16 hombres y dos muchachos, Bylot siguió el derrotero que ya conocía bien, primero a Groenlandia (6 de mayo) y luego hacia el oeste, hacia la isla Resolution (27 de mayo). Durante el mes de junio y las primeras semanas de julio bordearon la orilla septentrional del estrecho de Hudson, realizando la primera entrada de unos navegantes británicos en el canal de Foxe. Costearon el norte de la isla Southampton hasta el cabo Comfort, más allá del cual no pudieron avanzar debido al hielo.

El diario de Baffin destaca por la precisa anotación de sus posiciones y, especialmente durante los últimos diez días de junio, por sus complejas observaciones astronómicas, que ponen a prueba los métodos teóricos para establecer la longitud, midiendo la distancia angular entre la luna y otros cuerpos celestes. También estudió atentamente el mar en busca de cualquier señal de una corriente o marea fuerte que corriese desde el oeste y que tal vez indicara la proximidad del Pacífico. Pero en el cabo Comfort, el 13 de julio, después de anotar sólo «una pequeña indicación de cualquier marea», Bylot y Baffin decidieron volver. Baffin escribe, desanimado: «no podría haber estrecho en este lugar». Fondearon en el puerto de Plymouth el 8 de septiembre, sin haber perdido un solo hombre y con no más de tres o cuatro enfermos. Las últimas palabras del diario no habrían agradado a los que invirtieron dinero en la empresa:

> Sin duda existe un paso [a Asia], pero dudo que se encuentre a través del estrecho de Hudson, supongo lo contrario. Sí afirmo que no hemos estado en ninguna marea salvo la que corre desde la isla Resolution, y lo más profundo de ésta viene del estrecho de Davis; y mi opinión es [que] el principal [paso] ha de encontrarse en el estrecho de Davis.

Por lo menos, Baffin había identificado correctamente dónde debía buscar la próxima vez si había de continuar la exploración. Con casi igual número de marineros, los mismos capitán y piloto, el *Discovery* partió de Gravesend el 26 de marzo de 1616 rumbo a la costa occidental de Groenlandia y al estrecho de Davis. El último día del mes de mayo alcanzaron el punto más septentrional visitado por Davis, cerca de Upernavik (72° 46' N). Como lograron entablar relaciones amistosas con los esquimales, en esta ocasión pudieron llevar a cabo observaciones más detenidas, antes de dirigirse al norte para verificar la teoría de Davis acerca de un mar abierto hacia el oriente. Avanzaron hasta los 77° 45', un punto que no volvió a alcanzarse de nuevo hasta mediados del siglo xix. Sin embargo, finalmente el hielo venció sus esfuerzos el 4 de julio, cuando tenían enfrente el estrecho que denominaron Smith. El 10 de julio divisaron un segundo estrecho que se abría hacia el oeste, que llamaron James, y dos días más tarde un tercero, más ancho, al que bautizaron con el nombre de sir James Lancaster, quien, al igual que sir Thomas Smith y sir Francis James, era un decidido partidario de las exploraciones hacia el noroeste. Pero, a pesar de las esperanzas expresadas por Davis, parecía que todos los estrechos que conducían al norte y al oeste estaban bloqueados por el hielo. Bylot y Baffin volvieron a Groenlandia para aprovisionarse, y su expedición terminó el 30 de agosto en Dover.

De nuevo, estos dos exploradores realizaron una cuidadosa labor de investigación y anotación, llevando más al norte el límite de los conocimientos ingleses, pero en vano. Al evaluar los resultados, Baffin solamente podía ofrecer como posible fuente de ganancias la explotación del gran número de ballenas y morsas que observaron en la bahía situada al fondo del estrecho de Davis, y que ahora tiene su nombre. Era seguro que pocos de los inversionistas compartían su interés por el magnetismo terrestre y la declinación magnética. En cuanto a la ruta hacia China, Baffin declara con pesimismo:

> no hay paso ni esperanza de paso hacia el norte del estrecho de Davis. Tras haber bordeado toda, o casi toda, su circunferencia, descubrimos que no es más que otra bahía grande.

Aunque Bylot y Baffin habían refutado sobradamente las teorías sobre un pasaje al oriente a través del canal de Foxe o del estrecho de Davis, no acabaron completamente con la Compañía del Estrecho del Noroeste, aunque ésta tardó dos años en recuperarse de las pérdidas de la reciente aventura. Es posible que no fuera una empresa oficial propiamente dicha, pero es cierto que varios socios de la compañía contribuyeron con su dinero al apresto de un solo navío en 1619. Dieron el mando a William Hawkridge, que había acompañado a Button en 1612 y 1613. Tras el desencanto sufrido en el estrecho de Davis, volvió a dirigirse la atención al estrecho y bahía de Hudson para investigar las débiles esperanzas despertadas por las referencias hechas por Button a las mareas dentro de la bahía. Probablemente a bordo del *Discovery*, el 29 de junio de 1619 Hawkridge navegaba entre dos promontorios, pero al día siguiente descubrió que había entrado en la bahía Frobisher, y no en el estrecho de Hudson.

Este error resume la suerte del viaje, ya que, a pesar de ser algo confusa la única relación que existe, se deduce que después de entrar en el estrecho el 22 de julio y en la bahía a principios de agosto, navegaron de un lado a otro sin un propósito fijo, cruzando a menudo su propio curso. Renunciaron a un proceso de exploración totalmente inútil el 16 de agosto, y pusieron rumbo a Inglaterra, sin mejorar de ninguna manera la labor de sus antecesores. En adelante no oiremos hablar de la Compañía del Estrecho del Noroeste, pero apenas había pasado un año entre 1610 y 1619 sin que navegantes británicos se hicieran a la vela para explorar esa región, en una época que se ha llamado «el siglo de oro» de la exploración ártica.

Los viajes de Foxe y James (1631-1632)

Tras la vuelta de Hawkridge en 1619, la fascinación inglesa por descubrir el estrecho ártico fue interrumpida durante unos 12 años. Luego, en 1631, se aprestaron dos expediciones distintas pero con un objetivo común, bajo el mando de Luke Foxe y Thomas James, respectivamente. El primero, de la ciudad de Hull, había participado durante muchos años en el comercio de los puertos de la costa oriental de Inglaterra y conocía las rutas desde el Mar Báltico hasta el Mediterráneo. Decía que anhelaba ir en busca del estrecho desde que se rechazó su solicitud al puesto de primer oficial en la expedición de John Knight, en 1606. Por el contrario, James era galés, joven, bien educado y miembro de una familia que poseía propiedades en el sur del País de Gales y cerca de Bristol. Como navegante, era propenso a errores, y su diario del viaje constituye un catálogo horroroso pero fascinante de continuos peligros y trágicos accidentes.

Mientras que Foxe solicitó un préstamo al rey Carlos I el 29 de diciembre de 1629, y buscó al mismo tiempo la ayuda de los mercaderes de la capital, James, por su parte, recurrió a los Mercaderes Aventureros de Bristol para equipar su expedición rival. Esto tuvo como resultado la decisión de la Corona de conceder iguales derechos a los dos, si sus respectivas empresas llegaban al Oriente. Tras largas discusiones se le prestó a Foxe la pinaza *Charles* (de 70 a 80 toneladas), que tripuló con 20 hombres y 8 muchachos y aprovisionó por 18 meses. Antes de hacerse a la vela, con cierto optimismo, obtuvo permiso de la Compañía de las Indias Orientales para cargar 200 sacos de pimienta en Bantam, en caso de que le acompañara la buena suerte que les había faltado a todos sus antecesores.

James, a su vez, equipó la *Maria* (70 toneladas), de Bristol, igualmente abastecida por 18 meses y con una dotación de 22 hombres; pero, a diferencia de Foxe, que desdeñó llevar tratados de navegación pues decía que «no habría tiempo libre», James metió en un baúl una colección de mapas y relaciones de viajes al Ártico, y también llevó consigo varios instrumentos náuticos, entre los que figuraban dos cuadrantes de madera de peral, «dos de las ballestillas del señor Davis», seis brújulas y una piedra imán. Los objetivos de las dos expediciones eran semejantes, esto es, penetrar hasta el fondo occidental del estrecho de Hudson y, desde allí, explorar hacia el noroeste para luego entrar en la bahía del mismo nombre y seguir ese trecho de su litoral, no visitado por Hudson ni por Button.

Foxe se hizo a la vela en Deptford, en el río Támesis, el 5 de mayo de 1631. Siguiendo la costa oriental de Inglaterra, que tan bien conocía, se dirigió al norte hacia las Orcadas (16 de mayo), y entró en el estrecho de Hudson el 22 de junio. Después de bordear lentamente su costa septentrional, llegó a la isla Salisbury el 10 de julio, pero descubrió que el hielo era tan grueso que era imposible avanzar hacia el noroeste, por lo que viró inmediatamente hacia la bahía de Hudson. Navegando por la costa occidental descubierta por Button, ahora con tiempo bueno y caluroso, el *Charles* fondeó el 8 de agosto en el Puerto Nelson, donde abundaban señales de la invernada de Button. Dirigiéndose al sudeste, empezó a explorar el litoral desconocido, entre el punto más oriental alcanzado por Button y el más occidental de Hudson, en el cabo Henrietta María. Pero aun antes de recorrer toda esta costa, el 27 de agosto apuntó con tristeza que era un error esperar hallar cualquier estrecho en esta región. Dos días después encontró a James en la *Maria*.

En efecto, éste zarpó de Londres dos días antes que Foxe, es decir, el 3 de mayo, rumbo a Groenlandia (4 de junio), y entró en el estrecho de Hudson el 19 o el 20 de ese mes, tras lo cual también ellos vieron que el hielo hacía peligroso su avance hacia el noroeste, y no desapareció hasta que llegaron a la costa occidental de la bahía el 11 de agosto, pero dos días más tarde por poco naufragaron contra unas rocas, uno de los varios accidentes que iba a sufrir la *Maria*. Pasaron por delante del Puerto Nelson sin divisar la pinaza *Charles*, y ya habían emprendido su tarea de exploración costera hacia el sudeste cuando les alcanzaron sus compatriotas. El encuentro fue poco cordial, y los dos barcos continuaron separadamente rumbo al sudeste. Fue en esta época cuando el temperamento y la experiencia de los dos capitanes les movieron a interpretar sus órdenes de formas radicalmente distintas.

Cuando hubo doblado el cabo al que bautizó como a su reina, Henrietta María, James resolvió pasar el invierno en la bahía que todavía lleva su propio nombre. Hasta el mes de octubre, cuando el hielo impidió la navegación, exploró las numerosas islas, y buscó un lugar conveniente en la zona más meridional donde invernar. La historia de ese invierno es fascinante y angustiosa a la vez. Comenzaron por desembarcar sus bastimentos para almacenarlos en tres cabañas que habían construido. Luego, James tomó la extraordinaria medida de sumergir la *Maria* en el agua para protegerla así contra los rigores del invierno. Durante los seis meses siguientes murió un marinero ahogado y otro al manejar el cabrestante y su cable. Todos sufrieron la inevitable carencia de víveres, además de una plaga de mosquitos, y sobrevivieron a un incendio forestal provocado por uno de su grupo. Por fin, durante el mes de abril de 1632, lograron sacar a su navío del agua, aunque no estuvo listo para hacerse a la vela hasta el 2 de julio. Como el hielo aún no les permitía dirigirse hacia el norte, atravesaron la bahía de Hudson hasta su costa occidental, y volvieron sobre sus pasos del año anterior. James entró en el canal de Foxe a fines de agosto, y penetró hasta los 65° 30' N, donde el hielo volvió a obstruir su avance. Decidieron volver a Inglaterra, y la *Maria* atracó en el puerto de Bristol el 22 de octubre de 1632.

Entretanto, Foxe había rechazado la idea de pasar el invierno en el Ártico. Durante la primera semana del mes de septiembre de 1631, entró en el canal ahora bautizado con su nombre y avanzó hasta los 66° 47' N, un lugar al que llamó Foxe's Furthest (lo más lejano de Foxe). Por primera vez menciona ahora que varios marineros estaban enfermos, y este hecho, junto con los bancos de hielo y la proximidad del invierno, probablemente fueron lo que le convenció de que era preferible regresar a Inglaterra. Avistó la costa a fines de octubre, cuando James se estaba acomodando para invernar en su bahía.

Los dos escribieron sendos libros, en los que describen sus experiencias en Norteamérica y justifican sus acciones, especialmente con respecto a la conveniencia de pasar el invierno en el Ártico, *The strange and dangerous voyage of captaine Thomas James* (1633) y *North-West Fox* (1635). Foxe, además, rescata del olvido una gran parte de lo que hoy sabemos de Button, Gibbons y Hawkridge. Cada uno de ellos representa la culminación de una larga fase de fascinación y de siempre tenaz entusiasmo por el estrecho del noroeste y el comercio con el oriente. Pero, al fin, como sus antecesores, que habían demostrado que no había paso para buques de vela hacia el norte, por el estrecho de Davis, ni al oeste, por lo que no eran estrechos, sino el golfo de Cumberland y la bahía Frobisher, ni por el estrecho Roes Welcome, los dos abandonaron sus ambiciónes sobre la bahía de Hudson y el canal de Foxe. Tras esta amarga desilusión la búsqueda cesó durante casi 40 años. No obstante, como los viajes de los corsarios al Caribe, la navegación en busca del paso hacia Catay contribuyó a la instrucción de varias generaciones de marinos y a la construcción de navíos como el *Discovery*, capaces de resistir las condiciones climáticas del Ártico.

No existe ninguna prueba concluyente de que algún barco llegara a la bahía de Hudson hasta 1668, cuando Zacariah Gillam, en el *Nonsuch*, estableció la primera factoría en la desembocadura del río Rupert, al fondo de la bahía. Gracias al vivo interés del príncipe de este nombre, el 2 de mayo de 1670 se creó la Compañía de la Bahía de Hudson. Según su carta de fundación, a sus socios se les mandó seguir patrocinando la búsqueda del estrecho del noroeste, pero no parece que lo hicieran hasta 1719, cuando desapareció una expedición de dos navíos de Londres, al mando de James Knight. En el estrecho Roes Welcome realizaron exploraciones Christopher Middleton entre 1741 y 1742 (hasta los 65° 10' N), y William Moor y Francis Smith de 1746 a 1747, pero los dos marinos concluyeron que la bahía Wager no era un estrecho.

Éstos fueron los últimos en buscar un estrecho en esa región, a pesar del hecho de que, por una ley del parlamento, el gobierno ofreció en 1745 una recompensa de 20.000 libras a cualquier súbdito británico que hallara un paso por el estrecho de Hudson. Veinte años más tarde se modificaron sus condiciones, desplazando la zona de exploración más allá de la latitud 70° N. En 1818, el comodoro John Ross inició una fase de exploración de los buques de la armada real en el estrecho de Davis, la bahía de Baffin y el estrecho Lancaster. Pero no fue hasta 1850 cuando el vicealmirante sir Robert McClure descubrió el verdadero paso, acercándose desde el oeste por los estrechos de Bering y Príncipe de Gales hasta el que ahora tiene su nombre. Entre el 16 de junio de 1903 y el 31 de agosto de 1906, en un buque de pesca, el noruego Roald Amundsen realizó la primera travesía del pasaje desde el este hacia el oeste. Pero el sueño no empezó a tener viabilidad comercial hasta 1969, cuando el petrolero *Manhattan* pasó por el estrecho con un cargamento de petróleo crudo de Alaska. Los actuales nombres en inglés de cabos, bahías, islas, puertos y estrechos son un testimonio vivo de varios siglos de esfuerzos realizados por navegantes británicos.

IV

LA CREACIÓN DE COLONIAS PERMANENTES (1591-1681)

LOS PRIMEROS PASOS EN EL GOLFO DE SAN LORENZO (1591-1597)

La subida al trono del rey Jacobo I en 1603 no anuncia una transformación total de las empresas marítimas en Norteamérica, sino más bien un cambio de dirección para alcanzar resultados tangibles y permanentes. Hasta entonces, los navegantes británicos exploraron y recorrieron costas todavía no ocupadas por naciones cristianas, en ciertos casos en algunas de las regiones más inhóspitas del mundo. Pero, en su mayor parte, las recompensas a este esfuerzo todavía se reducían a las de tipo geográfico y náutico. Por el contrario, durante el siglo XVII, la labor de los exploradores por fin daría fruto, al establecerse las colonias permanentes, que contribuyeron al nacimiento del Imperio Británico en Norteamérica. Además, esto no se consiguió combinándose con actividades piráticas, parecidas a las que mencionamos al discutir las primeras tentativas coloniales de Gilbert y Raleigh, sino por comprometerse en una empresa con miras precisamente a la colonización, por medio de pacientes y tal vez largos esfuerzos. Los motivos eran la expansión del comercio para importar productos que no se cultivaban en Inglaterra, la apertura de nuevos mercados para los paños ingleses, la más eficaz explotación de las pesquerías y de materias primas para la construcción naval, la población de tierras americanas por descontentos, desocupados o simplemente aventureros de la población británica, y como siempre, la atracción ejercida por los metales preciosos.

Evidentemente, facilitaba el proyecto la nueva época de 20 años de paz. Se podían hacer planes a largo plazo; se disponía de mayores recursos antes dedicados a fines militares. Y, sobre todo, existía un deseo de invertir dinero en las nuevas aventuras entre los ricos mercaderes, una nueva generación de cortesanos en Londres, y también entre los terratenientes y comerciantes de provincias, que habían obtenido beneficios de la guerra de los corsarios. Fracasaron muchos de los planes pero, como una herencia de los esfuerzos de los navegantes del siglo XVI, hubo pequeñas expediciones que depositaron grupos de colonizadores decididos a establecer poblaciones en la costa atlántica del continente.

Lo que había quedado como logro duradero de un siglo de viajes ingleses era su control de una parte bastante grande de las pesquerías próximas a la costa sudeste de Terranova, a pesar de la rivalidad con portugueses, franceses y vascos. En la última década del siglo XVI, los marineros británicos trataron de extender su explotación de esas aguas, desafiando la dominación de vascos y bretones en la caza de morsas en el golfo de San Lorenzo, que en 1591 motivó la toma de un barco de pesca bretón por un corsario de Bristol; llevaba un rico cargamento de colmillos, pieles y aceite de morsa, que se usaba para fabricar jabón y para la iluminación.

Se hicieron a la mar dos expediciones. La primera, de 1593, estaba formada por el *Marigold*, capitaneado por Richard Strong, y por un segundo barco al mando de George Drake. Partieron de Falmouth el 1 de junio, demasiado tarde para llegar durante la temporada de caza. El *Marigold* no llegó a su destino, las islas de la Magdalena, en el golfo de San Lorenzo, y volvió con un pequeño cargamento de bacalao. Drake, por el contrario, sí cumplió su intención, pero se contentó con robar las morsas cargadas en un barco francés, y por su propia cuenta cazó muy pocas. En la segunda expedición, Sylvester Wyet zarpó de Bristol en la *Gracia* (35 toneladas) el 4 de abril de 1594; reconoció varias islas del golfo que no habían sido visitadas por navegantes británicos, y regresó a Bristol el 24 de septiembre, con una carga bastante valiosa de barba de ballena, que había conseguido de dos balleneros vascos naufragados.

Cuando los navegantes británicos volvieron al golfo en 1597, la expedición había sido concebida no sólo con fines comerciales, sino como la primera etapa de un futuro programa de colonización. Además, sería una colonia que ofrecería refugio a los separatistas protestantes, súbditos leales a la Corona que buscaban la libertad de culto que les era negada en Inglaterra. En este sentido, se parecía al proyecto referente a los católicos presentado a sir Humphrey Gilbert en 1582, y que constituía un antecedente de una empresa de mayor fama en Nueva Inglaterra, en 1620.

Fueron equipados dos barcos, el *Hopewell* de John Watts y al mando de Charles Leigh, cuya misión era expulsar a los vascos de las islas de la Magdalena y apoderarse de las pesquerías de morsas, y el *Chancewell*, cuyo capitán era Stephen van Harwick. Éste llevaba a un grupo de cuatro pioneros que debían encontrar un lugar conveniente donde fundar una colonia, tal vez en la isla Ramea (ahora Amherst), e invernar allí, de modo que estuvieran listos para organizar la nueva temporada de caza y pesca. En realidad, ocurrió que el *Chancewell* naufragó en las costas de la isla Cabo Bretón, aunque se salvaron la tripulación y los futuros colonizadores, y el *Hopewell* fue expulsado por vascos y bretones del golfo de San Lorenzo sin haber cargado una sola morsa o bacalao. Por consiguiente, desde 1597 los franceses resolvieron extender y consolidar sus operaciones allí, mientras los ingleses prefirieron dedicar sus esfuerzos a otras regiones de la costa norteamericana, que vendrían a ser los núcleos de la expansión colonial del siglo XVII: la Virginia del Norte o Nueva Inglaterra, la Virginia del Sur o la Virginia propiamente dicha, y Terranova.

La Virginia del Norte (1602-1605)

Entre 1602 y 1605, tres expediciones exploraron y describieron un litoral que todavía se conocía como la Virginia del Norte, pero que pronto sería llamado Nueva Inglaterra, pues era esto lo que entonces se buscaba, una tierra cuyo clima y medio ambiente se pareciesen a los de Inglaterra y no, como en el caso de los viajes a Roanoke, un país donde se cultivaran productos exóticos o mediterráneos. Según las escasas noticias, la primera empresa al mando de un terrateniente, Bartholomew Gosnold, tenía la intención de llevar a cabo un reconocimiento general, pero también estaba interesada en localizar la atractiva bahía donde Verrazzano descansó en 1524, tal vez Narragansett, lugar que de nuevo resultó ser importante sólo por haber creado y divulgado Verrazzano una favorable imagen de las costas que visitó.

Unos 32 hombres, una docena de los cuales había decidido permanecer en tierras norteamericanas, se hicieron a la mar en Falmouth el 26 de marzo de 1602 en la pinaza *Concord* (30 toneladas). Avistaron

Santa María de las Azores el 14 de abril, y la costa de Norteamérica justo un mes después. De esta forma, por primera vez una expedición inglesa atravesó el océano para ir directamente a las costas de Virginia, en lugar de seguir el derrotero español a las Canarias y las Antillas. Durante un mes bordearon las costas de lo que ahora son Maine y Massachusetts, rumbo al sur, entrando en la bahía de cabo Cod y el estrecho de Nantucket. Exploraron y pusieron nombre a Martha's Vineyard (El viñedo de Marta), pero se detuvieron antes de llegar a la bahía Narragansett. Todos convinieron en abandonar la empresa al darse cuenta de lo mucho que dependían de la llegada de bastimentos de Inglaterra, lo que es sorprendente, si estaban enterados de la incierta suerte de los colonizadores de Roanoke.

Zarparon el 18 de junio, y echaron anclas el 23 de julio en el puerto de Exmouth, con una carga de 1.100 kilos de sasafrás y 26 troncos de cedro, con lo que esperaban cubrir los gastos de la expedición. Aunque Walter Raleigh embargó una parte del sasafrás, pues juzgaba que el viaje había usurpado sus derechos en Norteamérica, no prohibió que se aprestara una segunda empresa, quizás porque se interesaba más en la Virginia del Sur y todavía estaba preocupado por la suerte de los de Roanoke. Antes que el sasafrás y los otros productos norteamericanos, cuyo precio iba a bajar rápidamente en el mercado, el principal valor del viaje reside en la descripción de los descubrimientos, inmediatamente difundida por la publicación de *A briefe and true relation of the discoverie of the northern part of Virginia* (1602), escrita por John Brereton. En conjunto, era la imagen de un territorio ameno y acogedor, listo para ser poblado y explotado comercialmente, semejante al tratado de Arthur Barlowe de hacía casi 20 años.

A pesar de este ambiente optimista, la segunda expedición también se limitó a explorar y comerciar en la zona recorrida por Gosnold. Dos barcos, el *Speedwell* (50 toneladas) y el *Discoverer*, abastecidos sólo para ocho meses y tripulados por 30 y 13 marineros respectivamente, a las órdenes de Martin Pring, levaron anclas en el puerto de Bristol el 20 de marzo de 1603. Siguieron la misma ruta que antes, por los Azores hacia la costa de Maine, y durante el mes de junio atravesaron la bahía Massachusetts hasta el cabo Cod, que, a diferencia de sus antecesores, no doblaron. A fines de julio, el *Discoverer* había cargado bastante sasafrás para regresar; el sasafrás es descrito como «una planta de virtud eficaz para curar el mal francés y, como algunos sabios han escrito, buena para la peste», la cual hacía estragos en el Londres de 1603. El *Speedwell* emprendió su viaje de vuelta el 8 o el 9 de agosto, con el mismo cargamento. Los dos fondearon en Bristol a mediados de septiembre y el 2 de octubre, respectivamente.

Después de una breve demora, tal vez debida a la inundación del mercado por el sasafrás, la tercera expedición marítima que iba a preparar el terreno para la colonización de Nueva Inglaterra se confió en 1605 a George Waymouth, que hacía tres años en vano había buscado un estrecho hacia el noroeste. Tenía ahora dos objetivos. Primero, en nombre de los mercaderes de Plymouth que le apoyaban, debía aprovechar las noticias reunidas por Gosnold para descubrir costas o islas donde se pudieran crear nuevos centros pesqueros. Y segundo, a petición de un terrateniente católico, sir Thomas Arundell, esperaba hallar una región que sirviera de refugio para sus correligionarios, proyecto que recuerda al plan discutido por Peckham, Gerard y Gilbert hacía 20 años.

Waymouth, capitán del *Archangel* y de su tripulación de 29 hombres, largó velas en el puerto de Dartmouth el 31 de marzo. Siguieron el rumbo a las Azores, pero al divisar tierra cerca del cabo Cod el 14 de mayo, viraron al norte, quizás porque sabían que había mejores pesquerías en esa dirección. Cruzaron el golfo de Maine hasta la desembocadura del río Saint George, donde fondearon el 19 de mayo. Durante un mes, fueron observados y anotados con todo detalle flora, fauna y habitantes, en esta ocasión por James Rosier, cuyo folleto *A true relation* (1605) hace una buena propaganda de esa región. Se hicieron a la vela el 16 de junio, y llegaron a Dartmouth el 18 de julio.

En conjunto, estos tres viajes exploraron la costa de la Virginia del Norte desde Martha's Vineyard hasta el río Saint George y difundieron noticias que, en esta nueva época de paz, tenían mayores probabilidades de atraer a los interesados en fundar colonias. Y, cosa muy importante, demostraron la confianza de capitanes y pilotos en emprender la travesía directa, con lo que, afortunadamente, los futuros colonizadores podrían arribar a la costa americana sin grandes inconvenientes.

De nuevo Roanoke y la Virginia del Sur (1600-1603)

Entretanto, en el sur no había decaído el interés de Walter Raleigh por Roanoke tras la expedición de White en 1590, encargado de averiguar la suerte de sus colonizadores. Para que su jurisdicción sobre la zona no caducara por negligencia, es posible que Raleigh enviara a Norteamérica en 1600 y 1601 dos pequeñas expediciones al mando de Samuel Mace. Aunque carecemos totalmente de datos sobre estos viajes, existe una nota en la cual Ralegh se refiere a un viaje de Mace en 1602, siendo el tercero que hacía a Virginia. A bordo de una pinaza, salió de Weymouth en el mes de marzo para hallar Hatarask, al sur de la isla Roanoke. Después de una travesía bastante larga, probablemente por el Caribe, tomaron tierra al sudoeste del destino proyectado, sin avanzar más el norte que el cabo Lookout, ni más al sur que el cabo Fear. Pasaron un mes recogiendo cortezas de árboles, raíces y hojas que creían tener usos medicinales o propiedades aromáticas, pero dejaron de buscar Hatarask a causa del pésimo tiempo. Volvieron a fondear en Weymouth en el mes de agosto.

1603 presencia el último de los viajes precolonizadores a la Virginia del Sur, tanto para dilucidar el misterio de Roanoke como para comprobar la posible explotación comercial de sus aguas y tierras. Hay una cierta confusión con respecto a la posible participación de Mace, pero lo cierto es que Raleigh equipó la *Elizabeth* bajo el mando de Bartholomew Gilbert, capitán de la *Concord* de Gosnold el año anterior. Se le asignó como destino la bahía de Chesapeake, a la cual se había ordenado que se trasladaran los colonizadores de Roanoke. La razón podía ser la ausencia de resultados positivos tras los viajes de Mace en el sur, o quizás el hecho de que habían oído rumores sobre la presencia de otros hombres blancos más al norte, posiblemente los supervivientes de Roanoke. Gilbert recorrió en vano la costa atlántica desde los 40° a los 37° N, encontrando la muerte a manos de los indígenas, tal vez en la bahía de Delaware. Fue en esta época cuando dos amerindios divirtieron a la población de la capital inglesa remando en sus canoas en el río Támesis. Sobrevino después una interrupción de los viajes a la Virginia del Sur, debido en parte al encarcelamiento de Ralegh en julio de 1603, acusado de haber urdido un complot contra Jacobo I.

LA CREACIÓN DE LA COLONIA DE VIRGINIA (1606-1624)

Las expediciones de exploración y comercio en Virginia que acabamos de describir prefiguran el cambio que había de tener lugar desde 1606. Les había faltado coordinación y, como máximo, llevaron a un pequeño grupo de futuros colonizadores partiendo de un bajísimo nivel de inversiones, y sin atender a las necesidades causadas por la conservación de colonias permanentes. No obstante, dos años después de firmarse el tratado de paz con España, el rey Jacobo I estaba dispuesto a declararse a favor de un programa de colonización continua en Norteamérica. Evidentemente, las expediciones de corso en el Caribe, incluso los viajes que formaron parte de los proyectos de Gilbert y Raleigh en Norteamérica, nunca recibieron su aprobación. Además, la animosidad que sentía contra Raleigh le impidió apoyar sus futuros proyectos coloniales.

Este problema se resolvió cuando se asociaron unos mercaderes, terratenientes y dueños de barcos de Plymouth, Bristol y Exeter, con la riqueza e influencia de los empresarios, cortesanos, ministros y mercaderes de Londres, de tal manera que pudieron ganarse el favor del nuevo rey. Los estatutos reales del 10 de abril de 1606 instituyeron una Compañía de Virginia doble, encargada de fundar colonias entre los 34° N (cerca del río del cabo Fear, donde terminaba el avance español desde Florida) y los 45° N (cerca de la actual frontera entre Estados Unidos y Canadá, para evitar conflictos con las otras naciones en las zonas de pesca de Terranova). Se les asignó a los de Plymouth y del sudoeste la costa hacia el norte desde los 38° (visitada por Gosnold, Pring y. Waymouth), mientras a los de Londres les correspondió la zona de los 34° a los 41°, esto es, la Virginia original de Roanoke, de modo que las dos jurisdicciones coincidían parcialmente. En la práctica, la primera sería Nueva Inglaterra, y la segunda una colonia en la bahía de Chesapeake. La Corona no contribuyó con ninguna ayuda económica, pero solicitó la quinta parte de todos los metales preciosos. En este sentido, el impulso para colonizar vino de particulares y no del Estado.

La Compañía de Londres organizó su primera flota colonizadora en 1606, bajo el mando del antiguo corsario Christopher Newport en la *Susan Constant* (120 toneladas), acompañado por Bartholomew Gosnold en el *Godspeed* (40 toneladas) y por John Ratcliffe en la pinaza *Discovery* (20 toneladas). Llevaban a 120 colonizadores. Zarparon del río Támesis no más tarde del 20 de diciembre, siguiendo un rumbo hacia el sudoeste, como las expediciones de Raleigh, y pasando por las Canarias, las Antillas Menores y Puerto Rico, una ruta que Newport conocía mejor que cualquier otro navegante británico. Entraron en la bahía de Chesapeake el 26 de abril de 1607. El 13 de mayo decidieron la localización de su futura población, que había de llamarse Jamestown, en una península entre los ríos James y York, que desembocan en el extremo sur de la bahía, frente al Atlántico. Por tanto, era baja, palúdica, faltaba agua fresca y lindaba con una ciénaga.

Sin embargo, a pesar de estos inconvenientes, pésimas condiciones, intrigas, vanos esfuerzos por encontrar metales preciosos y un estrecho hacia el Pacífico, la ausencia de verdaderos agricultores y la matanza de 350 colonos por los indios en 1622, Jamestown inicia el proceso continuo de colonización inglesa en Norteamérica. Logró sobrevivir tras sufrimientos y errores, y, por medio de arduos trabajos, dio finalmente con un producto de fácil venta, el tabaco, cultivado por mano de obra esclava en plantaciones interiores, alejadas de los riachuelos palúdicos próximos a la boca de la bahía.

Pero en 1609 se habían revelado los grandes peligros que tuvieron que afrontar los marineros encargados del aprovisionamiento y refuerzo de una colonia en los primeros años de su existencia. Después de una campaña para atraer más gente, nueve barcos se hicieron a la mar el 1 de junio de ese año, llevando a unos 500 colonizadores. Cuando les alcanzó un huracán en el Caribe, uno de los navíos se hundió y otro varó en una isla deshabitada de Bermuda, hecho que, al menos en parte, inspiró *La tempestad* de William Shakespeare. Aunque la mayoría de los colonizadores se salvaron, fue un aviso de los riesgos que corrían tanto ellos como los navegantes y marinos en el proceso de la creación de colonias al otro lado del Atlántico.

NUEVA INGLATERRA (1606-1620)

Los colonizadores que fueron depositados en Nueva Inglaterra por la Compañía de Plymouth no estaban dispuestos a luchar mucho por subsistir como hicieron sus compatriotas de Jamestown. La Compañía aprestó su primera expedición en 1606, pero los primeros augurios fueron poco alentadores. Zarpando de Plymouth el 12 de agosto en el *Richard* (55 toneladas), Henry Challons llevaba un grupo de tan sólo 29 colonizadores con destino a la región del río Saint George y la bahía Penobscot. Pero en el mes de noviembre su barco, tripulación y pasajeros fueron apresados por una flotilla española al pasar por el estrecho de Florida. Tuvo mejor suerte un navío al mando de Thomas Hanham y Martin Pring, que salió de Bristol dos meses después de Challons, llevando provisiones. Tras haber explorado varios ríos que daban acceso al interior, resolvieron correctamente que el Sagadahoc (hoy Kennebec) ofrecía mejores oportunidades con respecto a la agricultura, el comercio con tierra adentro y su propia defensa.

Por consiguiente, el 31 de mayo de 1607 se hizo a la vela en Plymouth la primera de varias expediciones proyectadas para fundar colonias. La dirigían George Popham en el *Gift of God* y Raleigh Gilbert (hijo de sir Humphrey) en la *Mary y John*. Llevaban a unos 100 colonizadores que, al llegar al río Sagadahoc el 7 de agosto, construyeron en seguida un fuerte, temiendo que les atacaran los franceses.

Desgraciadamente, la historia de esta efímera colonia se caracterizó por riñas facciosas que finalmente amargaron las relaciones con los indios, poco éxito en el comercio de pieles y, además, los sufrimientos de un invierno extraordinariamente frío y largo. Aunque recibieron nuevas provisiones en el verano de 1608, ya habían resuelto abandonar la primera y última colonia de la Compañía de Plymouth en Nueva Inglaterra.

Pero el mismo año en que ésta fue abandonada, empezó una serie de acontecimientos que desembocarían en la fundación de la primera población permanente, pues en 1608 un grupo de separatistas puritanos, que más tarde vendrían a ser conocidos como los Padres Peregrinos, buscó un refugio de la persecución que sufrían en la ciudad holandesa de Leiden. Sin embargo, como todavía les preocupaba el antagonismo entre las distintas facciones religiosas en Holanda y por la posible pérdida de su identidad inglesa, pusieron los ojos en el Nuevo Mundo. Tras haber considerado y rechazado Guayana, en 1620 consiguieron convencer a un grupo de mercaderes londinenses para que financiaran su traslado a los límites septentrionales del territorio concedido a la Compañía de Virginia, y con la autorización de ésta.

El 5 de agosto de 1620, el *Speedwell* (60 toneladas), que les había traído de Holanda, y el *Mayflower* (180 toneladas), fletado en Inglaterra para acomodar a más viajeros, se hicieron a la vela en Southampton. Cuando el primero empezó a hacer agua, fue el solitario *Mayflower*, llevando a 101 peregrinos (35 de Leiden), de los cuales 18 eran mujeres y 31 niños, el que zarpó de Plymouth el 6 de septiembre para realizar una de las más famosas travesías del Atlántico. Siguiendo el rumbo ha-

cia el sudoeste, el *Mayflower* arribó el 11 de noviembre a la costa norteamericana, cerca del cabo Cod, sobrecargado de pasajeros, muebles,
artículos de uso doméstico, perros, cabras, cerdos y pollos.

Aunque al principio tenían la intención de continuar hasta su destino último, en Virginia, tal vez en la bahía de Delaware, a una distancia de 640 kilómetros hacia el sur, su largo viaje, la estación ya avanzada y la seguridad de la bahía del cabo Cod les persuadieron a
instalarse en la bahía que llamaron Plymouth. Pasaron muchos apuros
durante el primer invierno, y su número se redujo a la mitad; murieron 14 mujeres. Afortunadamente, con la ayuda de los indios, y dedi-
cándose durante la primavera siguiente al cultivo de la tierra, poco a
poco crearon una colonia autosuficiente y autónoma. Su extraordinaria
historia fue narrada por un gobernador a quien debieron buena parte
de su éxito en los primeros años, William Bradford, en *Of Plimmoth
plantation (1620-1647).*

Terranova (1610-1632)

La isla de Terranova contrasta con las dos regiones que acabamos
de examinar, porque cuando no se hicieron esfuerzos por fundar colonias desde la visita de Gilbert en 1583 hasta 1610, las pesquerías
conocían la época de su apogeo: los marineros británicos trabajaban al
lado de los de Portugal, España y Francia, y el comercio prosperaba
debido a las visitas anuales de las flotas pesqueras. Sin embargo, poco
a poco iban haciéndose más obvias las ventajas de imponer un monopolio inglés sobre las pesquerías, colonizando la isla. Inglaterra se ocupaba más que cualquier otra nación de las aguas costeras, mientras
otros preferían pescar en los bancos. Los marineros británicos ya estaban acostumbrados a pasar más tiempo en tierra, secando su bacalao
en vez de meterlo inmediatamente, sin secar y muy salado, en los barcos, y ya habían construido cabañas donde trabajar y almacenar sus
aparejos.

Quien hizo el primer esfuerzo fue un mercader de Bristol, John
Gay, que dos años después de visitar la isla, en 1608, creó la Compañía de Terranova. En el mes de julio de 1610, llevó unos a 39 colonizadores que se instalaron en el sudoeste de la bahía Concepción, en la
península Avalon. Pronto chocaron los intereses de los colonos y los

de los pescadores, que les veían como intrusos empeñados en dañar su medio de ganarse la vida. La colonia se debilitaba progresivamente, hasta extinguirse por completo hacia el año 1632. En términos generales, ésta fue la suerte de otros proyectos coloniales en Terranova durante esta época, incluso Ferryland, fundada en 1620 en el sudeste de la misma península por sir George Calvert, lord Baltimore, que pensó en abrir la colonia a sus correligionarios católicos; un plan que después realizaría su hijo en Maryland, pero los colonos de Ferryland se rindieron ante el intenso frío del largo invierno de 1628-1629.

Así pues, las zonas de pesca seguían dominando la vida y la economía de la región, empleando por lo menos 200 barcos cada año, y a unos 5.000 marineros cuando había una población permanente tan sólo de 100 a 200 colonos. Así, las aguas próximas a Terranova, y la travesía de ida y vuelta del Atlántico cada año, constituían una excelente aunque dura escuela práctica de navegación para muchos marineros británicos, cuya experiencia podía aprovechar la nación en otras empresas marítimas.

LA EXPANSIÓN COLONIAL (1634-1681)

Ya que se habían fundado definitivamente poblaciones en Virginia (Jamestown) y en Nueva Inglaterra (Plymouth), las muchas décadas de exploración y descubrimiento de los navegantes británicos se iban transformando de modo irrevocable en el avance de empresas coloniales, que rápidamente se extenderían por una gran parte de la costa oriental de Norteamérica. En adelante, acudiendo a su experiencia, el trabajo de los marineros consistiría en llevar a tierra sanos y salvos a un número cada vez mayor de colonizadores, y en traer víveres y otras provisiones a donde fueran precisas, hasta que las colonias recién creadas se hicieran autosuficientes. La exploración se reducía ahora a una observación y delineación más detallada de costas visitadas anteriormente.

En el mes de febrero de 1634, desembarcaron en la bahía de Chesapeake un grupo de unos 300 colonizadores católicos, e incluso dos jesuitas, cuya orden había contribuido con alguna ayuda financiera. Habían zarpado del río Támesis a finales de 1633 en el *Ark* (360 toneladas) y en el *Dove* (60 toneladas), al mando de Leonard Calvert, hermano del segundo lord Baltimore, a quien se le había otorgado una región que se extendía desde el río Potomac, en la costa oeste de la bahía, hasta los 40° N (el río Delaware). Por indicación del rey Carlos I, este territorio sería conocido como Maryland, en honor de su reina.

Entretanto, en Nueva Inglaterra sólo en 1628 el puritano John Endecott logró instalar un segundo núcleo de 60 discípulos cerca de Salem. En el mes de junio de 1630 se unieron a ellos unos 900 nuevos pobladores, llevados en una flota de 11 navíos aprestados por la Compañía de la Bahía de Massachusetts, el mayor número de colonizadores que hasta entonces atravesara el Atlántico hacia las colonias inglesas en un solo grupo. Pronto se trasladaron a Boston, que antes de 1642 alcanzó una población de 16.000 personas, cuyo transporte había requerido casi 200 viajes de ida y vuelta a través del océano.

Durante los años treinta, por motivos religiosos o, simplemente, para hallar nuevos terrenos, varios grupos de colonos avanzaron desde Massachusetts hacia más allá del cabo Cod, por tierra o por mar, como lo había hecho Gosnold en 1602. De esta manera, se fundaron las colonias de Providence en la bahía Narragansett (1636), de Rhode Island (1638) en la misma bahía, de Connecticut (1635) y de New Haven (1638).

Solamente en los años sesenta el rey Carlos II concedió derechos sobre un territorio entre los 29° N (hoy parte de la costa de Florida) y los 36° 30' N (al sur de la bahía de Chesapeake), que había de llamarse Carolina y que antes constituía la zona meridional de la Virginia de Raleigh. En la práctica se administraba como dos regiones: el norte, poblado en 1663 por colonizadores que bajaron a la bahía Albemarle y al cabo Fear, y el sur, poblado en 1670 por una expedición que se instaló en un lugar que denominaron Charlestown. El 29 de agosto de 1664, los colonos holandeses que habían fundado Nueva Amsterdam después del descubrimiento del río Hudson se rindieron a una expedición militar inglesa. Se le puso su nuevo nombre en honor del duque de York, hermano del rey, a cuyos amigos y socios les fue concedida la costa entre el dicho río y el Delaware, con el nombre de Nueva Jersey.

Así, todo el litoral comprendido entre Maine y Carolina vino a parar a manos inglesas, como culminación del largo esfuerzo de exploración y descubrimiento realizado, por navegantes de este país. En 1681 se inició una etapa de este progreso, cuando se le otorgó a William Penn, el joven, autoridad para fundar una nueva colonia de cuáqueros. La novedad consistía en el hecho de que la futura Pennsylvania era una zona interior, sin costa, cuyo acceso al mar se efectuaba por el río Delaware.

TERCERA PARTE

EL ATLÁNTICO SUR Y EL MAR DEL SUR

I

BRASIL Y LA FASCINACIÓN CON EL PERÚ

Los primeros viajes ingleses al Brasil (1530-1542)

Como iba a suceder más tarde en el Caribe, primero fue el deseo de establecer un nuevo comercio lo que alentó a los navegantes británicos a cruzar el Atlántico Sur, rumbo al Brasil. Unos 30 años antes de que su hijo John transportara su primera carga de esclavos africanos a La Española, William Hawkins comenzó a extender a través del océano una red comercial que ya unía Plymouth con Francia, España, Portugal y tal vez las islas Canarias. Para su realización, sin duda contaba con la información que le proporcionaban sus conocidos portugueses. También seguía el ejemplo de los comerciantes franceses, que ya tenían establecido un tráfico triangular. Solían viajar al oeste de África para hacerse con malagueta, marfil y oro, y luego, a partir de 1504, invadieron la superficial jurisdicción portuguesa en la costa oriental de Sudamérica para cargar palo brasil. No disponemos de más información que la narrada por sir John Hawkins a Richard Hakluyt, unos 50 años después de realizarse los viajes.

En 1530, William Hawkins aprestó su barco *Paul* (250 toneladas), que, a imitación de los franceses, se dirigió primero al río Cestos (ahora Cess, en Liberia), donde es probable que cargara pimienta y marfil. Tras realizar la primera travesía del Atlántico Sur hecha por navegantes británicos, cargó productos locales, principalmente palo brasil. A éste siguieron otros viajes semejantes en 1531 y 1532. En el primero se trabajaron relaciones tan amistosas con los indios que uno de sus caciques decidió acompañarlos en su viaje de vuelta a Inglaterra. Al ser presentado en la corte de Enrique VIII, resultó ser una buena publici-

dad para las empresas comerciales de la familia Hawkins. Desgraciadamente, murió en 1532, durante el viaje de regreso al Brasil. Mejor suerte tuvo un marinero británico, Martin Cockeram, que pasó un año
entre los indios del Brasil, en señal de la buena fe de sus compañeros.

Al carecer de datos exactos, debemos suponer que, al menos en la
primera expedición, William Hawkins confiaba en la experiencia de un
piloto extranjero que conocía las costas africanas y brasileñas, al igual
que haría su hijo John en el Caribe. Es probable que este piloto fuese
portugués o francés, por ejemplo Jean Rotz. Igualmente, sólo cabe pre-
sumir que la región visitada por el *Paul* se encontraba entre Pernambuco y Bahía. Puesto que la información de sir John termina en 1532,
es posible que ésta fuera la última ocasión en que su padre William
navegase personalmente al Brasil. En todo caso, no pudo haberlo hecho desde octubre de 1532, cuando era alcalde de Plymouth, y no se
ha descubierto ningún rastro que demuestre que seguía interesado por
el Brasil hasta 1536.

En una carta fechada en este año afirma que, por su propia iniciativa, ya había tenido mucho éxito en buscar «las mercancías de países
desconocidos», y solicita al monarca un préstamo de 2.000 libras para
realizar «hazañas comerciales» durante los próximos siete años en beneficio del rey. Como desde Inglaterra se exportó palo brasil a las in-
dustrias textiles de Florencia y de otras ciudades italianas durante los
años treinta, se ha interpretado la carta como una prueba de que el
comercio con el Brasil continuaba, aunque hasta 1540 no existe ninguna mención en los registros de aduana del puerto de Plymouth sobre un viaje hecho por un barco que pertenecía a la familia Hawkins.
En este año, pues, a las órdenes de John Landy (tal vez un piloto francés), el *Paul* zarpó el 25 de febrero cargado con hachas, peines, cuchi-
llos, brazaletes, paños, cobre, plomo y 19 docenas de gorros de dormir,
valorados en casi 24 libras. Volvió el 20 de octubre con «una docena
de dientes de elefante» de Guinea y 92 toneladas de palo brasil, que
valían 615 libras. Además, es probable que el *Paul* llevara pimienta y
tal vez un poco de oro.

Si éstos representan, en general, los beneficios producidos por los
viajes de William Hawkins, no es de extrañar que otros navegantes in-
tentasen emularle. Hakluyt informa de algunas expediciones realizadas
entre 1538 y 1542 por mercaderes de Southampton que emprendieron
este viaje «ventajoso y provechoso». Menciona, por ejemplo, a John

Pudsey, que fue al Brasil hacia 1538 y construyó un fuerte en la costa próxima a Bahía en 1542, y a Robert Reneger, quien, como ya vimos, más tarde habría de hacerse famoso por el apresamiento de un galeón de plata español. Una empresa anglofrancesa compuesta por el *Saviour* y el *Wolf,* que zarparon del puerto de Dieppe en 1539 y volvieron a Rye con un cargamento de productos brasileños, parece indicar que los ingleses todavía dependían de la experiencia francesa con respecto a este comercio. Pero, a diferencia de William Hawkins, estos últimos navegantes pusieron rumbo exclusivamente al Brasil, sin hacer escala en la costa de Guinea, como ciertamente fue el caso de la *Barbara,* de Londres, cuyos tripulantes optaron finalmente por piratear en el Caribe.

Doce franceses, incluido el piloto Robert Nicoll, formaban parte de una tripulación de 100 hombres a las órdenes de John Phillips, que había recibido una comisión del alcalde de Portsmouth que le prohibía robar. La *Barbara*, cargada de mercancías, se hizo a la mar el 7 de marzo de 1540, pero pronto se supo que su capitán tenía otras intenciones, cuando hicieron dos presas antes de atravesar el Atlántico. El 1 de mayo avistaron la isla de Fernando de Noronha, cerca de la costa nordeste del Brasil, y se dirigieron al cabo São Roque. Desde aquí esperaban recorrer la costa brasileña vendiendo sus mercancías y cargando productos locales, pero en realidad encontraron pocos clientes, y, además, no pudieron avanzar más allá de Pernambuco, debido a vientos y corrientes contrarios. Al regresar al cabo São Roque, se dejaron llevar por la corriente hacia el estuario del río Amazonas, donde se enfrentaron tanto a franceses como a caníbales, que les quemaron un almacén donde guardaban algodón. Dañada la *Barbara* por haber encallado contra unas rocas, pusieron rumbo al noroeste, pasando por el golfo de Paria, entre Trinidad y el continente, antes de entrar, como ya vimos, en el Caribe. Al parecer, sabían que era difícil regresar a Inglaterra directamente desde la costa norte del Brasil a causa de los vientos alisios, procedentes del nordeste. Al contrario que otras expediciones del reinado de Enrique VIII, los marineros británicos que se dirigieron al Brasil lograron romper las divisiones exclusivistas impuestas por el Tratado de Tordesillas, y abrieron nuevas y lucrativas rutas transoceánicas. Es poco probable que estos viajes terminaran de repente en los años cuarenta, pero hay un vacío total en los documentos que han salido a luz con respecto a los siguientes 30 años.

Las primeras noticias sobre el Mar del Sur y Perú (1526-1589)

De resultas de sus viajes al Brasil, los navegantes británicos se iban familiarizando poco a poco con los vientos, las corrientes y los lugares en que podían proveerse de víveres en una costa no siempre acogedora, de modo que iban adquiriendo mayor confianza para ir aún más lejos, hasta el Mar del Sur y el Perú. En efecto, los estímulos para ello y los primeros pasos hacia su realización son anteriores a la primera expedición de William Hawkins al Brasil, ya que en 1526 los mercaderes Robert Thorne y Roger Barlow convinieron en patrocinar una expedición bajo la dirección de Sebastián Caboto, que iba a visitar el Mar del Sur y las Indias Orientales tras doblar el estrecho de Magallanes.

Thorne afirmó su intención de enviar con la flota a «dos amigos míos ingleses bastante instruidos en la cosmografía», que eran Barlow y un piloto llamado Henry Patmer (o Latimer), con el objeto de que se hicieran expertos en la navegación y cartografía del Pacífico y se informaran sobre los países que visitarían. Como principales destinos se mencionan Ofir, Tarsis y el Catay Oriental.

Caboto, en realidad, no avanzó más allá de los ríos Plata y Paraná, pero así y todo ayudó a ampliar los conocimientos ingleses de Sudamérica, pues en 1541 Barlow terminó su *Briefe summe of geographie*. Aunque en su mayor parte inspirado en la obra de Martín Fernández de Enciso *Suma de geographia* (1519), contiene información adicional con respecto al Río de la Plata, así como descripciones de las costas del Brasil. Uno de los factores que habían persuadido a Caboto para abandonar el derrotero de Magallanes, eran las noticias de una sierra rica en metales preciosos al oeste de dicho río. También Barlow, además de observar que las mujeres indias llevaban adornos de oro y plata, anuncia que hay «un monte donde dicen que vive un rey y donde hay oro y plata en gran abundancia, y todas sus vasijas y los banquillos en que se sienta son de oro y plata». Estas noticias aisladas, recogidas aun antes de que los famosos cronistas narraran la conquista del Perú por Pizarro, vendrían a constituir el principal aliciente para atraer a los navegantes británicos al Mar del Sur. Tampoco hay duda de que, al realizar sus observaciones del sol a mediodía, Barlow y Patmer se tomaban muy en serio la misión de perfeccionarse en la navegación por el océano al sur de la línea equinoccial.

Desde luego, España había conseguido, antes de mediados del siglo, extender su dominio a lo largo de las costas peruanas desde Panamá hasta el Chile central, mientras que en la región del Río de la Plata prosperaba un núcleo de población en Asunción. Sin embargo, más allá de Concepción, los 1.600 kilómetros de costa del Mar del Sur en su mayor parte quedaban fuera de la jurisdicción española, al igual que el estuario del Río de la Plata hasta repoblarse Buenos Aires en 1580, y también los 3.900 kilómetros de costa hasta el estrecho de Magallanes.

En estas zonas fronterizas había tierras semiexploradas, pobladas, según personas de fecunda imaginación, por seres míticos, como los gigantes patagones descritos por Pigafetta, o en las cuales se creía que había enormes tesoros de oro y plata. Ya en el Perú, los sueños de un «rey blanco» fabulosamente rico y de una sierra de plata se habían convertido en realidad a causa del tesoro de Atahualpa, el saqueo de Cuzco y el descubrimiento, en 1545, del monte de plata de Potosí [1].

Según Sebastián Caboto, sólo unos cinco años después John Dudley, duque de Northumberland, le había hecho preguntas insistentemente sobre el Perú, pues había concebido un proyecto para emprender una arriesgada exploración desde el interior de la América del Sur, enviando por el río Amazonas una flotilla de pinazas y a más de 4.000 hombres.

Transcurridos otros 20 años, mientras en Inglaterra las pocas noticias del Perú seguían aguzando el apetito de aventureros y mercaderes, y cuando la derrrota de John Hawkins en San Juan de Ulúa había suscitado deseos de venganza contra las colonias españolas, cada vez se discutían más frecuentemente proyectos para realizar incursiones en esas lejanas tierras. El 19 de abril de 1570, el embajador español en Londres escribió a Felipe II comunicándole noticias sobre un portugués, Bartolomé Bayão, que había presentado un plan al Consejo Privado

> para ocupar y colonizar uno o dos puertos en el reino de Magallanes, a fin de tener entre sus manos el comercio del Mar del Sur así como para aproximarse tanto como quisieran al Perú.

---

[1] Aleixo García había partido de la costa atlántica del Brasil, probablemente en 1524, en busca del «rey blanco». Viajó por el río Paraguay hacia Asunción, y luego al noroeste de Bolivia.

Igualmente a fines de esa década, en un folleto escrito entre 1579 y 1580, Richard Hakluyt declaró que

> el estrecho de Magallanes es la principal puerta de entrada al tesoro tanto de las Indias Orientales como de las Indias Occidentales. Y quien sea dueño de este estrecho también puede considerarse dueño de las Indias Occidentales.

Así, recomienda que se envíe allí al célebre pirata Thomas Clarke, bajo promesa de indulto. Aunque «para colorear el asunto debe ir como pirata y no autorizado por el gobierno inglés», una frase que resume la actitud oficial y a la vez poco honrada de Isabel I con respecto a las posesiones españolas en el Nuevo Mundo. Es el mismo Hakluyt quien describe las atracciones de Chile, «la famosa provincia de Arauco, de una riqueza magnífica y llena de minas de oro», así como «el oro puro y fino de Valdivia».

EL PROYECTO DE RICHARD GRENVILLE (1574)

Richard Hakluyt es una fuente imprescindible para alcanzar a comprender los motivos y las aspiraciones de los aventureros marítimos ingleses que fueron atraídos al Mar del Sur en las últimas décadas del siglo XVI. Sin embargo, no fue el pirata Clarke, sino Francis Drake, quien irrumpió en este océano, bajo la inspiración de una propuesta de Richard Grenville, que, antes de desempeñar un papel en los proyectos norteamericanos de Walter Raleigh, dirigiría la atención de los marinos británicos hacia el sur. Fue el 22 de marzo de 1574 cuando fueron presentadas a la reina peticiones formuladas por Grenville, por terratenientes y mercaderes del sudoeste, e incluso por William Hawkins el joven, en las que pedían permiso para «descubrir, disfrutar y comerciar» con las tierras al sur de la línea equinoccial no pertenecientes ni dominadas en ese momento por ningún monarca cristiano. Al insistir en los aspectos pacíficos de su propuesta, tales como la creación de nuevos mercados para las manufacturas inglesas, la expansión de la fe y la necesidad de encontrar una ocupación para los desempleados, Grenville respondía al clima político de entonces, pues antes de regresar Drake de su saqueo de Nombre de Dios en abril de 1573, se habían iniciado en 1574 negociaciones para terminar con las causas pendientes de las disputas con España que existían desde 1569 y se firmó el Tratado de Bristol, de manera que era fundamental convencer a Isabel I de que su proyecto no ofendería ni perjudicaría a los españoles.

Se pueden resolver las dudas sobre los proyectos concretos de Grenville consultando las declaraciones ante la Inquisición de Lima de los marineros británicos que atravesaron el istmo de Panamá en la expedición de Oxenham en febrero de 1579, que son importantes como indicación de las ambiciones marítimas de sus compatriotas en el Atlántico Sur y en las costas de Chile. John Butler, o «Chalona», confesó que Grenville había pedido licencia para poblar la costa comprendida entre el Río de la Plata y el estrecho de Magallanes, y no el Mar del Sur o Perú, aunque la reina vacilaba en autorizar la empresa, pues no quería empeorar las relaciones con Felipe II. Sin embargo, el propio Oxenham contradijo esta afirmación cuando admitió que Grenville buscaba un permiso

> para venir al estrecho de Magallanes y pasar a la Mar del Sur y buscar tierra donde poblar, o algunas islas, porque en Inglaterra hay mucha gente y poca tierra luego repitió que lo que trataba el Granfil [Grenville] era que viniesen a poblar cerca del estrecho en el Río de la Plata y después pasarían el estrecho y poblarían donde hallasen buena tierra para poblar.

En suma, parece justo suponer que Grenville quería explorar y tomar posesión de la costa de lo que ahora se llama cono sur de Sudamérica, tanto en el Atlántico como en el Pacífico, especialmente la provincia de Arauco. Sin embargo, estas opiniones no concuerdan con el punto de vista de ciertos historiadores, que dan a entender que el verdadero objetivo de Grenville era localizar la mítica Terra Australis Incognita, o el continente austral, que algunos creían que se encontraba en una zona del enorme espacio del océano descubierto por Magallanes. Realmente, esta afirmación no figura en ningún proyecto inglés de la época, y su representación como una masa de tierra de proporciones continentales sólo se hace común con los mapas de Mercator (1569) y de Ortelius (1570). Posteriormente continúa en colecciones de mapas hasta la época del capitán James Cook, extendiéndose desde el estrecho de Magallanes hacia el noroeste, desde los 50° hasta los 20° S, aproximadamente [2].

Como una observación que revela el nivel de los conocimientos geográficos de Inglaterra, y también los siguientes objetivos de Drake, vale la pena recordar que cuando se le preguntó a Oxenham cómo volverían los intrusos a su país, respondió que creía que sería por el mismo estrecho de Magallanes, si bien otros sugerían que se podía seguir un derrotero a través de otro estrecho para desembocar en el Mar del Norte.

Después de estas reflexiones, lo único que quedaba por hacer era esperar a que se permitiera poner a prueba estas teorías a una expedición inglesa. Cuando regresaron del istmo de Panamá en 1573, Drake y Oxenham discutieron las respectivas ventajas de acercarse al Perú a través del istmo o por el estrecho meridional. Oxenham optó por el istmo en 1576, finalmente con trágicos resultados. Y la reina, tras haberle concedido a Grenville una patente para fundar colonias con tal que no estuviesen en tierras que pertenecieran al rey Felipe, la revocó al saber que más allá del estrecho había poblaciones españolas. Más tarde, en 1576, Grenville presentó un documento a sir William Cecil, lord Burghley, en el cual defiende la idea de una expansión inglesa hacia el sur, a modo de respuesta al *Discurso* de sir Humphrey Gilbert sobre el paso del noroeste y al primero de los viajes realizados por Martin Frobisher para descubrirlo. Ahora, Grenville se preguntaba si no sería más prudente aclarar estas dudas explorando el paso desde el lado pacífico, a través del supuesto estrecho de Anián. Sería necesario hacer un viaje mucho más extenso por el estrecho de Magallanes y a lo largo del litoral occidental de América, pero, afirma, por aguas mejor conocidas y regiones templadas, evitando así el intenso frío y los bancos de hielo.

Cuando se consideran en conjunto los dos proyectos de Grenville de 1574 y 1576, constituyen una nueva visión de la expansión maríti-

---

[2] Otra interesante fuente de información sobre el Mar del Sur fue Henry Hawks, residente en México desde 1567 hasta 1571. Volvió a su patria en 1572 con noticias sobre el viaje de Álvaro de Mendaña, que partió de El Callao rumbo al oeste-sudoeste en 1567 en busca de la Terra Australis Incognita. En efecto, descubrió las islas de Oro (o la tierra de Ofir, de donde el rey Salomón obtuvo sus riquezas), que creía el borde de un continente.

ma inglesa para controlar las vías de acceso al Pacífico desde el norte y el sur, y tal vez algunas de las tierras entre ambas. Finalmente, se concretaron en uno de los viajes más famosos jamás realizado por un navegante británico, y siguieron influyendo en la empresa marítima del Mar del Sur hasta fines del siglo xvii.

II

FRANCIS DRAKE Y SU FAMOSO VIAJE DE CIRCUNNAVEGACIÓN (1577-1580)

El borrador del proyecto y sus objetivos

Sir Francis Drake sigue siendo uno de los más ilustres héroes populares de su nación, y uno de sus más distinguidos navegantes. Su gran aprecio y popularidad proceden, en primer lugar, no de sus aventuras en el Caribe, sino del viaje que fue la segunda circunnavegación del globo, y luego por su participación en el combate contra la Armada Invencible. A pesar de esta fama y del interés crítico que ha despertado, quedan por discutir importantes controversias acerca de su circunnavegación. Por consiguiente, debemos examinar las finalidades de la empresa, el asunto Doughty, la deserción del capitán Winter, la primera vista de tierra en el Mar del Sur, la situación de su Nueva Albión, la placa de bronce y el botín que entregó a la reina. Empecemos con la primera de estas cuestiones.

En el Museo Británico se encuentra un documento dañado por el fuego, que se suele llamar borrador del proyecto, y que probablemente fue escrito en la primavera o en el verano de 1577. Leyendo la versión reconstruida convincentemente en 1929 por su descubridora, la profesora Eva G. R. Taylor, vemos que a Drake se le ordenó pasar por el estrecho de Magallanes (en los 52° S) y luego avanzar hasta los 30° S «por la dicha costa tanto como la otra», para traficar en regiones todavía no sujetas al dominio de ningún príncipe cristiano [1]. Desde este

---

[1] E. G. R. Taylor, «More light on Drake», *The Mariner's Mirror*, 16, 1930, páginas 134-151.

mismo lugar, si en efecto decidiera ir tan lejos de resultas de lo que descubriera, debía emprender el viaje de retorno, por la misma derrota, empleando 13 meses en todo el viaje y cinco en dicha costa. De todas las interpretaciones, la más digna de crédito es la del profesor K. R. Andrews, que propone que «la dicha costa» y «la otra» se refieren a las costas oeste y este de las zonas meridionales de la América del Sur, por lo que era de esperar que Drake reconociese la costa más allá del Río de la Plata, el estrecho de Magallanes y el litoral chileno, hasta los 30º. Casi 100 años más tarde, otra expedición inglesa compartiría estos mismos objetivos. El plazo de 13 meses que debía respetar presupone, naturalmente, que volvería a Inglaterra por la misma ruta, y no después de atravesar el Pacífico.

Evidentemente, este proyecto se parece, en general, al de Grenville de hacía tres años, y los que habían mostrado su interés por ese plan figuran entre los financiadores del viaje de Drake. Sin embargo, hay quienes fijan la atención en otras tres posibles interpretaciones: la idea de que la «dicha costa» se refiere a la Terra Australis Incognita, el intento desde el principio de continuar hasta las Indias Orientales, y la oportunidad para buscar el estrecho de Anián. Desde luego, en el borrador no se alude a ninguna de estas ideas, aunque no es imposible que las instrucciones fuesen modificadas antes de que Drake se hiciera a la mar.

En cuanto a la primera teoría, es verdad que la jurisdicción española en la costa occidental de Sudamérica se extendía más allá de los 30º S, hasta Valdivia, en los 39º 46º S, mientras en los mapas de Mercator (1569) y Ortelius (1570) a la salida del estrecho por el Mar del Sur se prolongaba otra costa despoblada, esto es, la Terra Australis, pero, como hemos indicado, ésta no se orienta al norte, sino primero hacia el oeste y luego al noroeste, en dirección a las Indias Orientales. Con respecto a la teoría de que éstas eran la meta original de la expedición, no hay ninguna mención de esta posibilidad hasta que Drake ya había desembocado en el Mar del Sur y reconocido cuán peligroso podría ser regresar por ese estrecho. Según parece, ninguna de estas interpretaciones concuerda con la frase del borrador que dice que debe «volver a su país por la misma ruta en que se fue». La cuestión de un paso septentrional entre los dos océanos se debatía mucho entonces, Martin Frobisher pensaba que lo exploraba, y Grenville apoyó hacía poco el proyecto de acercarse a él desde la costa pacífica. Sin embargo, esto sólo resulta ser un posible objetivo de Drake después de superar el límite de los 30° S y alcanzar las costas norteamericanas, a menos que, de nuevo, se hubieran enmendado las instrucciones del borrador.

La manera más satisfactoria de conciliar estos puntos de vista encontrados es situar la nueva empresa de Drake en el contexto de sus propias expediciones y de la de Oxenham de los años setenta. Aún deseaba vengarse de los daños sufridos por los navegantes británicos, y a la vez descubrir el mejor derrotero para llegar al Perú. Por tanto, su propósito era observar, explorar y dibujar las costas en ambos lados del estrecho de Magallanes. No obstante, siendo como era un oportunista, jamás perdería cualquier ocasión para enriquecerse, especialmente en la costa de un Perú de fama legendaria.

¿Pero debemos ahora continuar tomando en serio las reservas de Isabel I en lo que respecta a permitir que sus navegantes entraran ilegalmente en territorios bajo el dominio de príncipes cristianos? En realidad, debido a un resurgimiento de los conflictos en los Países Bajos, la reina abrigaba menos esperanzas de mejorar las relaciones con España que cuando rechazó el proyecto de Grenville, en 1574. Sin embargo, rehusó contribuir con su navío *Swallow*, que le habían pedido los armadores de la futura expedición, apartándose de una participación pública y posiblemente sospechando las futuras actividades piráticas. Tampoco ha salido a la luz ninguna prueba irrefutable en defensa de la teoría de que Drake y la reina, juntos, organizaron el proyecto, y de que en secreto a él se le había entregado una patente, si bien varios de los españoles apresados por Drake declararon después que él les había informado de que «venía a robar por mandato de la reina de Inglaterra, y traía sus armas y provisión».

Por otra parte, como ocurrió en el caso de los viajes a las Antillas, seguramente se persuadió a Isabel para invertir dinero en la empresa, una vez constatado públicamente que los objetivos de la misma eran reconocer tierras no dominadas por España. En el borrador se sugiere que «su majestad debe ser informada de la verdad sobre el viaje, pero se le debe dar la apariencia de tener como destino Alejandría», y con este fin se compró un permiso a los turcos. Todos estos subterfugios están totalmente de acuerdo con la idea de que los financiadores de Drake esperaban que obtuviera algo más que simplemente cubriera los gastos de la expedición, aun si fuera imprescindible recurrir a la fuerza de las armas. Y si los españoles le presentaran sus quejas, la reina podría negar que había estado enterada de los propósitos de su capitán, y, al mismo tiempo, embolsarse su parte del botín. Si los objetivos eran completamente pacíficos, es extraño que los principales financiadores fuesen hombres que desde hacía muchos años abogaban por agresivas campañas marítimas contra España.

Los navíos y sus tripulantes

Al principio, la expedición estaba compuesta por el *Pelican* (capitana), de unas 120 a 150 toneladas y 18 cañones, más tarde bautizado *Golden Hind*; la *Elizabeth* (almiranta), de 80 toneladas y 16 cañones, al mando de John Winter; el *Marigold*, de 30 toneladas y 6 cañones, cuyo capitán era John Thomas; el filibote *Swan*, de 50 toneladas y 5 cañones, que servía de buque de abastecimiento, a las órdenes de John Chester; el *Bark Benedict* (o *Christopher*), de 15 toneladas, que llevaba por capitán a Thomas Moone, y cuatro pinazas desmanteladas. Antes solía decirse que el *Pelican* tenía líneas francesas, pero ahora se piensa que fue construido en Devon no hacía mucho por orden de Drake, para su uso personal; de proa a popa medía, aproximadamente, unos 22 metros, y 5,5 de manga, de forma que no era muy grande, a juzgar por las normas del día, aunque era un buque fuerte y bien armado [2].

Como máximo, la dotación total consistía en unos 160 hombres, 80 de ellos en el *Pelican*, o sea, más o menos un hombre por cada dos toneladas, lo que era necesario en largos viajes de corso, durante los cuales moría mucha gente. Aparte de un cimarrón llamado Diego, la

---

[2] Para la controversia sobre las dimensiones, véase F. C. P. Naish, «The mystery of the tonnage and dimensions of the *Pelican-Golden Hind*», *The Mariner's Mirror*, 34, 1948, pp. 42-45, y G. Robinson, «The evidence about the *Golden Hind*», *The Mariner's Mirror*, 35, 1949, pp. 56-64. La descripción más detallada de los navíos ingleses fue escrita por el piloto portugués Nunho da Silva, quien también declara que Drake solía consultar un libro en francés, otro en inglés y una relación del viaje de Magallanes. Naturalmente, existen varios pareceres sobre su identidad, pero podrían haber sido la traducción francesa (1554) del *Arte de navegar* de Medina, o la *Cosmographie* de Thevet; la traducción al inglés de Richard Eden (1561) de M. Cortés, *Breve compendio de la sphera y de la arte de navegar* (1551); y A. de Pigafetta, *Primer viaje alrededor del mundo* (¿1525?). Además del mapa de Ortelius (1570), llevaba también otro portugués, tal vez trazado en Lisboa por Fernão Vaz Dourado.

mayoría eran ingleses e irlandeses, entre los que figuraban Thomas y John Drake, hermano menor y sobrino de Francis, William Hawkins el joven, sobrino de John, el pastor Francis Fletcher, que escribió un detallado diario, varios trompetistas y violeros, y unos diez caballeros, los más eminentes de los cuales eran los hermanos Doughty. Según el borrador, el sindicato que financiaba la empresa estaba constituido por el Secretario de Estado, sir Francis Walsingham, Robert Dudley, conde de Leicester, y sir Christopher Hatton, los dos protegidos de la reina, Edward de Clinton, conde de Lincoln y almirante mayor, sir William Winter, inspector de la marina real, y su hermano George, que contribuyeron con 750 y 500 libras respectivamente, y John Hawkins, que aportó 500 libras. La contribución de Drake fue la considerable cantidad de 1.000 libras, fruto de sus viajes de corso.

El viaje hasta el estrecho de Magallanes

La flota de Drake se hizo a la vela en Plymouth el 15 de noviembre de 1577, pero a causa de una tempestad en seguida se vio obligada a volver a puerto, donde se quedó hasta el 13 de diciembre. El día de Navidad ya habían llegado a la costa de Marruecos, donde Drake reveló por primera vez sus objetivos. Luego, mientras bordeaban la costa africana, apresaron varios buques españoles y portugueses de pesca y cabotaje; decidieron guardar uno y sustituir el *Bark Benedict* por otro. A fines de enero de 1578, lograron hacer una presa portuguesa más importante, la *Maria*, de unas 100 toneladas, que transportaba vinos, telas y otras mercancías de Oporto al Brasil, y era guiada por el piloto Nunho da Silva, cuya relación proporciona detalles inestimables. Todos estos injutificables episodios constituían actos de piratería, ya que Drake no poseía ninguna patente de corso contra estos barcos.

Zarpando el 2 de febrero de las islas de Cabo Verde, atravesaron las calmas ecuatoriales, pasando 63 días sin ver más tierra hasta avistar la costa del Brasil, aproximadamente en los 31° 30' S (cerca de Porto Alegre), el 5 de abril. Durante 15 días exploraron el estuario del Río de la Plata hasta el 25 del mes, y luego, durante unas diez semanas, reconocieron detenidamente la costa de Patagonia casi hasta alcanzar el estrecho de Magallanes, perdiéndose de vista los unos de los otros, envueltos en densas nieblas. Volviendo el rumbo hacia el norte, se reunieron en Puerto Deseado, donde se detuvieron otras dos semanas, aprovisionándose de carne de pingüino y de foca, y, al mismo tiempo, trabando amistosas relaciones con los patagones, a los que no atribuyeron ninguna característica extraordinaria. El 20 de junio echaron anclas en el puerto de San Julián, donde varios sucesos iban a poner a prueba las dotes de mando de Drake. Cuando desembarcó con cinco hombres, encontró un espectáculo de mal agüero, la horca levantada por Magallanes, entonces caída en el suelo, con huesos humanos a sus pies. Además, en esta ocasión dos marineros murieron por las flechas disparadas por unos indios de aspecto «repulsivo».

«Estando terminada esta tragedia sangrienta, otra más penosa sigue», escribe Fletcher. «La llamo más penosa porque entre nosotros mismos empezó, continuó y acabó». Esta frase alude a la célebre crisis de disciplina que Drake resolvió firmemente, aunque algunos dirían que de forma despiadada y cruel. Pero al igual que Magallanes, que vino antes, y los holandeses que vinieron después, no estaba en absoluto dispuesto a tolerar las a menudo frecuentes rachas de tumultos en un ambiente tan inhóspito como el Atlántico Sur, aun entre navegantes y caballeros que esperaban ir a Alejandría. Drake y Thomas Doughty, antiguo secretario de sir Christopher Hatton, al principio del viaje eran amigos, después de haber compartido las mismas experiencias en Irlanda. Pero al nombrarse a Doughty capitán de la presa *Maria*, hubo conflictos entre él y Thomas Drake, que le acusó de haber hurtado objetos valiosos del cargamento. Fue trasladado al *Pelican* como capitán, donde riñó con la gente de Drake, y luego, ya en desgracia, al *Swan*. Según el testimonio (o más bien rumores) presentado durante su proceso, Doughty empezó a hacer correr murmuraciones contra la conducta de su comandante. La alegación de que recurría a la brujería para salirse con la suya parecía ser ratificada por él mismo, al jactarse de que poseía poderes ocultos. Tampoco cabe duda de que, en el momento de hacer valer su autoridad, Drake simpatizaba más con el navegante común, cuyo origen y experiencias conocía, que con Doughty y los otros caballeros aventureros, que se adherían a la insubordinación y, además, tenían poco conocimiento de la vida marítima.

De este modo se trataba esencialmente de una cuestión de indisciplina y de un supuesto motín, que indujo a Drake a juzgar a su antiguo amigo. Sin embargo, y de un modo sorprendente, Doughty reveló espontáneamente mientras se le interrogaba que había comunicado el objetivo del viaje al tesorero Burghley, lo cual podría interpretarse como un acto de traición en el sentido de que había revelado el secreto acordado entre Drake y la reina. De todos modos, el tribunal, formado por 40 oficiales y caballeros, le declaró culpable de haber conspirado para derrocar a Drake, y pronunciaron la sentencia de que «sería poco prudente permitir que viviera». No existe ninguna prueba definitiva, como han sugerido algunos, de que el antagonismo entre Drake y Doughty naciese de cuestiones de principios, esto es, que el acusado se opusiera a las actividades piráticas en la costa de África y a la perspectiva de repetir semejantes actos de hostilidad en el Mar del Sur.

Doughty optó por ser decapitado, antes que abandonado en una isla o enviado a Inglaterra, donde habría de enfrentarse de nuevo con las acusaciones. La sentencia se cumplió el 2 de julio, dando origen a la famosa frase de Drake «¡He aquí el fin de los traidores!» De todos modos, fue un incidente desagradable y tal vez injusto, pero, desde el punto de vista del futuro del viaje y del mando de Drake, su conclusión era tan inevitable como segura. Cuando volvió a afirmar su autoridad en un significativo discurso dirigido a todos, dijo que «el caballero debe halar y tirar al lado del marinero, y el marinero al lado del caballero», una frase de auténtico sentido revolucionario [3].

Abandonando entonces los otros barcos, el *Pelican*, la *Elizabeth* y el *Marigold*, se alejaron del puerto de San Julián el domingo 17 de agosto, y tres días después, cerca del cabo Vírgenes, estaban esperando un viento favorable para entrar en el estrecho de Magallanes. Aunque los supersticiosos navegantes a veces decían que traía mala suerte, celebraron su llegada dando al *Pelican* un nuevo nombre, más famoso, de *Golden Hind*, que procedía del escudo de armas de Christopher Hatton, y es seguro que se hizo intencionadamente, para ganar su favor. La entrada en el estrecho el 26 de agosto les trajo buena suerte, pues atravesaron ese laberinto de canales poco explorados en el breve espacio de 16 días, y en pleno invierno; Magallanes había tardado 37

---

[3] Otros intérpretes han afirmado que Doughty había sido introducido en la expedición como agente de Burghley, a quien no se le había invitado a invertir dinero en la empresa ni se le había informado de sus intenciones, porque era demasiado cauteloso y temía provocar una guerra con España. En este caso, la misión de Doughty sería socavar la autoridad de Drake y volver a Inglaterra antes de que hicieran cualquier daño; en resumen, una proposición poco probable.

días. Incluso de vez en cuando hicieron aguada y se aprovisionaron de pingüinos, matando hasta 3.000 en un solo día en varias islas, una de las cuales todavía lleva el nombre de Isabel que le puso Drake. La buena fortuna venía de no haber encontrado los fuertes vientos contrarios que predominan en la segunda parte de la travesía. Se ha afirmado que Drake logró curar el escorbuto que padecían sus tripulantes, dándoles jugo de hierbas mezclado con vino.

LAS COSTAS DE CHILE Y PERÚ

De repente, en el Mar del Sur las cosas empeoraron, pues el océano estaba poco en calma. Sin embargo, Drake había procurado anticiparse a las consecuencias de esta situación, al mandar a sus capitanes que, en caso de separarse, se dirigieran a un punto de reunión en la costa de Sudamérica, más o menos en los 30° S. Aunque, en efecto, durante tres días recorrieron todos juntos unas 70 leguas, rumbo al noroeste y no en busca de la Terra Australis Incognita, por fin fueron empujados hacia el sur durante tres espantosas semanas. Luego, en la noche del 30 de septiembre, en los 57° S, el *Marigold* desapareció, con su tripulación de 28 marineros y tres oficiales, tal vez buscando después refugio en el estrecho. Nunca se les volvió a ver.

Para el 7 de octubre, ya que el viento había amainado y el mar se calmó, el *Golden Hind* y la *Elizabeth* habían podido llegar hacia el norte, para fondear en una bahía abierta al norte del cabo Deseado, en los 51° S. Pero a la mañana siguiente aparentemente les sucedió otra tragedia, cuando descubrieron que la *Elizabeth* había desaparecido [4]. En realidad, este barco encontró refugio en la entrada del estrecho, donde

---

[4] Uno de los sucesos más curiosos ocurrió el mismo día en que desapareció la *Elizabeth*, cuando por alguna razón desconocida Drake mandó que ocho marineros embarcasen en una chalupa y que esperaran sus órdenes. Cuando esa noche perdieron de vista al *Golden Hind*, empezaron las extraordinarias aventuras de Peter Carder de Saint Verian (Cornualles). La chalupa atravesó el estrecho de Magallanes e hizo escala en San Julián y otros puertos de esa costa antes de acercarse al Río de la Plata. Aquí dos marineros fueron hechos prisioneros por los indios, y muertos otros cuatro. Poco después naufragó la chalupa, murió el séptimo marinero y Carder marchó rumbo al norte, atravesando aldeas de caníbales, hasta llegar a Bahía. Por fin volvió a Inglaterra, en noviembre de 1586. Purchas, tomo XVI, cap. V.

sus tripulantes se quedaron varios días encendiendo hogueras para atraer la atención de sus compañeros. Luego, se trasladaron durante tres semanas a otro fondeadero más seguro, hasta que finalmente resolvieron zarpar el 11 de noviembre, llegando a Inglaterra en junio de 1579. ¿Es que el capitán Winter abandonó deliberadamente a Drake, o no tenía más remedio? De nuevo los datos se contradicen y son poco concluyentes. Dos relaciones independientes declaran que el propio Winter tomó la decisión de regresar a Inglaterra, mientras que el capitán de la *Elizabeth*, por el contrario, en una narración escrita por él mismo para justificar su conducta, explica que «desesperando de encontrar un viento favorable para ir al Perú», propuso a sus hombres poner rumbo al este para llegar a las Molucas doblando el cabo de Buena Esperanza, «adonde el capitán Drake me informó que iría cuando yo estaba a bordo de su navío por última vez». No es de extrañar que rechazaran, si de hecho se les hizo, esta poco probable propuesta. Lo más importante es que ésta es la primera mención de las Indias Orientales como el destino verdadero del viaje. Como no figura en el borrador, debe de haberse incluido en una estrategia posterior o secreta. Si no, tal vez se trate de una decisión adoptada sobre la marcha por Drake, que no deseaba exponer de nuevo a tantos peligros a sus navíos, tras haber experimentado las tormentas y mares tempestuosos al salir del estrecho de Magallanes.

Mientras tanto, volviendo a los hechos, e inmediatamente a otra controversia, el solitario *Golden Hind* de nuevo fue llevado por los vientos hacia el sur, hasta los 55° 57′ S, y luego al este, donde el 20 de octubre fondeó al abrigo de una isla. Las especulaciones de los historiadores han dado lugar a varias teorías sobre su identidad, pero lo más probable es que fuera la isla Henderson [5]. Sea o no así, cuando Drake regresó a Inglaterra pudo revelar que lo que existía más allá del estrecho de Magallanes no era un continente, sino un archipiélago (al cual dio el nombre de Elizabethides en honor a la reina), y que si existía una Terra Australis Incognita, ésta debía de encontrarse en una posición más austral que aquella en la que se la situaba en los mapas de entonces. No obstante, durante mucho tiempo los cartógrafos se obs-

---

[5] Las otras posibilidades son las islas Diego Ramírez y Hermite, y, menos probablemente, el cabo de Hornos.

tinaron en negar el significado de este descubrimiento, los sucesores de Drake no se aprovecharon del hecho de que los océanos Atlántico y Pacífico se mezclaban en mares abiertos, y así el punto más austral de Sudamérica no se descubrió hasta la llegada de los holandeses Willem Schouten y Jacob Lemaire, en 1616.

Después de pasar una semana entre estas islas, el *Golden Hind* partió rumbo al Perú el 30 de octubre, a fin de alcanzar el punto de reunión en los 30° S, navegando al noroeste para doblar el abultamiento que figuraba en los mares de entonces en la costa de Chile. Cuando Drake se dio cuenta de que estaban equivocados, viró hacia el norte y se acercó a la isla de Mocha el 25 de noviembre. Como parecía que los indios eran amistosos, desembarcó con 11 marineros, pero fueron recibidos por nubes de flechas «tan densas como mosquitos bajo el sol». Dos fueron capturados, todos acabaron heridos, incluido Drake, bajo el ojo derecho, y otros dos murieron después a causa de sus heridas. Probablemente porque comprendió que les habían confundido con los españoles, Drake no consintió que se castigara a los indios. Por otra parte la isla se describe como «un lugar fértil estupendamente rico en oro», lo cual, desde luego, realzaba sus atractivos, y había de atraer más tarde a otros ingleses y holandeses, que se dieron cuenta de su conveniencia como base para sus actividades antiespañolas.

El *Golden Hind* había avanzado hasta Quintero, en la costa chilena, cuando un pescador indio les informó de que había un navío anclado en el puerto de Valparaíso. Volviendo sobre sus pasos, ya habían empezado a abordarlo el 5 de diciembre cuando sus tripulantes descubrieron que eran ingleses. Se dice que era nada menos que la capitana de Álvaro de Mendaña, cuando descubrió las islas Salomón en 1568. De resultas de saquear tanto el navío como el puerto, acumularon un botín de 24.000 pesos de oro de Valdivia, «de donde viene el mejor oro de todo el Perú», y 1.770 botijas de vino chileno, del cual los diaristas británicos parecen haber escrito la primera confirmación de su buena calidad. Llevándose la presa y, lo que era más importante, a su piloto, Juan Griego, avanzaron lentamente rumbo al lugar de reunión, en los 30° S, cerca de Coquimbo, donde Drake decidió esperar una semana en caso de que se reunieran con ellos sus compañeros en la *Elizabeth* y el *Marigold*. Se ha especulado mucho sobre si el griego era Apostolos Valerianos, más conocido como Juan de Fuca, que realizó viajes por el Nuevo Mundo y dio su nombre a un estrecho en la costa pacífica de Norteamérica. La población de esta zona de la costa chilena ya había sido prevenida de la presencia de un buque inglés, y se habían retirado tierra adentro las mujeres y los niños. Sin embargo, al desembarcar varios ingleses en busca de agua, de repente les atacó un grupo de españoles a caballo, matando a John Minivy, cortándole la cabeza y llevándosela como trofeo de guerra. El 20 de diciembre fondearon en la bahía Salada, a la altura de Copiapó, y tardaron un mes en carenar el *Golden Hind*, en sacar de la bodega varios cañones y montarlos y en armar una de las pinazas.

Cuando volvieron a zarpar rumbo al norte el 19 de enero, Drake ya había resuelto que no valía la pena esperar a sus compañeros. Ahora, listos para combatir, navegaban más rápidamente, como si hubieran decidido emprender una campaña de asaltos contra los navíos peruanos antes de que se extendieran las noticias sobre sus actividades. Hasta este momento, en que vio frustradas sus esperanzas con respecto al *Marigold* y a la *Elizabeth*, es posible que Drake estuviera pensando en atacar Panamá. En lugar de esto, el 4 de febrero, en Tarapacá, sacaron 13 barras de plata de las alforjas de unas llamas mientras su dueño dormía. El diarista Fletcher escribe con sarcasmo: «no pudimos seguir mirando a un caballero español convertido en arriero». Al día siguiente, en Arica, donde la plata de Potosí empezaba su transporte por mar a Panamá, robaron 300 botijas de vino, una caja de reales y más de 30 barras de plata, y quemaron un navío. Luego, el día 13, mientras se aproximaban a El Callao, el capitán de un barco de cabotaje les informó de que había dos navíos en ese puerto cargando plata, y que otro, la *Nuestra Señora de la Concepción* (groseramente denominado *Cacafuego*) del capitán San Juan de Antón, se había hecho a la vela hacía poco, rumbo al norte cargado de plata [6]. Hasta ese momento, a pesar de que ya habían empleado más de cinco meses en cumplir con las instrucciones de reconocer las costas del Mar del Sur, todavía no se habían enviado noticias de sus correrías desde Chile a Lima. Finalmente, un barco de aviso salió de Valparaíso el 14 de enero de 1579 y atracó en el puerto de El Callao el 26 de febrero, dos semanas después que el *Golden Hind*.

---

[6] Este nombre tan poco común ha suscitado las teorías de que era vizcaíno, que hablaba inglés porque había vivido en Southampton (Antona, en los mapas españoles), o que era un inglés, John Umpton.

Pasando por entre la isla de San Lorenzo y la tierra firme, el *Golden Hind* entró sigilosamente y sin ser visto en la bahía de El Callao a las 9 o las 10 de la noche del 13 de febrero. Drake en seguida mandó que se cortaran las amarras de los buques anclados para que fuesen arrastrados por la corriente y la brisa hacia alta mar, de forma que no pudieran perseguirlos. Sin embargo, según John Drake, la verdadera estrategia de su tío (evidentemente no realizada) era hacerse con estos navíos y ofrecerlos como rescate para liberar a John Oxenham y sus compañeros, entonces encarcelados en Lima. ¿Es que Drake ya estaba enterado de este hecho, o solamente lo supo después? La verdad es que no hizo ningún otro esfuerzo por conseguir su liberación. El día 14, cuando el virrey Francisco de Toledo, vestido con una armadura, bajó a El Callao acompañado por 200 hombres armados, Drake ya se había hecho a la mar en busca del *Cacafuego*. Los dos navíos que el virrey intentó enviar para detenerle no llevaban cañones ni víveres, estaban tripulados por caballeros mareados y la capitana se quedó al pairo, al abrigo de la isla.

Entretanto, al llegar a Paita, Drake descubrió que la proyectada presa sólo le llevaba dos días de ventaja. Mientras le daba alcance, a fines de febrero tuvo lugar un suceso que pone en duda la visión a veces poco crítica sobre su conducta hacia los prisioneros. Los tripulantes del *Golden Hind* habían apresado un barco de 80 toneladas que pertenecía a Benito Díaz Bravo, que navegaba desde Guayaquil a Panamá, y ganaron un botín de unos 20.000 pesos, un crucifijo adornado con esmeraldas y gran cantidad de cuerdas y jarcia. Aún insatisfecho, Drake torturó al escribano del barco, Francisco Jácome, para persuadirle a revelar el supuesto escondite de más plata. Según la declaración de éste, «lo colgaron para ahorcarle de la garganta con una soga, y le dejaron de alto caer a la mar, y con la lancha lo sacaron y lo tornaron al navío».

El 1 de marzo, a las 9 de la noche, finalmente el *Golden Hind* alcanzó el galeón de plata cerca del cabo San Francisco, al norte de la línea equinoccial. Cuando se le ordenó a su capitán recoger las velas, respondió: «¿qué vinagrera es ésa para amainar? Venid a bordo a amainar». En unos breves momentos, Antón y sus tripulantes se vieron atacados con arcabuces y ballestas; el palo de mesana del *Cacafuego* fue descuajado por una bala de cadena y, acercándose en una pinaza desde el otro lado, 40 arqueros se apoderaron del navío español. A pesar de su nombre, al parecer llevaba poco armamento. Los ingleses tardaron tres días en trasladar su carga de plata al *Golden Hind*. Basándose en los documentos españoles, se ha estimado que ésta valía 362.000 pesos en oro, barras de plata y reales, pero no se sabe cuánta plata no registrada llevaba el navío. Uno de los prisioneros españoles, según la tradición un grumete ingenioso, dijo ese comentario gracioso e irreverente de que en adelante al barco español debía apodársele el *Cacaplata*. El 6 de marzo, Drake no sólo permitió desembarcar a Antón y su gente, sino que ofreció a cada uno un regalo (de su propio cargamento): de 30 a 40 pesos para los tripulantes, y varios artículos para los oficiales y caballeros. Sin embargo, este típico rasgo de cortesía que desempeñara un importante papel en la creación de las leyendas populares sobre la vida de Drake, fue acompañado por una sanguinaria amenaza más propia de los bucaneros que vendrían a esta costa un siglo más tarde, pues sabiendo ahora que Oxenham y sus compañeros estaban presos en la cárcel de Lima, Drake avisó a Antón de que debía ordenar al virrey «no matarlos, porque si lo hace ha de costarles la vida a 2.000 españoles, y los ahorcaré ante él y le enviaré sus cabezas». El virrey Toledo no era de los que se dejaban intimidar de esta manera.

CALIFORNIA Y LA VUELTA A INGLATERRA

Como había terminado su exploración de las costas de Sudamérica y habían reunido bastante botín para satisfacer a sus financiadores, es probable que Drake ya se preocupara por la manera de regresar a Inglaterra. Hacia el sur, la costa estaba alertada y hostil, y era prudente (aunque de hecho incorrecto, pues no era así) suponer que una escuadra armada le impediría entrar en el estrecho de Magallanes. Por tanto, el *Golden Hind* se dirigió muy al oeste del golfo de Panamá para echar anclas detrás de la isla del Caño, cerca de Costa Rica. Utilizando una de las pinazas, el 20 de marzo Drake apresó una fragatilla de 15 toneladas que pertenecía a Rodrigo de Tello. En su mayor parte, la carga consistía en zarzaparrilla, cuyo valor era insignificante comparado con el hecho de que, como pasajeros, el barco llevaba a Alonso Sánchez Colchero y a Martín de Aguirre, pilotos de la carrera transpacífica entre Acapulco y Manila. Viajaban entonces a Panamá para pilotar la nave que llevaría al nuevo gobernador, Gonzalo Ronquillo, a la capital filipina. Huelga decir que Drake se apoderó de sus cartas de marear y derroteros, pero no consiguió persuadir a Colchero, ni con soborno ni con amenazas, a conducirles a las Indias Orientales. Tras haber partido de este fondeadero, les vino a las manos otra presa el 3 de abril, en verdad un buque pequeño, *El Espíritu Santo*, cuyo propietario era Francisco de Zárate, primo, se dice, del duque de Medina-Sidonia. Entre su cargamento se encontraban cajas de porcelana de China, sedas y tafetanes, y un halcón de oro que tenía una esmeralda montada en el pecho. Desde el 13 al 16 de abril hicieron escala en Huatulco, donde profanaron la iglesia, desembarcaron a los prisioneros y cargaron bastante agua para 50 días, lo cual parece indicar que se estaban preparando para atravesar el Pacífico.

La verdad es que el *Golden Hind* puso rumbo al oeste para escapar de las calmas y de los vientos contrarios a lo largo de la costa, luego viró al norte y finalmente al nordeste, en un gran arco para arribar otra vez a la costa norteamericana. Esta derrota plantea la cuestión de si antes de seguirla, o durante las siguientes semanas, Drake pensaba buscar el estrecho de Anián como otra vía de regreso a Inglaterra. El diarista Fletcher concluye que

> suponemos que o no hay ningún estrecho por estas costas septentrionales (lo que es lo más probable), o si lo hay es innavegable; la tierra seguía corriendo al noroeste como si fuera a juntarse con Asia.

Sin embargo, se puede explicar esta derrota en dirección contraria a la de las Indias Orientales por otras dos razones: la necesidad de reparar el navío y de aprovisionarse antes de emprender la larga travesía, y, en segundo lugar, la conveniencia de retrasar su partida para no coincidir con la temporada de los tifones en las Indias Orientales, que suelen comenzar en julio. Así, Drake se dirigió al norte, para encontrar una bahía segura donde no les molestaran los españoles y poder ocuparse de las necesidades de su navío y su tripulación.

No es posible precisar dónde hicieron la siguiente escala el 5 de junio. Según Hakluyt, fue en la latitud de los 42° N (ahora el límite entre California y Oregón), lo cual no corresponde con su descripción de una tierra cubierta de nieve donde hacía un frío cortante. El límite más lejano que se propone, los 48° N, corresponde a la isla de Vancouver, desde donde se dice que Drake veía el mar abierto hacia el norte, aunque temía perder más tiempo buscando un estrecho. Pero si es imposible hablar con exactitud sobre esta cuestión, las investigaciones de los historiadores se hacen aún más retorcidas y el debate más acalorado cuando se trata de averiguar dónde repararon el *Golden Hind* entre el 17 de junio y el 23 de julio, después de haber puesto rumbo al sur hasta los 38° N. Cuando observó que los indios no tenían ninguna intención de impedir su desembarco, sino que contemplaban con asombro las actividades de los recién llegados, Drake aprovechó la oportunidad para tomar posesión del país en nombre de la reina, bautizándolo con el nombre de la Nueva Albión, pues los acantilados se parecían a los de Dover. No obstante, la idea de poblarlo debe de haber sido muy improbable, ya que Inglaterra aún no tenía colonias en el litoral atlántico de Norteamérica.

¿Pero cuál era la bahía? Se han publicado centenares de artículos y volúmenes para resolver el misterio. Al parecer de forma convincente, cada uno funda sus argumentos en los datos escritos y en un pequeño dibujo del Portus Novae Albionis que figura en la obra de Jodocus Hondius *Vera totius expeditionis nauticae* (¿1595?). Resumiendo las recientes investigaciones, en orden ascendente de probabilidad los lugares más probables son las bahías Bodega y Bolinas, la ensenada de San Quintín, dentro de la bahía de San Francisco, y la bahía de Drake [7]. Sin embargo, debe admitirse que el margen de diferencia entre unas y otras es a veces tan estrecho, que la revelación de cualquier nuevo detalle podría trastornar los resultados de las investigaciones anteriores.

Como si no fuera suficiente una sola controversia, en 1936, sobre un promontorio sobre la ensenada de San Quintín (y algunos dicen antes, en 1933, cerca de la bahía de Drake) se descubrió una placa de bronce. En ella están grabadas las palabras que hacen constar el acto de toma de posesión hecho por Drake, y tiene una pequeña perforación en el borde inferior del lado derecho. Ciertamente, los cronistas coinciden al decir que, antes de abandonar este lugar, Drake clavó en un poste una placa de bronce o de plomo en la cual había escrito la fecha de su llegada, el nombre de la reina, el hecho de que el rey indio

---

[7] Ver W. L. Hanna, *Lost harbour: the controversy over Drake's California anchorage*, Berkeley, 1979.

y sus súbditos habían aceptado la soberanía inglesa, y en la cual se había colocado una moneda de seis peniques para que los indios conocieran la efigie de su nueva reina. Después de muchos años de exámenes realizados por ortógrafos, lingüistas y metalúrgicos, los últimos análisis tienden a confirmar que se trata de una broma, perpetrada tal vez por algún estudiante de historia cuyos profesores le habían aconsejado siempre andar buscándolo.

Durante su largo viaje de regreso a Inglaterra, que comenzó el 23 de julio de 1579, el *Golden Hind* visitó las islas Palau (Micronesia) a fines de septiembre, Mindanao, Ternate (a principios de noviembre), las Célebes, donde se quedó encallado en un arrecife del 8 al 9 de enero de 1580, Timor, Java (10 a 26 de marzo), el cabo de Buena Esperanza (en junio), Sierra Leona y finalmente Plymouth, el 26 de septiembre. Así, Drake realizó la primera circunnavegación inglesa del globo, y la primera hecha por un solo comandante. Al extenderse la noticia, se convirtió en un héroe popular nacional cuya fama se propagó por toda Europa. En el porvenir, no todas sus aventuras iban a ser premiadas con éxitos tan espléndidos, pero sigue siendo el humilde navegante que regresó rico y noble, el corsario protestante que se atrevió a desafiar a la invencible España católica. Regresó con pruebas deslumbrantes de las riquezas del Perú, y descubrió a los mercaderes británicos las oportunidades comerciales en las Indias Orientales. El pueblo llano se lanzó a la calle para verle, los sabios le elogiaron en prosa y en verso, y los artistas le retrataron.

Naturalmente, otros se consumían por la envidia y los celos, por ejemplo, los gentileshombres de la corte, que despreciaban su osadía y su comportamiento fanfarrón. Entre ellos, algunos proseguían los esfuerzos de John Doughty para culpar a Drake de la muerte de su hermano en San Julián, pero, en circunstancias nunca aclaradas, se abandonó el proceso. Otros opinaban que sus acciones piráticas deshonraban a su país y se le llamó «ladrón maestro del mundo desconocido». Además, había gente que murmuraba que, al abandonar sin compasión al piloto portugués da Silva en la costa próxima a Huatulco, le había obligado a explicar su colaboración con los ingleses, finalmente bajo tormento, ante la Inquisición española. Y los mercaderes que comerciaban con España desde hacía varias décadas tenían miedo de que Felipe II se vengara en sus navíos y sus negocios, y aun había consejeros de Isabel I que estaban a favor de restituir el botín. No obstante, la reina inglesa esquivó hábilmente las protestas del nuevo embajador español, Bernardino de Mendoza, y Felipe II aún no sentía deseos de empeorar las ya malas relaciones entre los dos países. Segura de estos hechos, el 4 de abril, a bordo del *Golden Hind*, Isabel armó caballero a Drake, dando la aprobación real a sus actos de piratería y demostrando su desprecio hacia España.

Pero sean cuales fueren las dudas que se podrían expresar sobre otros aspectos del viaje, este magnánimo acto por parte de la reina reconocía de forma apropiada las cualidades de Drake como navegante. Se puede objetar que confiaba en los consejos de varios pilotos ibéricos, y, ciertamente, nunca se le podría tachar de indeciso al apropiarse de sus cartas, derroteros e instrumentos, ni al explotar sus conocimientos mientras los tenía detenidos en el *Golden Hind*. En el caso del piloto Sánchez Colchero, Drake volvió a recurrir el tormento de colgarle por una cuerda alrededor del cuello hasta que perdió el conocimiento. Sin embargo, el motivo era nada menos que su propia supervivencia, la de su navío y sus tripulantes. Por otra parte, en el Mar del Sur las decisiones y las acciones fueron suyas. Ésta era su manera de mandar. Raramente hacía caso de las opiniones de otros oficiales. No aspiró a la democracia en su navío, y su propia posición era inatacable. Además, defendió a ultranza, aun a costa de la muerte de un antiguo amigo, el principio de que los navíos deben ser gobernados por navegantes y no por los que exigían puestos por razón del privilegio de su nacimiento. En el mar, la experiencia y el conocimiento de la náutica valían más que la posición social. Sin embargo, la rápida travesía del estrecho de Magallanes y la navegación por las costas de Norteamérica, a través del océano Pacífico, por las Indias Orientales y en torno al cabo de Buena Esperanza, rutas todavía poco conocidas, indican que Drake dominaba las artes prácticas de la navegación, y que esto, en efecto, fue su principal contribución al viaje. El hecho de que en todas las relaciones no se haga ninguna mención de una enfermedad grave, a pesar de travesías transoceánicas de más de 60 días, así como la vuelta a Inglaterra de unos 100 hombres (59 en el *Golden Hind*) de los 160 que partieron, aunque se perdió el *Marigold*, revela su preocupación por asuntos como la higiene y el régimen de sus tripulaciones. Francisco de Zárate dice de Drake que «trata a sus hombres con amor y ellos a él con respeto».

Es de lamentar que se haya perdido el diario personal de Drake, donde estaban anotados detalladamente los perfiles de las costas, y que contenía los dibujos y pinturas hechos por él y su primo John Drake. Tampoco se ha encontrado ningún rastro del mapa presentado a la reina Isabel, que colgaba en el palacio de Whitehall, destruido por un incendio en 1698. Sin embargo, dos mapas que forman parte del diario de Fletcher ilustran el descubrimiento de que más allá de la Tierra del Fuego hay un mar abierto que ofrece una nueva vía de acceso al Pacífico. También Drake refutó la teoría de que la costa de Chile sobresalía en dirección al oeste, conforme la representaban algunos mapas españoles y holandeses.

Finalmente, queda la última controversia: ¿cuál era el valor del botín acumulado por Drake? Puesto que sólo él sabía la respuesta a esta pregunta y no divulgó el secreto, parece que nunca lo sabremos con exactitud. Las fuentes españolas indican que se apoderó de unos 447.000 pesos en las costas del Perú, incluidos los 362.000 pesos de registro sacados del *Cacafuego*, las barras y pesos que robó en Valparaíso, Tarapacá, Arica y al capitán Díaz Bravo, pero no las joyas, piedras preciosas, perlas, porcelana y plata fuera de registro. El historiador Wagner ha calculado, basándose en las peticiones de los mercaderes de Sevilla, que el valor total de todo el oro y plata era de 950.000 pesos de oro, mientras que el embajador Mendoza estimaba que el valor total del botín entero, incluidas las joyas, era de 1.500.000 ducados. En cuanto a las ganancias de las personas que habían aportado un total de 4.000 o 5.000 libras para financiar la expedición, según un informe de 1638 ganaron 47 libras por cada una que invirtieron. Finalmente, la reina dio a Drake una cantidad de oro y plata que valía unas 10.000 libras, mientras que unas 8.000 se repartieron entre la tripulación del *Golden Hind*[8]. Está de más decir que el viaje ayudó a Drake a satisfacer sus propias ambiciones de ganar fama y riquezas, con las que compró la finca de Buckland Abbey, en Devon.

---

[8] A menudo se afirma que la proporción que se entregó a la reina valía unas 300.000 libras, o sea, más de los ingresos anuales de la hacienda real y suficiente para pagar la deuda externa de la nación e invertir 42.000 libras en la Compañía de Levante, con cuyas ganancias se formó la Compañía de las Indias Orientales. Según el economista J. M. Keynes, *A treatise on money*, 2 tomos, Londres, 1930, tomo 1, pp. 156-157, «el botín traído por Drake puede considerarse la fuente y origen de las inversiones extranjeras británicas».

III

LOS SUCESORES DE DRAKE RUMBO AL PERÚ (1582-1594)

Las consecuencias en Perú e Inglaterra del viaje de Drake

La intervención de Francis Drake en el Mar del Sur significaba la primera contradicción de la teoría de que la defensa del virreinato del Perú se podría confiar a su lejanía de Europa, por lo que no se habían planteado medidas efectivas para responder a ese improbable suceso. Durante los meses siguientes, el virrey Toledo prestó atención a la necesidad de remediar esta ausencia de defensas marítimas y terrestres, pero a la vez intentó asegurarse de que no se repitiera el suceso, cerrando el acceso al Mar del Sur por el estrecho de Magallanes. Para realizar este plan, el 11 de octubre de 1579 envió a Pedro Sarmiento de Gamboa, uno de los hombres con más talento de sus tiempos, a explorar los canales del sur de Chile y del estrecho, trazar mapas y tomar posesión de lugares propicios para ser fortificados y poblados. Al terminar estas tareas, el 24 de febrero de 1580 se dirigió a la Península, llevando a cabo el primer viaje directo entre el Perú y España [1].

El resto de su misión resultó ser una lenta y penosa tragedia. Presentó su informe al rey Felipe II en septiembre, antes de que Drake concluyera su circunnavegación, y el 9 de diciembre de 1581 se hizo a la vela desde Sanlúcar en una expedición al mando de Diego Flores de Valdés, encargado de expulsar a todos los intrusos de la costa oriental de Sudamérica y de transportar a unos 233 pobladores al estrecho de

---

[1] Hay una edición reciente del viaje: P. Sarmiento de Gamboa, *Derrotero al estrecho de Magallanes*, Crónicas de América, 31, Madrid, 1987.

Magallanes. Tras desgracias sin cuento en las costas sudamericanas, Sarmiento partió sólo con 350 personas, de las cuales 81 eran pobladores (incluidas 13 mujeres y 10 niños), 27 artesanos y 177 soldados. En febrero y marzo de 1584 estableció dos colonias, a las que llamó Nombre de Jesús y Rey Don Felipe.

En Inglaterra, entretanto, la euforia que reinaba tras la vuelta de Drake dio origen a consecuencias no coordinadas y a veces opuestas. Por una parte, se podría interpretar su enorme éxito como una confirmación de los beneficios que produciría la expansión marítima por las costas occidentales de Sudamérica, mientras que a la vez reveló la existencia de ricos mercados en las Indias Orientales, que algunos ya codiciaban desde hacía varios años, así como en las costas más accesibles del Brasil, que otros frecuentaron en los años treinta y cuarenta, de tal modo que había tres áreas geográficas distintas, que tal vez pudieran combinarse por motivos comerciales, de colonización o de pillaje, además de las que se conocían y explotaban, en el Caribe y en Norteamérica. Naturalmente, el propio Drake fue el primero en intentar aprovechar su experiencia, cuando en noviembre de 1580 propuso a la reina crear una corporación para viajar a «tales dominios situados más allá de la línea equinoccial», lo cual equivale a decir en Sudamérica. Pero el proyecto no se realizó.

El viaje de Edward Fenton (1582-1583)

Así, el que se recuerda como el «desgraciado viaje» de Edward Fenton, fue el primero en tratar de emular los éxitos de Drake. Estaba condenado a no entrar siquiera en el Mar del Sur. En efecto, al principio, lo que más interesaba a los financiadores era la esperanza de aprovecharse de los contactos hechos por Drake en las Indias Orientales para explotar el comercio de esclavos en Ternate. Por tanto, según sus instrucciones, Fenton debía poner rumbo al cabo de Buena Esperanza «no pasando por el estrecho de Magallanes en el viaje de ida ni de vuelta».

Los principales armadores eran el conde de Leicester, que aportó 2.200 libras, Drake (más de 600) y otras personas de reputación e influencias, como Burghley, Hatton, Walsingham y Lincoln, miembros de la Compañía de Moscovia, así como otros mercaderes, que invirtieron un promedio de entre 200 y 300 libras cada uno. En realidad, aquí se encontraban ya las semillas de futuras discordias sobre la conveniencia de seguir la derrota indicada o bien dirigirse al Mar del Sur, pues entre ellos estaban los que no deseaban provocar un conflicto con España, y que optaron por la ruta al este, mientras otros opinaban que una guerra era imposible de evitar. Además, algunos de estos últimos, por ejemplo una docena de marineros que navegaron en el «famoso viaje», incluidos los dos pilotos, ya sabían por experiencia que se podrían apoderar de fabulosos botines en el Mar del Sur, y anhelaban repetir la aventura de Drake.

La idea de hacerse a la mar rumbo a las Indias Orientales se puso en duda inmediatamente, ya que la proyectada partida de Southampton, a fines de febrero de 1582, y la travesía por el canal de la Mancha se retrasaron tanto que no empezaron a alejarse de la costa inglesa hasta el 2 de junio, cuando ya era demasiado tarde para llegar al cabo de Buena Esperanza antes de la temporada de los vientos contrarios. Los barcos eran el *Galleon Leicester* (400 toneladas), que llevaba 42 cañones, el *Edward Bonaventure* (250 toneladas), bastante nuevo y bien armado, al mando de Luke Ward, el *Bark Francis* (40 toneladas), del capitán John Drake, y la *Elizabeth* (50 toneladas), a las órdenes de Thomas Skevington. La dotación total era de 241 hombres. Al principio le entregaron el mando a Martin Frobisher, que ayudó a aprestar los navíos, hasta que, súbitamente y de modo inexplicable, le reemplazó Fenton, que le había acompañado en sus dos últimos viajes al Ártico. A primera vista, parece que la flotilla estaba mejor preparada que la de Drake para emprender las acciones de una expedición de corso.

Como si fueran por aguas desconocidas por sus pilotos y sin rumbo fijo, los cuatro navíos bordearon muy despacio la costa africana. El 10 de agosto fondearon en la costa de Sierra Leona, donde trataron de curar a los enfermos de escorbuto con un régimen de limones y ostras. Mientras se demoraban aquí a la espera de vientos favorables, a principios de septiembre Fenton divulgó un extraordinario proyecto para convertirse en rey de la isla Santa Elena. Aunque estaba despoblada, los galeones portugueses procedentes de las Indias Orientales solían visitarla, y Fenton pensó en apresarlos. Richard Madox, capellán, que anotó sus observaciones sobre la declinación magnética y el cómputo de la longitud, era autor de un diario del viaje, y resume el asunto de esta manera: «[Fenton] es un hipócrita engañoso que no se preocupa por nada sino su propia riqueza y estimación vanidosa. Procura reinar aquí y ganarse un reino». Tras el rechazo de esta idea, el 30 de septiembre Fenton convocó una reunión de oficiales, en la que prevaleció la opinión de los que preferían renunciar a la derrota original y pasar por el estrecho de Magallanes. Antes de zarpar con este rumbo, cambiaron la *Elizabeth* por arroz y marfil. Luego, a principios de octubre, cuando ya habían cruzado la línea ecuatorial, en otra región decidieron buscar la costa del Brasil en el punto más meridional posible, tal vez con la intención de descansar y restablecerse en el Río de la Plata. En realidad, el 1 de diciembre tomaron tierra casi en los 28° S, al sur de la isla Santa Catarina.

Aquí, el día 6, hicieron su primera y única presa. No llevaba nada de valor, aunque no pudieron resistir la tentación de robar artículos que sólo valían 10 libras. Entre sus pasajeros había 7 frailes franciscanos que iban al Río de la Plata [2], y que informaron a Fenton de que la flota de Flores de Valdés y de Sarmiento de Gamboa ya se había hecho a la mar rumbo al estrecho, lo cual, inmediatamente, puso en duda su propia intención de seguir esa derrota. Mientras proseguían el viaje, Fenton reflexionó sobre este problema, hasta que el 20 de diciembre, en los 33° S, decidió convocar una junta de oficiales para resolver las posibles inconveniencias de encontrarse con una flota española en el estrecho, así como su falta de víveres. En el largo debate, unos abogaban por doblar el cabo de Buena Esperanza, mientras otros (incluidos William Hawkins el joven y John Drake) estaban resueltos a continuar hacia el Mar del Sur a toda costa. Cuando de hecho habían vuelto sobre sus pasos, el 22 de enero de 1583 Fenton pidió a sus oficiales que firmaran un documento que exponía la decisión de la mayoría de regresar a São Vicente para aprovisionarse, antes de pasar el estrecho de Magallanes. Los pilotos habían rechazado la alternativa de restablecerse en el Río de la Plata, pues no conocían sus peligrosas aguas. Hawkins firmó aunque después fue necesario encadenarle para llevarle a Inglaterra, pero no lo hizo John Drake, ya que el 21 de diciembre se había fugado con destino al Perú en el *Bark Francis.* Su viaje marítimo terminó en el estuario del Río de la Plata, donde naufragó

---

[2] En esta embarcación había otro inglés errante, Richard Carter (conocido como Juan Pérez), que había salido de su país hacía 24 años y vivido unos 12 en Asunción.

el *Francis*. Los indios primero y luego los españoles le hicieron prisionero, y no llegó a Lima, por tierra, hasta enero de 1587, junto con otro tripulante del *Francis*, Richard Fairweather, que se reunió con él en Potosí. Fueron encarcelados por la Inquisición.

A los pocos días de echar anclas el *Galleon Leicester* y el *Edward Bonaventure* en São Vicente, el 20 de enero de 1583, Fenton tuvo no sólo que renunciar a los muy discutidos proyectos de ir al Mar del Sur y las Indias Orientales, sino a otro nuevo capricho suyo, el de apoderarse de ese puerto y proclamarse su gobernador. Antes dispuestos generalmente a intercambiar bastimentos por manufacturas inglesas, los portugueses sabían que al hacerlo ahora se exponían a la ira de su nuevo rey español. Mientras todavía se sopesaban los pros y los contras, aparecieron en el horizonte las velas de tres navíos de la flota de Flores de Valdés, de vuelta del estrecho. La *Santa María de Begoña*, al mando del capitán Rodrigo de Rada, se hundió tras haber sido bombardeada por el *Leicester*.

De este modo, debido a esta acción, tanto aquí como en Espíritu Santo (Vitória), Fenton se vio privado de la oportunidad de cargar las provisiones necesarias para un largo viaje. Además, el 28 de enero había desaparecido súbitamente el *Edward Bonaventure*, hundido por los vendavales, según su capitán. Atracó en Plymouth el 29 de mayo. Aun así, mientras bordeaban el Mar de los Sargazos a principios de este mes, Fenton dio una sorpresa más a los tripulantes del *Leicester*, al anunciarles que tenía la intención de poner rumbo a Terranova. Se rechazó la decisión de mutuo acuerdo el 19 de mayo, y el *Leicester* fondeó en Youghal, en la costa irlandesa, el 15 de junio, tras 103 días sin ver tierra alguna.

Los dos capitanes fueron encarcelados al volver a Inglaterra. Lo más que se puede decir en defensa de Fenton es que las discordias sólo reflejaban las actitudes contrarias con respecto a España, así que desde el principio la empresa estaba constantemente sacudida por disputas, indecisiones y fuertes contrastes de pareceres. Pero a Fenton le faltaba firmeza y resolución, y la experiencia de mandar gente de mar, en la que sus frecuentes cambios de planes apenas podían haber inspirado confianza ni obediencia. De hecho, desperdició las oportunidades para aprovecharse de los contactos comerciales que estableció Drake en las Indias Orientales, y no repitió lo que él había demostrado, que era posible combinar este comercio con una expedición de corso al Perú. Por último, sus acciones en la costa del Brasil malograron las pacíficas relaciones comerciales establecidas desde los años treinta.

LA EXPEDICIÓN DEL CONDE DE CUMBERLAND (1586-1587)

En los años siguientes al retorno de Fenton, las relaciones hispanoinglesas eran cada vez más tensas, de modo que la reina Isabel se interesaba sobre todo por la seguridad de su reino. Por tanto, las dos expediciones que se dieron a la vela en 1586 tenían un origen particular, y no se preocupaban por el daño que pudieran hacer a la política internacional. George Clifford, conde de Cumberland, comunicó sus instrucciones a los capitanes de la primera de las doce expediciones de corso financiadas por él, motivadas para salvar las deudas contraídas por su afición a los deportes costosos. Simplemente, debían buscar una manera de enriquecerse en el Mar del Sur, a menos que tuvieran la suerte de hacer presas por valor de 6.000 libras antes de llegar al estrecho de Magallanes. En estas condiciones vieron el modo de excusarse los poco arrojados y menos resueltos que Drake, que temían los peligros de esta travesía. El 26 de junio zarparon de Gravesend el *Red Dragon* (269 toneladas), al mando de Robert Withrington, y el *Bark Clifford* (130 toneladas), a las órdenes de Christopher Lister, tripulados por 130 y 70 hombres respectivamente. Después de esperar tres semanas en Plymouth, el 17 de agosto se dirigieron a alta mar acompañados por el *Roe* y una pinaza, la *Dorothy,* que pertenecía a Walter Raleigh. También se demoraron en la costa de Sierra Leona (del 21 de octubre al 17 de noviembre) y, por tanto, no avistaron la costa del Brasil hasta el 2 de enero de 1587, en los 28° S, al igual que Fenton. Las semejanzas iban a multiplicarse en la manera en que poco a poco fueron perdieron el entusiasmo por ir al Perú.

Mientras se dirigían al Río de la Plata, el 10 de enero hicieron su primera presa. Llevaba mercancías y 45 negros del Brasil a Santa Fe para ser vendidos en el Perú. Lo pilotaba un navegante inglés, Abraham Cocke, que en 1580 había venido al Brasil en un viaje de comercio a bordo del barco *Minion,* y se quedó en Bahía. Al día siguiente hicieron otra presa, cargada de azúcar y mermelada, 35 negros y varios frailes, uno de ellos irlandés. Se dice que ambos barcos fueron fletados a expensas del obispo de Tucumán. A los ingleses se les dieron noticias sobre John Drake, que había estado en esda ciudad, y sobre su compañero Fairweather, que se había casado con una india. Al entrar en el estuario del Río de la Plata el 12 de enero, se apartaron del banco rocoso en el que naufragó el *Bark Francis,* y el 29 embarcaron al marinero inglés Miles Phillips, que había vuelto al Nuevo Mundo en ese mismo navío después de ser abandonado en México por Hawkins tras la batalla de San Juan de Ulúa. Otro interesante encuentro fue con el piloto portugués Lopes Vaz, a quien llevaron a Inglaterra, donde se convirtió en uno de los principales informadores de Hakluyt.

Pero cuando los oficiales se reunieron el 7 de febrero para discutir el futuro de su viaje, ya habían empezado a flaquear los ánimos. Aunque Lister deseaba cumplir con las instrucciones originales, otros, como Withrington, narraban ahora un lastimoso relato de penas y quejas, refiriéndose a la estación ya avanzada, los vientos contrarios, el tiempo cada día más frío y la falta de agua y víveres. El debate continuó hasta que alcanzaron los 44° S, donde el 20 de febrero resolvieron volver rumbo a Bahía, asegurando a los descontentos que si no lograban enriquecerse allí podrían dirigirse al estrecho de Magallanes en la próxima primavera. En efecto, Bahía les tenía preparada una recepción hostil, por lo que durante varias semanas se limitaron a librar algunas escaramuzas con portugueses e indios, y a lanzar asaltos contra ingenios de azúcar, lo cual les produjo poco botín. Dócilmente, el 10 de junio el capitán Withrington les anunció su decisión de abandonar toda tentativa de pasar el estrecho, ya que faltaban vituallas y gente en buen estado físico. Todavía pensaba poner rumbo a las Antillas o a las Azores, con la esperanza de encontrar una presa que costeara los gastos de su viaje. Escogieron la segunda opción, pero sin éxito alguno, y alcanzaron la costa inglesa el 29 de septiembre.

Evidentemente, como ya sabían los españoles, la mala fama del estrecho de Magallanes era tal que las expediciones debían ser capitaneadas de manera firme, decisiva, y quizás a veces sin compasión, para levantar el temeroso ánimo de los navegantes y dominar las furias del tiempo y del mar. Los alicientes del Perú seguían provocando el entusiasmo de los armadores en Inglaterra, pero el alcanzarlos ponía a prueba toda la experiencia, la habilidad y la determinación de los navegantes.

El viaje de circunnavegación de Thomas Cavendish (1586-1588)

Cuando los buques armados por el conde de Cumberland volvían apaciblemente al Brasil, otra expedición navegaba rumbo al sur, determinada a emular las hazañas de Drake. Al principio puede que hubiera algún acuerdo verbal entre ellas de que en caso de presentarse la oportunidad se unirían para alcanzar el mismo objetivo. Su almirante, Thomas Cavendish, adquirió su experiencia en la navegación transatlántica como capitán de su propio barco en la expedición enviada a Virginia por Walter Raleigh en 1585. Sólo tres meses después de su regreso le encontramos construyendo para sí mismo un nuevo buque, el *Desire* (120 toneladas), y comprando otros dos, el *Content* (60 toneladas) y el *Hugh Gallant* (40 toneladas), para lo que se conoce como el «viaje admirable y próspero». Cavendish zarpó del río Támesis con 123 hombres el 10 de junio de 1586, unas dos semanas antes que la expedición del conde de Cumberland, y de Plymouth el 21 de julio, ahora con más de tres semanas de antelación. Mientras continuaban los dos viajes, seguía creciendo esta ventaja.

El 31 de octubre, el cronista de la expedición, Francis Pretty, anota la vista de «una enorme montaña encima de la cual había una protuberancia redonda», una descripción poco favorecedora del famoso Pão de Açúcar de Río de Janeiro. Durante tres semanas, permanecieron fondeados prudentemente en el canal entre las isla de São Sebastião y la tierra firme, construyendo una pinaza y proveyéndose de agua, leña y víveres para la travesía del estrecho de Magallanes. Alzando velas el 23 de noviembre, tomaron tierra de nuevo el 17 de diciembre en una bahía de la costa de Patagonia que Cavendish bautizó Port Desire (ahora Puerto Deseado), hasta ese momento el Puerto de los Trabajos de Magallanes. Como una diversión en sus tareas rutinarias en la bahía, que consistían en matar pingüinos y salar su carne, en Nochebuena midieron la pisada de uno de los «gigantes», hallando que tenía más de 45 centímetros de largo. Alargando más aún la ventaja que llevaba sobre la expedición del conde de Cumberland, que no avistó la costa del Brasil hasta el 2 de enero de 1587, Cavendish dobló el cabo Vírgenes el 6 de ese mes, en pleno verano y sin preocuparse por las inquietudes expresadas por aquéllos.

Nada más entrar en el estrecho, tropezaron con un grupo de 18 españoles harapientos, entre ellos 3 mujeres, los únicos supervivientes de las dos colonias fundadas por Sarmiento de Gamboa hacía tres años. ¡Imagínese su alegría, y pronto su desesperación, cuando Cavendish siguió navegando hacia el Mar del Sur llevando solamente a uno de ellos, Tomé Hernández, cuya declaración en Lima describe la vida de esos pueblos aislados! Después de embarcar media docena de piezas de artillería en el lugar donde sufrieron tanta miseria, Rey Don Felipe, Cavendish le puso un nuevo nombre que dura todavía, Puerto Hambre. También dio el nombre de cabo Froward al punto más austral de la tierra firme, en los 53° 14'. Durante casi un mes, lucharon en vano para avanzar contra los vientos que soplan del oeste en esa zona del estrecho, de modo que no llegaron al Mar del Sur hasta el 24 de febrero, después de una travesía de 50 días. Aunque tardaron tres veces más que Drake, a diferencia de él tuvieron entonces mejor fortuna, siendo arrastrados por una tempestad a principios de marzo hacia el norte, su proyectado destino.

Tras haber librado furiosos combates los tripulantes del *Desire* y *Content* contra los indios de Mocha, todos los navíos se reunieron en Santa María el 15 de marzo. Las descripciones de esta isla, que hablan de la fertilidad del suelo, del clima sano, los numerosos animales y la riqueza mineral de la tierra firme de Arauco, «maravillosamente rico y lleno de minas de oro», son otro fiel testimonio de lo que atraía a los ingleses al Mar del Sur.

En las costas de Chile y del Perú tomaron muchas presas, pero ninguna que equivaliese al tesoro del *Cacafuego*. Hicieron una breve escala en Concepción el 19 de marzo, y el día 30 en Quintero. Al día siguiente, sufrieron su primer contratiempo, cuando unos 200 españoles a caballo atacaron a un grupo de marineros que buscaban agua, matando a doce. Tomé Hernández había conseguido escapar y al parecer dado la alarma. En lo sucesivo, Cavendish resolvió capturar y quemar todos los barcos que le cayeran en las manos, de manera que Arica, donde fondearon el 23 de abril, pronto se transformó en un escenario de acciones piráticas típicas del Caribe. Prendieron una embarcación que se apresuraba a abandonar la rada, la bautizaron *George* y la tripularon. Se apoderaron de otro barco, vacío, pero los ariqueños se negaron a pagar el rescate para impedir que lo incendiasen. Enviaron sus pinazas a buscar otras presas, robaron muchas botijas de vino, y, finalmente, detuvieron un buque que traía avisos de Chile, en el que venía el piloto griego Jorge Carandino, de Chío. Aquí Cavendish también torturó a algunos de sus prisioneros para que le confesaran el contenido de unos paquetes de cartas que echaron al agua.

A principios de mayo, los navíos ingleses se dispersaron para realizar cada uno sus propias actividades. Por ejemplo, el 16 el *Hugh Gallant* prendió un buque de 300 toneladas que transportaba madera de Guayaquil, y dejó que se fuera a pique, pues hacía mucha agua. Reunidos de nuevo, el 20 de mayo tomaron al asalto y quemaron Paita, que en adelante ganaría la dudosa fama de ser el puerto el Mar del Sur más frecuentemente saqueado por intrusos. Cinco días después fondearon cerca de la isla Puná, en el golfo de Guayaquil, pensando carenar sus barcos en un lugar donde había gran cantidad de materiales y pertrechos para la construcción naval. Cuando zarparon el 5 de junio, lo habían arrasado todo, tras quemar un navío anclado de 250 toneladas y otros cuatro en los astilleros, saquear los almacenes, destruir la iglesia y llevarse sus campanas, incendiar todas las casas y matar a 46 españoles. Parece irónico que, al llegar a Puná, el cronista Pretty hubiera señalado su ambiente agradable y hasta idílico, pero al salir se jactó de que «habían hecho estragos en los campos, en los huertos y en los jardines». Abandonaron aquí el *Hugh Gallant,* obviamente incapaz de efectuar la travesía del océano.

No obstante, aún les quedaba otra oportunidad para rematar sus depredaciones, con la toma de una presa de gran valor, el galeón de Manila. Afortunadamente, el 9 de julio, en la costa de Nueva España capturaron un barco en el que viajaba el francés Michel Sancius, deseoso de darles información sobre dicho galeón. Rumbo al norte, el 27 de julio, al igual que Drake, saquearon la iglesia de Huatulco, asaltaron la aduana, donde había almacenados cacao y añil, y finalmente quemaron las casas. Repitieron estas depredaciones en otros pueblos de la costa mientras navegaban al norte, avanzando, de hecho, más allá de Acapulco para reparar los navíos y reconstruir de nuevo la pinaza en el puerto de Mazatlán, a fines de septiembre. Después de haber acechado el galeón durante tres semanas en el cabo San Lucas, la punta meridional de Baja California, entre las 7 y las 8 de la mañana del 4 de noviembre divisaron las velas de la *Santa Ana* (600 a 700 toneladas), al mando de Tomás de Alzola. Su tripulación logró rechazar los dos primeros ataques durante la tarde, aunque la nave estaba cargada en exceso y sus cañones más grandes desmontados. Pero, finalmente, su capitán no tuvo más remedio que rendirse, al ver la cubierta barrida por el fuego de los mosquetes ingleses y el casco perforado por debajo de la línea de flotación por los 28 cañones que llevaban los navíos de Cavendish.

Los marineros ingleses tardaron dos semanas en saquear el galeón, haciéndose con 122.000 pesos de oro y algunas de sus sedas, brocados, perlas, rasos, damascos y otras mercancías finas, que en Manila se había estimado que valían más de 1.000.000 de pesos. Sin embargo, Cavendish no disponía de bastante gente para tripular el galeón, ni tampoco de suficiente espacio en sus navíos para embarcar todo el cargamento, ya que había perdido el *George*. Por tanto, después de poner en tierra a la mayoría de los 190 pasajeros y tripulantes de la *Santa Ana*, Cavendish le prendió fuego, llena todavía con el 90 % de su cargamento original de 500 toneladas. Sin embargo, una relación española afirma que ahorcó al padre Juan de Almendrales para intimidar a los demás. Realmente, no liberó a varias personas que podrían serle útiles en la siguiente etapa de su expedición, a saber, dos japoneses, tres muchachos filipinos, un piloto portugés, Nicolás Rodrigo, que conocía el Japón, China y las Filipinas, y un piloto español, Alonso de Valladolid, que conocía las Filipinas y los Ladrones. Haciéndose a la vela el 19 de noviembre, «alegremente hacia Inglaterra con un viento favorable», la experiencia combinada de sus nuevos prisioneros guió el *Desire* a Guam el 3 de enero de 1588. Pero el *Content* había desaparecido poco después de partir de California, y jamás fue visto de nuevo. Poco más de dos años desde su partida, el 9 de septiembre, el *Desire* fondeó en el puerto de Plymouth, donde sus tripulantes se enteraron de la reciente derrota de la Armada Invencible.

Toda Inglaterra celebraba ya esta famosa victoria marítima, y la vuelta del segundo circunnavegador inglés fue otro motivo de júbilo y de emoción que para la capital. Adornado con sedas y rasos, y luciendo velas nuevas de damasco azul, el *Desire* pasó por delante del palacio real de Greenwich y saludó a la reina. Se dice que ella comentó:

> El rey de España ladra mucho pero no muerde. No nos importan los españoles; al fin y al cabo sus navíos cargados de oro y plata de las Indias se dirigen a nuestro país.

Sin embargo, no armó caballero a Cavendish, como él debía de haber esperado, si bien le ofreció un suntuoso banquete a bordo de su capitana. Se ha calculado que el valor del botín obtenido de la *Santa Ana* y de más de otras 20 presas realizadas en las costas del Perú y Chile era de 125.000 libras. Además de esto, Cavendish se había encargado de recoger información sobre rutas marítimas y sobre la organización del comercio español desde las Filipinas a China y al Japón. Volvió con un enorme mapa de China, y uno de sus marineros, Thomas Fuller, escribió una lista de latitudes, sondeos y derrotas de todo el viaje, publicada por Hakluyt. Estas noticias ampliaron, con mucho, las que había traído Drake. Era de esperar que en Inglaterra esta tarea de reconocimiento preparara el terreno para una nueva expedición que combinara el saqueo de las costas chilenas y peruanas con el comercio en las Indias Orientales, extendiendo así la guerra de los corsarios a regiones de conflicto aún más lejanas. Pero la buena suerte que había acompañado a Cavendish en esta ocasión, y la facilidad con se llevó a cabo el viaje con respecto a la provisión de agua y comestibles y la ausencia de enfermedades, sin duda había dado la errónea impresión que no sería difícil repetir la aventura.

El viaje del *Delight* de Bristol (1589-1590)

El 5 de agosto de 1589, tres buques levaron anclas en el puerto de Plymouth. Eran el *Wild Man* (300 toneladas), del capitán John Chidley, con 180 hombres, el *White Lion* (340 toneladas), al mando de Thomas Polwhele, tripulado por 140 hombres, y el *Delight* (120 toneladas), con 22 cañones y 91 hombres, capitaneado por Andrew Merrick. Les acompañaron dos pinazas de 14 ó 15 toneladas. No cabe duda de que se habían armado con el propósito de navegar en corso por el Mar del Sur, ni de que su viaje había sido inspirado por las proezas de Cavendish, pues se reveló que su destino era «la famosa provincia de Arauco».

Los gastos producidos por su flete fueron elevados, probablemente más de 10.000 libras, lo cual indica la mucha fe que se tenía en un empresa ambiciosa pero arriesgada. Naturalmente, al contrario que en el Caribe, para realizar proyectos de este tipo en el Mar del Sur hacían falta barcos más grandes, mejor armados y sumamente marineros, avituallados para doce meses en lugar de seis. Aun así, se invirtió mucho dinero, lo cual sugiere que sus promotores eran Chidley, terratenientes y caballeros aventureros, y no los mercaderes, que solían interesarse por empresas de menos riesgo.

Aunque todos los buques llegaron juntos a las Canarias, a fines de agosto o principios de septiembre el *Delight* se separó de los otros en el cabo Blanco, atravesó el océano, bordeó la costa del Brasil sin hacer escala y entró en Puerto Deseado. Ya habían muerto 16 hombres. Se quedaron allí durante 17 días para reponerse y limpiar su barco, esperando con desesperación que sus compañeros se reunieran con ellos, pero, a principios de enero de 1590, zarparon resueltamente rumbo al estrecho de Magallanes.

A pesar de estar en pleno verano, sufrieron seis semanas espantosas cuando el estrecho les recibió con los peores elementos de su mala reputación. Murieron ahogados 15 hombres que habían partido en una embarcación para cazar pingüinos, dos fueron muertos por los indios; siete u ocho veces avanzaron más allá del cabo Froward, pero los vendavales les hicieron retroceder. Aunque empezaron a circular rumores tal vez sediciosos, finalmente triunfó el sentido común y de mutuo acuerdo resolvieron volver a Inglaterra el 14 de febrero, llevando consigo al último superviviente de Rey Don Felipe o Puerto Hambre. Ya habían perdido a otros 38 hombres, de modo que les quedaba un número a todas luces insuficiente para emprender ataques o tripular cualquier presa en el Mar del Sur.

Fracasó su tentativa de apresar un barco en la costa del Brasil cuando su tripulación lo abandonó, varado entre la isla São Sebastião y la tierra firme. Cuando volvieron a tomar tierra en Alderney, una de las islas Anglonormandas, sólo estaban vivos seis marineros del *Delight*; al parecer, los otros murieron de hambre. Sin embargo, en la noche del 31 de agosto, el *Delight* se estrelló contra las rocas en la costa de Normandía, cerca de Cherburgo, pues había perdido todas sus anclas, salvo una. Se sabe poco de las experiencias de los otros barcos. Tanto Chidley como Polwhele murieron por una fiebre que asoló sus buques en la costa de Guayana. El *White Lion,* al mando de Benjamin Wood, que participó en otras expediciones de corso al Caribe, atracó en el puerto de Weymouth antes del 20 de enero. El *Wild Man* y una pinaza llegaron a la isla de Trinidad. El primero avistó la costa de Inglaterra en pleno verano de 1590, mientras la pinaza fue vendida por su tripulación en el puerto galés de Barry. Esta empresa sirve para ilustrar claramente por qué no se podría llevar la guerra de los corsarios al Mar del Sur, hasta que una nueva generación de marinos, los bucaneros, pudieron lanzar sus asaltos desde bases en el Caribe.

LA VUELTA FATAL DE THOMAS CAVENDISH (1591-1593)

Desde su vuelta del viaje de circunnavegación, Cavendish había empleado sus ganancias en recuperar sus tierras hipotecadas, divertirse pródigamente, invertir dinero en viajes de corso y comprar los barcos que necesitaba para su próxima empresa. No cabe duda de que le fascinaba la idea de conseguir la fama de ser el primer navegante dos veces circunnavegador del globo. Nuevamente pensaba en enriquecerse en el Mar del Sur, y, al mismo tiempo, no parece improbable suponer que aspirase a otros objetivos más a largo plazo mediante el establecimiento de relaciones comerciales entre Inglaterra y las Indias Orientales. En cuanto a este último proyecto, aún podía contar con la experiencia de sus dos prisioneros japoneses y del piloto portugués Nicolás Rodrigo. Otro interesante compañero en esta ocasión, a quien ya hemos conocido, era John Davis, explorador del paso del noroeste entre 1585 y 1587, y cuyas habilidades no vendrían mal en la travesía del estrecho de Magallanes. Su participación en la empresa añade planes exploratorios a los de comercio y corso, ya que una vez alcanzada la costa de California, tenía la intención de separarse para ir en busca del estrecho de Anián.

El 26 de agosto de 1591, partieron de Plymouth los siguientes navíos: el *Galleon Leicester* (400 toneladas), bajo el mando de Cavendish, el *Roebuck* (240 toneladas), a las órdenes de John Cocke, el *Desire* (120 toneladas), que volvía al Mar del Sur al mando del capitán Davis, el *Dainty* (60 toneladas), capitaneado por Randolph Cotton, y el *Black Pinnace* (40 toneladas), todos ellos aprovisionados para un año. Llevaban en total unos 80 cañones y 350 hombres, de los cuales una proporción elevada eran soldados y no marineros, algo poco prudente en un largo viaje por mar. Como los mercaderes de Londres no estaban dispuestos a ayudarle, Cavendish de nuevo se vio obligado a vender o hipotecar sus tierras con el fin de cubrir unos gastos de casi 13.000 libras. Su patente real le autorizó para emprender un viaje «encaminado al servicio nuestro y del reino, y al aumento de sus propios conocimientos».

A consecuencia de haber optado por no desembarcar en la costa africana, pudo ser que disminuyera los frecuentes casos de fiebres entre los marineros, pero éstos pronto enfermaron de escorbuto por falta de víveres frescos, cuando se detuvieron unos 27 días en las calmas de la línea equinoccial. Drake también había observado que no era infrecuente que, durante los largos y aburridos días esa zona, los tripulantes se pusiesen nerviosos y pendencieros, siempre al acecho del primer soplo de un viento inconstante. En esta ocasión, Cavendish tomó en serio la acusación hecha por los dos japoneses de que el piloto portugués había tratado de persuadirles a abandonar la flotilla en el Brasil, por lo que le hizo ahorcar. Apareció dicha costa a fines de noviembre, y el 16 de diciembre se apoderaron de Santos, donde acorralaron a la población mientras asistían a misa. Era natural que Cavendish quisiese abastecer su escuadra antes de pasar el estrecho, pero se retrasó tanto —hasta el 24 de enero de 1592— que perjudicó la perspectiva de llegar al Mar del Sur, y no parece que estuvieran bien provistos de víveres cuando dejaron atrás Santos, São Vicente y varios ingenios de azúcar incendiados.

A la altura del Río de la Plata, la expedición sufrió el primero de varios accidentes que, con mucho, iban a diferenciarla de la de 1586. El 7 de febrero les azotó un fuerte viento pampero que hundió dos chalupas y una pinaza recién construida en Santos, mientras el *Dainty*, cargado con su botín, se hizo rumbo a Inglaterra. Los demás fueron dispersados por la tormenta, hasta que, de milagro, el 16 de marzo se reunieron en Puerto Deseado, aunque Cavendish no había designado un punto de reunión en caso de necesidad. De este modo, el otoño llegaba antes de que se hubiesen aproximado al estrecho. En contraste, los navíos del conde de Cumberland se habían dado por vencidos en la tercera semana de febrero. Además, es obvio que cuando más declinaba el verano, más se desmoralizaban los tripulantes, y sólo era de esperar que siguieran haciéndolo. El antagonismo entre ellos y su comandante se refleja en las palabras de Cavendish, que ya se refería a ellos como «la compañía más despreciable y sediciosa que jamás fuera sacada de Inglaterra por cualquier ser humano».

En este ambiente ominoso, los cuatro navíos doblaron el cabo Vírgenes el 8 de abril, pero diez días después no pudieron avanzar más allá del cabo Froward, en condiciones que empeoraban cada día. En 1590, la tripulación del *Delight*, a mediados de febrero, había abandonado su paso por el estrecho en este lugar. Durante una sola semana murieron 41 hombres en el *Galleon Leicester,* y otros 70 estaban enfermos. Algunos sufrían los efectos de la congelación, y perdieron los dedos del pie o, en un caso famoso, la nariz, cuando un pobre hombre intentó sonarse. «Fue», como dice Cavendish, «el comienzo de un invierno extremo, no soportable por cristianos». Como solía ocurrir en estos períodos de muchas privaciones, salieron a luz las opiniones encontradas de los distintos capitanes. Davis, acostumbrado al penetrante frío, prefería invernar en el estrecho de Magallanes, mientras que Cavendish deseaba ahora descansar en Puerto Deseado o en San Julián antes de dirigirse a China por el cabo de Buena Esperanza.

De todos modos, los cuatro navíos partieron juntos del estrecho tras haber dejado en tierra a los que estaban gravemente enfermos, otra muestra de la crueldad de Cavendish. Sin embargo, el 20 de mayo, a la altura de Puerto Deseado, el *Desire* y el *Black Pinnace* desaparecieron en la noche, según Davis cuando todos los navíos estaban envueltos en una espesa niebla. Hay que reconocer que esta separación le proporcionó la oportunidad que deseaba para seguir su derrota preferida, en busca del estrecho de Anián. Según Cavendish, fue un acto deliberado por parte de Davis, «ese canalla que me ha matado y destruido toda la empresa». Lo raro es que Cavendish de nuevo había dejado de indicar el siguiente lugar de reunión y, pese a adivinar que Davis se habría refugiado en Puerto Deseado, no hizo nada para encontrarle allí; al contrario, muchas de las siguientes acciones de Davis se pueden interpretar como un esfuerzo por reunirse con sus compañeros. Es cierto que la desaparición de Davis agravó la fatiga mental de Cavendish.

Davis volvió a Puerto Deseado el 26 de mayo, para reparar sus dos navíos y aprovisionarse de mejillones y de carne de pingüino y de foca. También se vio forzado en ambos barcos a impedir un motín instigado por parte de los caballeros aventureros, que no compartían su entusiasmo por un largo viaje desde una extremidad del globo a la otra, en busca de un estrecho que posiblemente no existía. De este modo, el *Desire* y la pinaza hasta el 7 de agosto no zarparon rumbo al estrecho de Magallanes. Una semana más tarde se narra cómo

fueron empujados entre ciertas islas jamás descubiertas hasta entonces y de las que ningún relato hace mención, las cuales se hallan a 50 leguas de la costa al nordeste del estrecho, frases que han sido citadas y examinadas por los que quieren reivindicar los derechos británicos sobre las islas Malvinas. El 18 de agosto, los dos barcos volvieron a entrar en el estrrecho, en pleno invierno. Gracias a la destreza de Davis, consiguieron hacer avances hasta la salida al Mar del Sur, con la esperanza de alcanzar la isla Santa María, pero, a partir del 14 de septiembre, en tres ocasiones fueron obligados a resguardarse de los vientos. En el último intento, el 10 de octubre, el *Black Pinnace* se fue a pique, con todos sus tripulantes. El *Desire* volvió al Atlántico, efectuando en sólo 17 días la segunda travesía completa del estrecho desde el cabo Deseado hasta el cabo Vírgenes. Echó anclas en el Puerto Deseado el 30 de octubre, en esta ocasión para aprovisionarse antes de regresar a Inglaterra, tan dañado que Davis ya no pensaba en el Mar del Sur. Sin embargo, no habían terminado sus desgracias, pues los patagones mataron aquí a nueve marineros; en la Ilha Grande, el 30 de enero de 1593 los portugueses atacaron por sorpresa a otros 21 que buscaban agua, y la carne de 14.000 pingüinos se pudrió, produciendo gran cantidad de «un gusano muy asqueroso y feo» que infestó todo el barco. Cuando el 11 de junio el *Desire* arribó a Berehaven, en la bahía Bantry (Irlanda), sólo 16 hombres de una dotación original de 76 estaban vivos, y sólo cinco (incluido Davis) eran capaces de gobernar el barco. Sin duda, Davis sobresalía como capitán tolerante y siempre como navegante experto, cuya firme determinación de resolver un enigma geográfico y ofrecer a sus compatriotas su propia ruta al Oriente parecía ser un deseo más fuerte e imbatible que la simple intención de acumular despojos en las costas del Perú. Defendió sus acciones en la dedicatoria de *The seaman's secrets* (1594), una guía práctica de navegación.

Mientras tanto, las acciones y la conducta de Thomas Cavendish durante los meses que pasó en las costas del Brasil demuestran lo trastornado que estaba psicológica y emocionalmente, un estado en parte provocado por la muerte de los hombres que envió a tierra en busca de provisiones y agua. En São Vicente fueron muertos o capturados unos 25 que desembarcaron, mientras que en Espíritu Santo volvieron a sus barcos sólo 55 de los 80 que fueron a tierra, los más gravemente heridos. Una decisión que ya había adoptado, y que pensaba guardar en secreto durante todo el tiempo que fuese posible, era combinar los recursos de ambos navíos, sacándolo todo del *Roebuck* para después barrenarlo. Sin embargo, los tripulantes de este buque («estos canallas in-

242 Navegantes británicos

sensibles», según Cavendish), cuyo capitán, Cocke, estaba mortalmente enfermo, resolvieron encargarse de su propio futuro y se alejaron hacia Inglaterra.

No se sabe por qué ruta regresaron. Como llevaban la mayor parte de los víveres, menos enfermos y a los cirujanos de ambos buques, Cavendish se quejó de que «el *Roebuck* me dejó en la situación más triste en que jamás se haya dejado a un hombre». Posiblemente, les indujo a hacer esto la revelación de otro proyecto de su almirante.

Éste consistía en resucitar el antiguo proyecto de Edward Fenton de apoderarse de la isla Santa Elena y esperar allí la llegada de los galeones portugueses, que volvían cargados de especias y mercancías finas de la India. Luego, podrían intentar de nuevo pasar por el estrecho de Magallanes:

> Les aseguré claramente que a Inglaterra nunca consentiría en ir, y que si no estaban dispuestos a tomar las derrotas que pensaba seguir, entonces yo estaba resuelto que el barco y todos se hundieran juntos en el mar.

Uno se pregunta cómo, en caso de enriquecerse por esta acción, pudo haber pensado jamás que su gente querría de buena gana volver a emprender el viaje, especialmente cuando de los 90 supervivientes 60 eran soldados y no marineros.

Sin embargo, para imponer su punto de vista, Cavendish recurrió a la violencia, amenazando con estrangular con sus propias manos a uno de los cabecillas de los que se amotinaron de repente. Recientemente ya habían visto cómo ahorcó a un piloto portugués que se ofreció a guiarles por una barrera de arena cerca de Espíritu Santo, cuando, en efecto, descubrieron que el agua no era lo bastante profunda para que pudieran entrar en el puerto; también recordaron cómo había abandonado a sus compañeros enfermos en el estrecho, y de cómo en octubre de 1592, en la isla São Sebastião, había dejado a otros 20 que a su parecer estaban a punto de morir [3].

En realidad, aunque siguieron rumbo a Santa Elena, no lograron encontrarla, ni tampoco el segundo destino escogido por la tripula-

---

[3] Uno de ellos, Antony Knivet, escribió una relación de sus aventuras. Volvió a Inglaterra en 1601; Purchas, tomo XVI, cap. VII.

ción, la isla Ascensión. Esto fue el colmo. El estado mental de Cavendish puede juzgarse por su constante compasión de sí mismo, el culpar siempre a los otros y por su declaración de que ya había decidido «poner fin allí a mi vida desgraciada». No se sabe si murió por su propia mano, pero él estaba seguro de que iba a morir, y se preparó para ello mientras el *Galleon Leicester* se dirigía a Inglaterra, en octubre y noviembre. De nuevo ignoramos cómo llegó, pero estaba en Portsmouth, junto con el *Roebuck*, en marzo de 1593.

Cuando se ponen juntos los dos viajes de Thomas Cavendish, se concluye que el extraordinario éxito del primero se debió más a la buena fortuna que a habilidades náuticas excepcionales. Los navíos de la segunda expedición estaban bien armados, pero no avituallados con suficiente cuidado. Les faltaban marineros experimentados, y sobraba gente que no lo era. Eran demasiado grandes, y difíciles de gobernar en aguas poco conocidas. También hay que poner en duda los retrasos y la decisión equivocada de entrar en el estrecho a principios del invierno. Por lo que respecta a defectos personales, no pueden dejar de mencionarse los ataques de cólera de Cavendish y, sobre todo, su falta de sensibilidad, o más bien su crueldad para con la tripulación. No ha de sorprendernos que se sintiera perseguido, ni que todo el mundo estuviese en contra de él. En último término, partidario de modo paranoico del propósito original de llegar al Mar del Sur, sin prestar nunca atención a otros consejos, por ejemplo de Davis, la afirmación fatigosa y debilitadora de sus propios objetivos en contra de la oposición y el fracaso último le trastornaron mentalmente.

RICHARD HAWKINS EN EL MAR DEL SUR (1593-1594)

Por supuesto, Richard Hawkins nació para seguir una carrera marítima. Cuando tenía unos 20 años, cruzó el Atlántico hacia las Indias por primera vez, acompañando a su tío William en 1582, volvió con Drake en 1585 y capitaneó un navío real en la batalla contra la Armada Invencible en 1588, siendo empleado en asuntos marítimos durante los años intermedios. Luego, decidió encargarse de un viaje de exploración y de comercio a las Indias Orientales y a China a través del estrecho de Magallanes, y uno se imagina que también le tentaba la perspectiva de apropiarse de las riquezas del Perú. Con estos propósitos, hizo construir en el río Támesis un navío de 300 a 400 toneladas. Aunque su madrastra lo bautizó *Repentance*, el nombre le desagradó tanto a la reina, que lo vio al bajar por el río hacia Greenwich, que exigió que se cambiara por el de *Dainty*, y zarpó del Támesis hacia Plymouth el 8 de abril de 1593. Iba acompañado por la pinaza *Fancy* (60 toneladas) y un transporte, *Hawk*, que Hawkins pensaba dejar en la costa del Brasil o en el estrecho, una vez concluida su tarea de llevar los bastimentos. En total los tripulaban 164 hombres.

Temiendo caer enfermos con fiebre, resolvieron no hacer escala en las Canarias ni en las islas de Cabo Verde, pero, al igual que le sucedió a Cavendish, cuando llegaron a la línea ecuatorial comenzaron a propagarse los síntomas del escorbuto. El problema se agravaba por el hecho de que los navegantes británicos aún no habían aprendido a seguir un derrotero más al norte, con el objeto de evitar lo peores efectos de las calmas. Según Hawkins, algunos atribuían la enfermedad a la pereza, a la soberbia o a un cambio de régimen en climas tropicales. Los remedios que propone en *The observations of Sir Richard Hawkins* (1622) consistían en limpiar sus navíos con vinagre, no comer carne salada ni pescado, hacer ejercicio con regularidad, y comer naranjas y limones amargos, con los que se curaron algunos en el primer puerto de arribada, Espíritu Santo, a fines de octubre. Como el gobernador rehusó traficar con ellos, prosiguieron su viaje hasta las islas de Santa Ana, al norte de Río de Janeiro, donde el 5 de noviembre pudieron desembarcar y levantar tiendas para los que todavía estaban enfermos. Hasta el 18 de diciembre no pusieron rumbo directamente al estrecho, tras haber quemado el *Hawk*. Pero, como le sucedió a Cavendish, a la altura del Río de la Plata les alcanzó un viento pampero, un incidente que el *Fancy* aprovechó para abandonarlos y regresar a Inglaterra:

> Lo que significaba el desbaratamiento de nuestro viaje, porque no teníamos pinaza para ir en adelante, descubrir cualquier peligro, buscar las radas y los fondeaderos, y para ayudarnos a hacer aguada y abastecernos,

escribe Hawkins, un buen testimonio de la importancia de estas embarcaciones.

En la mañana del 2 de febrero de 1594, los marineros divisaron una tierra en los 48° S que no figuraba en sus cartas náuticas. Hawkins la describe como «un país magnífico y poblado: vimos muchos fuegos, tiene grandes ríos de agua fresca, no es montañoso». Tal vez a imitación de la Virginia de Raleigh, en honor a su reina la llamó Hawkins Maidenland, ignorando que de todo ello iba a originar una controversia, provocada por los que juzgan que éste es el descubrimiento de las islas Malvinas, aunque en realidad éstas se encuentran en los 52°. El 10 de febrero, el *Dainty* dobló el cabo Vírgenes y entró en el estrecho de Magallanes, llegando al Mar del Sur 46 días después, o sea, el 29 de marzo. La descripción que hace Hawkins de cómo cazaron pingüinos, patos y alcatraces explica en parte por qué los marineros británicos solían preferir esta ruta, donde era posible encontrar víveres, aun después del descubrimiento del cabo de Hornos. No obstante, no pudo evitar el enfrentarse con las quejas de quienes deseaban volver al Brasil. Al contrario que Cavendish, aconsejó a los que vendrían después

> siempre obrar por medio de consultas, si la necesidad y la ocasión no piden lo contrario, porque muchas veces la pasión domina, pero la decisión que se pronuncia y se ejecuta de común acuerdo es justificada.

El 19 de abril, el *Dainty* fondeó cerca de la isla Mocha. La prudente intención de Hawkins era continuar su viaje lejos de la costa hasta alcanzar al menos la latitud de Lima, para que las autoridades españolas no advirtiesen su presencia en esas aguas. Pero sus tripulantes, ansiosos de satisfacer su «deseo de pillaje» y su «codicia de despojos», le persuadieron a comenzar en Valparaíso una serie de asaltos contra los puertos. Inmediatamente, apresaron cuatro naves cargadas de comestibles y vinos; luego, una quinta, procedente de Valdivia «con una buena cantidad de oro» y un piloto, Alonso Pérez Bueno, a quien detuvieron para que les guiara por la costa. Antes de que hicieran escala en Coquimbo, «el mejor puerto que he visto en el Mar del Sur», y luego Arica, el reciente robo del oro había avivado tanto la codicia que algunos desconfiados tripulantes temían que Hawkins les robara su tercera parte de todo el botín. Por tanto, se acordó guardar éste en una caja que sólo podía abrirse con tres llaves, una de las cuales debía estar en manos de una persona nombrada por los marineros. En Arica sólo apresaron un barco cargado de pescado, y no de la plata por la que tenía tanta fama. Pero, más descorazonador aún, a la altura de Cañete, a mediados de mayo, divisaron una flotilla de tres galeones, tres pataches y 500 hombres enviados por el virrey García Hurtado de Mendoza, marqués de Cañete, y al mando de su cuñado, Beltrán de Castro y de la Cueva.

En este primer encuentro, Hawkins tuvo suerte, pues en seguida le desconcertó descubrir que los españoles no sólo le superaban en número de navíos y tripulantes, sino que las naves peruanas estaban mucho mejor adaptadas a las condiciones predominantes en esas aguas, especialmente para la navegación de bolina. Eran de líneas afiladas, de palos ligeros y de una extensa envergadura de velas, de modo que lograron colarse a barlovento del *Dainty*. Sin embargo, antes de que pudieran aprovechar esta ventaja, el viento arreció mucho más que lo normal en esta zona, partiendo el palo mayor de la capitana peruana, y rompiendo vergas y velas de otros navíos. Así, el *Dainty* escapó durante la noche y la flota peruana volvió con dificultad a El Callao, donde se burlaron de su desgraciado almirante. Como no quería tentar a la suerte por segunda vez, Hawkins resolvió entonces dirigirse a las Indias Orientales o a China.

Sin embargo, los tripulantes del *Dainty* le instaron de nuevo a hacerse con presas en la costa peruana. Aunque al norte de El Callao prendieron un barco que hacía agua y navegaba mal, persiguieron otros dos que lograron huir, demostrando otra vez la mayor navegabilidad de las naves peruanas. El 10 de junio se refugiaron en la bahía de Atacames para hacer aguada y carenar el *Dainty*, pero al hacerse a la vela el día 19 descubrieron que Beltrán de Castro venía a hacerles frente al mando de la almiranta peruana y de una galizabra. Después de tres días de furiosos combates, el *Dainty* estaba acribillado por las balas y a punto de hundirse, y de la escasa dotación de 75 hombres, 19 marineros habían muerto y 40 estaban heridos (también Hawkins). De esta forma, al pedírselo por tercera vez, Hawkins decidió rendirse el 22 de junio, conforme a las generosas y honorables condiciones que le ofreció Beltrán de Castro, a saber, que se permitiría a los supervivientes regresar a su país. En efecto, Hawkins elogia con entusiasmo a su adversario, pero los tripulantes del *Dainty* tardaron tres años en volver a Inglaterra, y él no se reunió con sus amigos y su familia hasta 1602, después de estar encarcelado en el Perú y España y de haber pagado un rescate. Al año siguiente, el rey Jacobo I le armó caballero. En cuanto al *Dainty*, una vez achicada el agua con bombas, fue llevado a remolque a Panamá, se reparó y, con el nuevo nombre de *Nuestra Señora de la Visitación,* se incorporó a la Armada del Mar del Sur hasta 1615.

La intervención de Richard Hawkins fue la última expedición inglesa que llegó al Mar del Sur en el siglo XVI. Durante unos 20 años, los navegantes británicos se habían familiarizado con el estrecho de Magallanes y con el litoral atlántico y pacífico de Sudamérica. En dos ocasiones regresaron con botines de un extraordinario valor. Vieron ricos mercados en las Indias Orientales y dieron los primeros pasos en la creación de un comercio y un imperio mundiales. Las descripciones del Perú y Chile parecían confirmar hasta los sueños más extravagantes con respecto a sus riquezas, e indicar la idoneidad de varias regiones donde establecer colonias.

Sin embargo, en una época en que los viajes de corso todavía dominaban la empresa marítima inglesa en ultramar, las Antillas ofrecían perspectivas más seguras de enriquecerse con una inversión menor. Además, el viaje a las Indias Orientales por el cabo de Buena Esperanza intimidaba menos a los navegantes. Y cuando los ingleses empezaron a interesarse por la fundación de colonias, Norteamérica tenía la ventaja de no estar tan lejos y de gozar de un clima templado. En efecto, este breve período de exploración inglesa en el Atlántico Sur y en el Mar del Sur subrayó el aislamiento del Perú, los peligros que se cernían sobre los que ansiaban llegar allí, el agotamiento físico y mental de los marineros y lo importante que era siempre tener buena suerte y navegar a las órdenes de un capitán resuelto y experto. Al mismo tiempo, acabamos de ver que los españoles estaban mucho mejor preparados para rechazar una intervención que cuando el *Golden Hind* recorrió las costas del Perú, de modo que no era fácil apropiarse de sus legendarias riquezas, pero aunque en Inglaterra se desvaneció el interés por hacerlo, no desapareció por completo.

IV

BRASIL Y LA COSTA DE GUAYANA (1580-1631)

Viajes comerciales al Brasil (1580-1595)

Por la falta de pruebas documentales, hemos de limitarnos a suponer que los viajes comerciales al Brasil realizados por barcos ingleses continuaron después de los que ya tratamos en los años treinta y cuarenta. No hay motivos para creer que los pobladores portugueses ya no estaban interesados en adquirir manufacturas inglesas, ni la familia Hawkins y sus socios productos brasileños, ahora sobre todo el azúcar más que el palo brasil, que dominaba el comercio hacía una generación. Además, el viaje de Francisco de Orellana por el río Amazonas desde el Perú al océano Atlántico, realizado entre 1541 y 1542, despertó cierta curiosidad entre los marineros y los mercaderes británicos, pues parecía establecer una conexión navegable entre dos regiones cuyas riquezas querían explotar, y, de hecho, algunos marineros ingleses ya se habían alistado en una segunda expedición de Orellana para regresar al Perú por la misma ruta, cuando fueron despedidos por razones de seguridad.

No obstante, los únicos datos verosímiles sobre viajes ingleses al Brasil sólo aparecen tras el «famoso viaje» de circunnavegación de Drake. Algunos de los que deseaban imitarle, por ejemplo, Fenton, no lograron avanzar más allá de la costa brasileña en sus esfuerzos por llegar al Mar del Sur, pero, a la vez, otros se contentarían desde el principio con el tráfico en la costa oriental de Sudamérica. El nuevo interés nació aun antes de la vuelta de Drake, como consecuencia los informes sobre el Brasil que llegaron a Inglaterra el 2 de junio de 1579, fecha en que volvió a Ilfracombe la *Elizabeth*, separada del *Golden Hind* en la costa de Chile. Su capitán, John Winter, conoció en São Vicente a otro inglés, John Whithall, casado con la hija de un genovés propietario de un ingenio de azúcar. Un año antes, Whithall había escrito a un amigo en Londres proponiéndole que aprestara un navío cargado de manufacturas inglesas que podría cambiar por azúcar. Afirmaba que

> este viaje es tan bueno como cualquier viaje al Perú y como estímulo adicional añade, han descubierto ciertas minas de plata y de oro, y cada día andan buscando dueños para venir a explotar las dichas minas.

Según la relación escrita por el contador Thomas Grigg, el 3 de noviembre de 1580 el *Minion*, al mando de Stephen Hare, zarpó de Harwich con géneros que pertenecían a cinco mercaderes acostumbrados a comerciar con España y Portugal. Se entrevistaron con el suegro de Whithall en la isla de São Sebastião el 16 de enero de 1581, y el 3 de febrero fondearon en Santos, donde descargaron una cama para Whithall. Aunque se quedaron en la costa durante unos cinco meses, el comercio se redujo a cargar un poco de azúcar en Santos, pues los eclesiásticos incitaron a los funcionarios a evitar todo trato con los herejes, y en Bahía el *Minion* tuvo que alejarse rápidamente de la costa, después de intercambiar cañonazos con las baterías de tierra. De todos modos, las palabras de Grigg muestran que los ingleses pensaban en otros objetivos, ya que escribe de «la provincia del Perú, solamente a doce días de viaje de Santos», del comercio por tierra desde el Perú al Río de la Plata y del hecho de que «esos salvajes del Perú poseen grandes cantidades de oro y plata».

En noviembre de 1582, ayudado por su hermano menor, John, y por Drake, William Hawkins el joven se dispuso a viajar a las costas de África y del Brasil al mando de una poderosa expedición formada por el *Primrose* (300 toneladas), el *Minion* (180 toneladas), cuatro barcos de unas 100 toneladas y una pinaza de 80. El vicealmirante era su sobrino, Richard Hawkins, hijo de John. Puesto que la flotilla era tan fuerte, es probable que tuviera la intención de combinar el comercio con un viaje de corso. En realidad, en las islas de Cabo Verde renunciaron al proyecto de ir al Brasil a favor del de contrabandear y piratear en el Caribe. Entre las distintas razones que aducen, la estación avanzada, el deterioro de sus comestibles y mercancías, la reducción del número de tripulantes debido a conflictos con los portugueses, y el temor a encontrarse con la flota de Flores de Valdés en el litoral brasileño, la última parece la más probable. Sin saberlo, Hawkins tomó la decisión correcta, pues las oportunidades para el comercio inglés habían disminuido después del feroz combate entre Edward Fenton y los navíos españoles cerca de São Vicente, en enero de 1583.

En este mismo año, otro consorcio de mercaderes londinenses cargó de víveres el *Merchant Royal*, capitaneado por Robert Flick, con destino a Pernambuco, donde se habían enterado de que había una gran escasez de comestibles. Lograron vender al menos una parte de su carga, y al partir dejaron en tierra a varios factores para encargarse del comercio futuro. Dos de éstos fueron capturados por Flores de Valdés, que les embargó sus géneros y les envió a Sevilla encadenados. Sin embargo, el mismo consorcio volvió a traficar en la costa del Brasil entre 1584 y 1585. Mientras tanto, en 1583, Edward Cotton, de Southampton, armó un barco con destino al Río de la Plata para combinar la caza de focas con el comercio en los puertos brasileños, pero naufragó en la costa de Guinea. Tras esta serie de expediciones comerciales tan escasamente provechosas, parece ser que el interés británico disminuyó hasta la vuelta de Abraham Cocke, en 1593. Había sido tripulante en el *Minion*, hacía más de una década, y debido a una riña con su capitán optó por quedarse en el Brasil, donde le habían encontrado los navíos del conde de Cumberland en 1587. Ahora iba a quedarse en esa costa hasta 1595.

Pero el viaje que marcó el punto culminante de este período, aunque el objetivo ya no era el comercio, sino el corso, fue el de sir James Lancaster. Declara que había pasado su juventud en Portugal, se había aficionado a los viajes de corso a fines de los años ochenta, capitaneó un navío en la batalla contra la Armada Invencible, y más recientemente hizo entre 1591 y 1594 un desastroso viaje a las Indias Orientales por el cabo de Buena Esperanza. Los financiadores de su nueva empresa eran mercaderes de Londres, incluido John Watts. Le confiaron el *Consent* (240 toneladas), el *Salomon* (170 toneladas) y el *Virgin* (60 toneladas), tripulados por unos 275 hombres, que se hicieron a la vela en Blackwall, en el río Támesis, en octubre de 1594. Al recorrer la costa africana, el piloto de una de las varias naves que apresaron les informó de que un galeón portugués procedente de las Indias Orientales había varado en la rada de Pernambuco, donde se habían descargado sus mercancías. Esta noticia reafirmó la resolución de Lancaster de dirigirse a ese puerto para saquear sus almacenes, acompañado por otros dos corsarios que acababan de encontrar en la isla de Maio, Edward Fenner y Martin Phillips, capitanes, respectivamente, del *Peregrine*, de Portsmouth, y del *Welcome*, de Plymouth. Tomaron tierra al sur del cabo Santo Agostinho, se dirigieron rápidamente a su destino y no perdieron tiempo en asaltarlo, el 18 de abril de 1585. Siguió un mes de saqueo, de resultas del cual Lancaster se vio obligado a fletar unas naves holandesas ancladas allí para ayudarle a transportar las mercancías a Inglaterra, y dividir lo que quedaba con cinco corsarios franceses que después fondearon allí. Durante un mes resistieron con pocas bajas 11 resueltos ataques de los portugueses, para expulsarlos o para incendiarles los navíos, salvo en el último caso, cuando la impetuosidad de su ataque culminó en la muerte de unos 35 hombres.

Era, así, una flota de 15 velas, que finalmente se alejó de la costa brasileña cargada de botín, y sólo una de ellas, una presa española, abandonó la travesía. La mayor parte del botín consistía en el cargamento del galeón portugués, productos de las Indias Orientales. Lo demás era azúcar y palo brasil, éste cargado sobre todo en los buques franceses. El valor de las mercancías, que se descargaron en Inglaterra en el mes de julio, alcanzaba por lo menos las 50.000 libras. Por tanto, con mucha razón Hakluyt da a la empresa el título de «viaje bien gobernado y próspero», ya que su éxito se debía en gran parte a la constante y resuelta dedicación de su comandante al objetivo de la empresa, y a la confianza que pudo inspirar en su gente y en los franceses y holandeses que le ayudaron. Entre 1601 y 1603, era comandante de la primera expedición de la Compañía de las Indias Orientales, y estableció una factoría en Sumatra.

LA PRIMERA EXPEDICIÓN DE SIR WALTER RALEIGH A GUAYANA (1595)

Desde los años treinta, los españoles estaban buscando en América una tierra fabulosamente rica que a partir de la década siguiente se conocía generalmente como el reino de El Dorado. Según la leyenda, su soberano se bañaba en las aguas de un lago después de cubrirse el cuerpo con oro en polvo. Lo buscaban en los Andes de Colombia, a través de los llanos de Venezuela, y por los ríos Orinoco y Amazonas.

La intervención de sir Walter Raleigh en esta búsqueda se debe a dos circunstancias fortuitas. En primer lugar, el 11 de agosto de 1586, cuando iba con destino a España para reclutar gente que reforzara las colonias que acababa de crear en el estrecho de Magallanes, Pedro Sarmiento de Gamboa fue detenido y torturado en las Azores por corsarios de barcos armados por Raleigh. En septiembre, los dos se conocieron en Londres, donde se supone que el futuro explorador inglés se entusiasmara con los relatos de los incas y de una civilización perdida en el interior de Sudamérica. Raleigh escribió en 1596:

> hace ya muchos años tuve conocimiento, por una relación, del poderoso, rico y hermoso imperio de Guayana, y de aquella grande y áurea ciudad que los españoles llaman El Dorado y los naturales Manoa[1].

Se ha afirmado que, en 1587, Ralegh elaboró un extraño proyecto, que dejó a dos muchachos ingleses en la isla de Trinidad, y a otros dos en la desembocadura del río Orinoco, para reconocer el territorio. Sea verdad o no, lo cierto es que en 1594 Ralegh envió al capitán Jacob Whiddon a Trinidad, con el fin de recoger información sobre Guayana y ponerse en contacto con los indios. Asimismo, a través de sus conversaciones con corsarios como William Parker, y con los comerciantes que frecuentaban Trinidad para comprar tabaco, Raleigh acumuló datos geográficos y náuticos de uso práctico referentes al golfo de Paria.

El segundo golpe de suerte que parecía confirmar la idea de que El Dorado se encontraba en las proximidades del río Orinoco fue la captura de una nave española por el corsario inglés George Popham, en 1594. En ella descubrió cartas tocantes a El Dorado, y especialmente a los esfuerzos hechos por encontrarlo en nombre del gobernador de Trinidad, Antonio de Berrío, que inició su propia búsqueda hacía una década, viajando río abajo, desde Nueva Granada hasta el océano Atlántico. Según una de las cartas, un compañero suyo, Domingo de

---

[1] Además de ser navegante, cosmógrafo y soldado, Sarmiento era poeta, traductor y censor de poesías, y autor de la *Historia de los incas o Historia indica* (1572). Salió de Inglaterra el 30 de octubre de 1586, pero no volvió a España hasta septiembre de 1589, tras experiencias poco agradables en Francia.

Vera, descubrió oro entre 1592 y 1593, y creía que su origen se hallaba en la cabecera del río Caroní, afluente del Orinoco. Antes de que Berrío pudiera averiguarlo, llegó Raleigh. Así pues, el oro era la gran atracción. «El país tiene mayor cantidad de oro en abundancia que la mejor parte de las Indias, o el Perú», dice. Sin embargo Raleigh deseaba también recuperar el favor de la reina, tras su breve encarcelamiento en 1592 por haberse casado clandestinamente con una de sus damas de honor. Por tanto, en *The discoverie of the large, rich and bewtiful empyre of Guiana* (1596), presenta esta primera empresa como una estrategia nacional para hacer la guerra contra España, adquirir oro para la reina y descubrir «para su magestad unas Indias mejores que cualesquier que tenga el rey de España». Le aseguró que tenía un significado a largo plazo mayor que las triviales depredaciones de los corsarios en el Caribe, que corrían «de cabo en cabo, de lugar en lugar, para saquear presas comunes».

Pero la reina Isabel aún estaba enfadada, y no se mostraba dispuesta a participar de modo directo. Los armadores de los viajes de corso se contentaban con las ganancias que venían de las Antillas, y demasiadas personas se acordaban aún de la tragedia de Virginia y de la amarga desilusión que siguió al haber soñado con el oro ártico. Así, Raleigh no tuvo más remedio que recurrir a sus parientes y amigos, aparte de las contribuciones de sir Robert Cecil, secretario de la reina, sir John Hawkins, y el almirante mayor Charles Howard, que aportó su buque *Lion's Whelp*. El 6 de febrero de 1595, además de este barco, Raleigh partió con unos 300 hombres en una pequeña presa española al mando de Lawrence Keymis, su capitana, al mando de Jacob Whiddon, y otra pequeña embarcación.

Mientras tanto, Robert Dudley, nieto del duque de Northumberland, que hacía 60 años había pensado en enviar una expedición al Perú por el Amazonas, aprestó una expedición que llegó a Trinidad antes que Ralegh, el 31 de enero de 1595. Decidió no enfrentarse con los soldados de Berrío, y envió una lancha que ascendió el Orinoco durante 400 kilómetros sin encontrar nada más interesante que la marcasita, e hizo varias presas en el Caribe antes de volver a Saint Ives a fines de mayo. Es autor del famoso y espléndido *Arcano del mare* (1645-1646).

La expedición de Raleigh llegó el 22 de marzo a Trinidad, donde su primer objetivo era reunirse con Berrío para aprender cuanto fuera posible acerca de sus exploraciones. Cuando el gobernador rehusó tratar el asunto, la noche del 7 de abril Raleigh desembarcó a unos 100 hombres que se apoderaron de la capital, San José de Oruña, y más tarde la incendiaron. La mayoría de los soldados consiguió escapar, pero, según las relaciones españolas, el sobrino de Berrío, Rodrigo de la Hoz, y una docena de soldados fueron atados de pies y manos y muertos a estocadas uno tras otro durante la noche. Los ingleses sólo perdonaron la vida a Berrío y a su teniente. Raleigh intentó disculparse débilmente, afirmando que sólo se vengaba en Berrío porque organizó una emboscada en la que murieron ocho ingleses que acompañaron a Whiddon en 1594 y porque le habían informado de que los españoles trataban con crueldad a los indios. Es posible, en realidad, que fuese la intención de Raleigh causar una buena impresión entre los indios, puesto que necesitaba su cooperación como aliados y para descubrir y explotar la tierra de El Dorado. En todo caso, no podría abandonar sus navíos y remontar el río Orinoco en lanchas mientras existiese un presidio de soldados españoles en Trinidad.

Como no fue condenado por el astuto gobernador, que se valió de todos los argumentos para convencerle de la inutilidad de su empresa, Raleigh entró el 17 de mayo en el delta del Orinoco con dos esquifes, una chata, una chalupa y una galera que había hecho construir, modificando el casco de la presa española. Fue la primera exploración inglesa del interior de Sudamérica. Pasaron dos semanas pésimas tratando de no perderse en ese laberinto de canales, con la vista obstruida por los altos árboles, el calor sofocante y debilitador y las provisiones rápidamente agotadas. De repente, a fines de mayo encontraron la corriente principal del Orinoco y el paisaje se convirtió en

> la tierra más hermosa que jamás han visto mis ojos, llanuras de más de 30 kilómetros de largo, la hierba corta y verde, y en varios lugares arboledas solitarias; los venados venían a comer al lado del agua como si fuesen llamados por un guardián.

El único inconveniente parecen haber sido los caimanes.

Limitándose prudentemente a explorar y a ganar el favor de los indios, Raleigh ascendió hasta la aldea de Morequito, en la confluencia del río Caroní, a unos 240 kilómetros de la costa, pero no pudo continuar, pues el río crecía debido a las lluvias. Sin embargo, un grupo marchó por tierra hasta las cataratas de Macagua. A mediados de junio, todos habían regresado a sus navíos en la costa, salvo Francis Sparrey y un muchacho, Hugh Goodwin, a los que dejaron atrás para aprender las lenguas indias e informarse sobre el oro [2]. Atento a la necesidad de convencer a los futuros promotores de los beneficios tangibles de su empresa, Raleigh puso rumbo al Caribe con miras a llenar sus navíos de botín, pero fueron rechazados en Cumaná con muchas bajas, donde su puso en libertad a Berrío, y prendieron géneros de poco valor en Río de la Hacha y Santa Marta. Llegaron a Plymouth a finales de agosto.

Sin embargo, por medio de un solo viaje, disciplinado y bien gobernado, Ralegh logró corroborar los conocimientos que había acumulado Berrío durante más de una década. También era de esperar que su trato amistoso con los caciques indios sentara las bases de una futura cooperación para descubrir Manoa, capital de El Dorado. Pero todavía no estaba favorablemente impresionada Isabel I, ni por las muestras de roca y arena, ni por el mapa trazado por Thomas Hariot, que representa el famoso lago en la forma de una enorme oruga situada entre los ríos Orinoco y Amazonas, ni, al parecer, por la publicación del relato de Raleigh, que se tradujo pronto a varias lenguas y difundió por toda Europa todo lo que se conocía sobre El Dorado [3].

LOS VIAJES DE KEYMIS Y BERRY (1596-1597)

Aunque desilusionado por la reacción de Inglaterra, esto no le disuadió a Raleigh de aprestar una segunda expedición. Con la ayuda financiera de sir Robert Cecil, el 26 de enero de 1596 el *Darling* y el *Discoverer* se hicieron a la mar a las órdenes de Lawrence Keymis, encargado de una misión para explorar todos los ríos al norte del Ama-

---

[2] Sparrey volvió a Inglaterra en 1602 y escribió una descripción de Trinidad y Guayana; Purchas, XVI, cap. XI. Hay dos documentos españoles referentes a Sparrey y una traducción del *Discoverie* de Raleigh en D. Ramos, *El mito de El Dorado*, Madrid, 1988.

[3] Raleigh describe a la gente de la tribu ewaipanoma, que no tenían cabeza sino «ojos en los hombros y una boca en el centro del pecho», a los cuales se refiere Shakespeare en su *Otelo* (acto I, escena II).

zonas, buscar una nueva ruta a El Dorado y asegurar a los aliados indios que Raleigh pensaba regresar. Poniendo rumbo al sudoeste desde las islas de Cabo Verde, a fin de tomar tierra en el cabo Norte del estuario del Amazonas, Keymis descubrió lo que vendría a ser la derrota obligatoria para los que quisieran bordear la costa de Guayana, llevados por la corriente que pasa por el golfo de Paria, entraba en el Caribe y hacía imposible la travesía hacia el sur por la costa de Guayana. Keymis volvió a Inglaterra con noticias buenas y malas. Primero, llevó a cabo el primer reconocimiento detallado y puntual de las desembocaduras de los ríos al norte del Amazonas. Además, los indios del estuario del río Essequibo le informaron de que a 20 días de viaje río arriba, en canoa, más otro día por tierra, se encontraba un lago enorme denominado Parima. «No es otro que en donde se halla Manoa», declaró Keymis en su *Relation of the second voyage to Guiana* (1596). Luego, a pesar de haber descubierto un canal más accesible en el delta del Orinoco, tuvo que relatar las malas noticias: los españoles habían vuelto a construir San José de Oruña; en la confluencia del Caroní, el gobernador Berrío había fundado el pueblo de Santo Tomé, para impedir más allá el acceso a la tierra de El Dorado; el cacique aliado había muerto, y sus antiguos compañeros habían desaparecido. Keymis regresó a Inglaterra en junio de 1596.

No obstante, aún reinaba el suficiente optimismo para que Ralegh enviara al capitán Leonard Berry, en la pinaza *Watte,* a explorar esos ríos de Guayana que tal vez fuesen una ruta alternativa a la del Orinoco, ahora cerrada por los españoles. Zarpó de Weymouth el 27 de diciembre de 1596. Después de partir de las islas de Cabo Verde el 12 de febrero, pasaron varios días inquietantes preguntándose si iban a ser empujados hacia el norte, hasta que el día 26 el mar empezó a tornarse blanquecino y después pardo rojizo, lo que indicaba que se aproximaban al Amazonas. Durante los meses de marzo y abril hicieron una lista de los pueblos costeros y de los ríos. Remontaron algunos hasta encontrar cataratas o rápidos, por ejemplo el Oiapoque (donde más tarde habría de fundarse una colonia), el Maroni y el Corantijn (que marcan las fronteras de la Guayana Francesa y de Surinam). Volvieron a Inglaterra por las Antillas Menores y las Azores, echando anclas en Plymouth en la noche del 28 de junio de 1597, creyendo que habían visitado ríos que conducían directamente al lago grande, que ahora se representaba en los mapas con el nombre de Parima.

La última expedición de Raleigh (1617-1618)

Durante los últimos años del reinado de Isabel I, Raleigh participó en las empresas marítimas nacionales contra España en Cádiz (1596) y en las Azores (1597) y se ocupó de los asuntos de sus fincas y de varios cargos públicos. Aunque había vuelto a ganarse la confianza de la vieja reina, su habilidad militar, su implacable antagonismo contra España y aun su gusto por el tabaco le distanciaban mucho del carácter y de las opiniones del nuevo rey, Jacobo I. Al salir a luz que corrían rumores atribuyendo a Raleigh críticas traicioneras contra el rey, en julio de 1603 se le encarceló en la Torre de Londres. Tras un proceso grotesco, se le declaró culpable en noviembre. Sin embargo, Jacobo I no se atrevía a ejecutar a una figura de renombre nacional. Como prisionero, Raleigh siguió recibiendo información sobre la búsqueda española de El Dorado, emprendida ahora por Fernando de Berrío tras la muerte de su padre, en 1597. Al mismo tiempo, Raleigh contribuyó en varios proyectos para fundar colonias inglesas en Guayana y a orillas del Amazonas. Cuando un ensayador declaró que había indicios de oro en un pedazo de roca traída de Guayana, por la intercesión de Cecil empezó a presentar peticiones al rey para que le permitiera explotar una mina que conocía. Pero hasta el 19 de marzo de 1616 el rey Jacobo I no le puso en libertad, aunque sin perdonarle.

Por un lado, se podría atribuir este supuesto cambio de parecer a la opinión pública y al punto de vista antiespañol de un nuevo Secretario de Estado, sir Ralph Winwood, nombrado en 1615. Por otra parte, hay que considerar los motivos personales del rey, su codicia, una hacienda real bastante agotada y la oportunidad para eliminar a un individuo desafiante y popular aun como prisionero. En cualquier caso, el 26 de agosto de 1616 se le concedió a Raleigh una patente real que le facultaba para adquirir productos y géneros en lugares «poseídos y habitados por gente pagana y salvaje». No se le prohibió explícitamente invadir tierras ocupadas por españoles, ni tampoco atacarles, aunque el rey explicó después que obraba en su poder una carta confidencial en la que Raleigh solamente se comprometía a buscar las minas de oro en Guayana, y «no ultrajar a los súbditos del rey de España ni despojarles de sus posesiones». Sin embargo, tanto el rey como Raleigh debían de haber sospechado que no era posible realizar el primer objetivo sin realizar los otros ataques. No obstante, Jacobo I no prestó atención a las protestas del embajador español, Diego Sarmiento de Acuña (después conde de Gondomar), pues aparentemente estaba dispuesto a defender el futuro dominio inglés sobre Guayana y, si los navíos regresaran cargados de oro, a descartar la presión diplomática española. Al menos, esto era lo que Ralegh debió de haber creído. Sin embargo, él se exponía a perderlo todo, y el rey nada, pues si la empresa resultara ser inútil, Jacobo I podía calmar las iras españolas haciendo cumplir la pena de muerte suspendida. De hecho, Raleigh empeñaba la vida para realizar su sueño.

La flota que se reunía en el puerto de Plymouth poco a poco iba revistiéndose de las dimensiones de una importante empresa ultramarina, cuyos fines sobrepasaban los límites de la búsqueda de El Dorado. La componían 14 navíos y más de 900 hombres, incluido el hijo de Raleigh, Walter (o «Wat»), y su sobrino George. A muchos de los demás, Raleigh les llamó la escoria del mundo, borrachos, blasfemos y vagabundos. En total, se invirtieron 30.000 libras, la tercera parte aportada por Raleigh, que vendió o empeñó la mayoría de sus posesiones y tierras. Levaron anclas el 12 de junio de 1617, pero inmediatamente fuertes tempestades les obligaron a refugiarse en el puerto irlandés de Cork. No volvieron a hacerse a la mar hasta el 19 de agosto. Tras un lento viaje, avistaron la costa de Sudamérica el 11 de noviembre, a la altura del río Oiapoque (hoy el cabo Orange). Al arribar al río Orinoco, a mediados de diciembre, Raleigh decidió quedarse con los navíos cerca de Trinidad para defenderlos contra cualquier ataque español, y designó a Keymis para conducir la expedición río arriba.

Cuando se dispuso a entrar en el río a la cabeza de una flotilla de 5 barcos de calado poco profundo (de los que pronto vararon dos), con 150 marineros y 250 soldados, Keymis debía localizar y explotar la mina que había descrito en su propia relación, o al menos recoger muestras de oro, evitando siempre provocar un conflicto con los españoles. En realidad, al llegar a Santo Tomé, en la tarde del 2 de enero de 1618, los españoles estaban ya prevenidos, y se libró un combate inmediatamente. Es imposible aclararar quiénes lo iniciaron, o si Keymis pensaba desde el principio destruir el pueblo, infringiendo así las condiciones de la patente concedida a Raleigh. Sin embargo, la lucha resultó en la toma del pueblo y su incendio, y la muerte de «Wat» Raleigh, que se lanzó al asalto precipitadamente, y del gobernador, Diego Palomeque de Acuña.

Entonces, tras la muerte del hijo de su comandante, se paralizó la acción de Keymis en busca de su mina. En un paisaje que le parecía hostil, incapaz de mantener como Raleigh la disciplina entre la gente revoltosa de este viaje, y temiendo que los españoles contraatacaran, le fallaron su determinación y energía. Mientras perdía tiempo agobiado por las dudas, George Raleigh ascendió unos 400 kilómetros por el río, no con la intención de descubrir una mina de oro, sino para animar a los indios a sublevarse contra los españoles y aceptar el dominio inglés. Este episodio, al igual que las fuerzas de la flota inglesa, ha persuadido a algunos a afirmar que el objetivo secreto de la expedición era preparar el terreno para la fundación de una colonia inglesa en Guayana.

Cuando el 2 de marzo Keymis se refugió con la flota cerca de Trinidad, trayendo sólo el despreciable botín de Santo Tomé, se dio cuenta de que el hombre a quien había servido fielmente le acusaba exclusivamente a él del fracaso de su misión. Hasta el fin de sus días Raleigh no le perdonó, mientras Keymis, profundamente desanimado, optó repentinamente por suicidarse. La flota entonces se dispersó y los capitanes pusieron rumbo al Caribe todavía con miras a regresar ricos a Inglaterra. En cuanto a Raleigh, habló de un modo poco realista de vender su botín de tabaco en Terranova, pero abandonó el proyecto cuando sus tripulantes amenazaron con dedicarse a la piratería. Llegó a Plymouth el 12 de junio de 1618. Ahora el rey Jacobo I opinaba que ya no podía hacerse completamente el sordo ante las peticiones del embajador español, que pedía que le entregara a Raleigh a su monarca para ahorcarle por su ataque contra Santo Tomé. Aunque rehusó acceder a esta demanda, Jacobo concluyó, no obstante, que no había motivo para seguir aplazando la pena de muerte en Inglaterra. No prestó ninguna atención a los que pidieron clemencia, ni a la opinión de que otros navegantes ingleses habían ocasionado mayores daños a España que ese asalto contra un remoto pueblo en Guayana. «Es nuestro placer solamente que se corte la cabeza al dicho sir Walter Raleigh», dijo el rey, lo que se cumplió el 29 de octubre de 1618. Generalmente, la posteridad ha perdonado a Raleigh su fe ciega en un imposible sueño dorado y el haber sucumbido, como tantos españoles y alemanes, a la locura del oro. En otros lugares de Guayana y del río Amazonas, se buscaba ya la prosperidad por otros caminos, aunque de vez en cuando la tentación del oro seguía desviando los esfuerzos.

COMERCIO Y COLONIAS EN GUAYANA Y A ORILLAS DEL AMAZONAS
(1604-1631)

Cruelmente, Jacobo I acabó con los sueños del oro americano, estrechamente unidos con los sentimientos antiespañoles, que habían llevado a Raleigh a explorar los ríos de Guayana. Pero, al igual que en otras regiones de Sudamérica, una de las consecuencias de haberse profundizado en los conocimientos geográficos fue la atracción de otra gente, motivada por distintos métodos de obtener riquezas, en este caso la exportación del tabaco y la fundación de colonias.

En efecto, la participación de buques ingleses en este comercio precede a la primera expedición de Raleigh a Guayana, y comenzó en la costa oriental de Tierra Firme, extendiéndose luego a Trinidad, antigua base de corsarios en los últimos cinco años del siglo XVI. Cuando vio desvanecerse las esperanzas de su padre con respecto a El Dorado, Fernando de Berrío fomentó el cultivo de plantaciones como un nuevo medio de subsistencia en la empobrecida colonia, vendiendo el tabaco a los barcos extranjeros que frecuentaban la isla. Por tanto, resulta ser otro ejemplo del mismo fenómeno que ya vimos en las Antillas, donde los corsarios acostumbraban a combinar sus depredaciones con el contrabando en vísperas del siglo XVII. El hábito de fumar se había difundido tan rápidamente en Inglaterra que, en 1604, Jacobo I publicó su folleto *A counter-blaste to tobacco*, criticando su uso y despertando, inevitablemente, mayor interés y estimulando su consumo. Los fantásticos informes sobre minas de oro en Guayana simplemente añadieron otro incentivo para los promotores de empresas marítimas en ultramar, incluido el propio Raleigh, cuyos barcos visitaban Trinidad y el Orinoco más frecuentemente en la primera década del siglo, provocando la reacción de los españoles contra el comercio ilícito en el próximo decenio. A veces unos 30 buques se dirigían a esta región en la época del comercio, de los cuales hasta una tercera parte eran ingleses.

La alternativa fue el establecimiento de poblaciones en la tierra firme, entre los ríos Amazonas y Orinoco, y, si se podía confiar en Raleigh, cerca de Manoa y del lago Parima. Después de una primera expedición de reconocimiento en 1602, un amigo suyo, Charles Leigh, envió el *Olive Plant* (50 toneladas), de Woolwich, el 21 de marzo de 1604, con 46 hombres y muchachos, para fundar una colonia en el río Oiapoque. El 10 de mayo observaron cómo el agua se volvía blanca, fresca y espesa; divisaron el estuario del Amazonas el día 14 y poco más de una semana después se apropiaron de unas tierras a orillas del Oiapoque. Al parecer, discutieron los méritos del cultivo de algodón, azúcar y tabaco, y ciertamente buscaron oro. Sin embargo, en menos de dos años las fiebres, la disentería y la falta de provisiones y de refuerzos de gente les forzó a abandonar la colonia. Semejante combinación de agricultura y oro era la principal característica de otra expedición, iniciada por Robert Harcourt, cuyos barcos *Rose* (80 toneladas), *Patience, Lily* (chalupa de 9 toneladas), y una pinaza de 35 toneladas, zarparon de Dartmouth el 23 de marzo de 1609. En total llevaban a 97 personas, de las cuales 37 eran marineros. Se fijaron en el agua fresca del Amazonas el 9 de mayo, y ocho días después echaron anclas en el río Oiapoque, tomando posesión de la tierra en nombre del rey. En agosto empezaron a explorar la costa, y penetraron unos 480 kilómetros hacia el interior por el río Maroni, en busca de Manoa. Su primera colonia duró tres años y, basándose en sus experiencias, Harcourt escribió un atractivo programa de colonización, incluido en su *Relation of a voyage to Guiana* (1613). Pero aunque Jacobo I le otorgó una concesión de tierras entre el Amazonas y el Essequibo el 28 de agosto de 1613, el nuevo proyecto fracasó por falta de financiadores.

Entretanto, otros navegantes que posteriormente iban a poner sus conocimientos y experiencia al servicio de mercaderes y colonizadores, preferían explorar el río Amazonas. Tras un viaje a los ríos Oiapoque y Corantijn en la primera mitad de 1579, John Ley partió de Plymouth el 20 de marzo de 1598; llegó al Amazonas a principios de junio y probablemente entró en el río por el canal del norte, siendo el primer inglés en viajar aguas arriba. Su descripción de un viaje de 80 leguas, y tal vez hasta el Xingú, contiene detalles de interés etnográfico. Otra expedición de tres barcos, la *Santa Lucía,* una tartana y una fragata, aprestados por el Gran Duque de Toscana, que zarpó de Livorno en septiembre de 1608 y regresó en junio del año siguiente, también estaba tripulada en gran parte por ingleses. Entre ellos estaba William Davies, que escribió una relación de la vida a orillas del Amazonas en su *True relation of the travails and most miserable captivity of William Davies* (1614). Este viaje fue otra inspiración para el caballero aventurero Robert Dudley, cuya intención era buscar las minas de oro de El Dorado, pasando por el canal del norte del Amazonas, visitado ahora regularmente por barcos europeos.

Por ejemplo, en una expedición en parte financiada por Raleigh, sir Thomas Roe se hizo a la vela en Dartmouth con 124 personas el 24 de febrero de 1610, rumbo al Amazonas para evaluar los méritos de las supuestas vías de acceso a El Dorado. Durante unos 13 meses de viaje avanzaron río arriba en sus barcos durante más de 300 kilómetros, y otros 160 en lanchas; dejaron a un grupo de colonos en el estuario, y mientras navegaban hacia Trinidad exploraron varios ríos, incluso el Oiapoque, cruzando 32 saltos. Volvieron a la isla de Wight en julio de 1611. En ninguna parte encontraron noticias fidedignas sobre Manoa, y en Inglaterra la gente empezaba a dudar de la leyenda de El Dorado. Por el contrario, los informes de Roe sobre el Amazonas, que se referían a tierras riquísimas a orillas del canal del norte, merecieron mucha atención, pues España había emprendido una campaña para terminar el comercio ilícito cerca de Trinidad y el río Orinoco. De este modo, Matthew Morton, agente de Roe, regresó al Amazonas dos veces, probablemente en 1612 y 1614, para llevar a pequeños grupos de colonos, explorar hasta la confluencia del Xingú y hacer que Gabriel Tatton hiciera un mapa de su labor de reconocimiento.

No obstante, tras un breve intervalo, los proyectos para crear colonias inglesas iban a fracasar y desaparecer, como los sueños dorados. El 30 de abril 1620, Roger North, que había navegado con Raleigh en su última empresa, zarpó de Plymouth al mando del *William and John,* acompañado por una pinaza. Tenía la intención de establecer una población en el Amazonas, aunque no contaba con la autorización de su monarca, Jacobo I, a causa de las protestas del embajador español, el conde de Gondomar, que declaró que Portugal reclamaba ese territorio. Sus 100 colonos se reunieron con otros ingleses e irlandeses a unas 100 leguas río arriba y exploraron otras 200. Sin embargo, cuando North volvió a Inglaterra descubrió que se había disuelto su Compañía del Amazonas, y durante unos cuatro meses estuvo encarcelado en la Torre de Londres. Parece ser que algunos de sus colonos sobrevivieron hasta 1625, privados de toda ayuda de Inglaterra, mientras otros, conducidos por Thomas Warner, se habían ido para crear la primera colonia inglesa permanente en las Antillas, en la isla de Saint Kitts, en 1624. Dos años después, North se unió con Harcourt para formar la Compañía de Guayana, a la que el nuevo rey, Carlos I, otorgó una patente al año siguiente. North estableció una colonia en el delta del Amazonas en 1628, pero se rindió ante un asalto portugués al cabo de tres años. Harcourt partió de Gravesend en noviembre de 1628 para fundar otra población en el Oiapoque, donde murió en 1631. No se sabe mucho de la suerte de sus colonos, pero es posible que sobrevivieran hasta 1637, y el proceso de experimentación hasta los años cuarenta. Desde el principio, fue una iniciativa privada e inidividual, a la que faltaba el constante apoyo político de Londres, y que buscaba fines dispersos antes que objetivos ordenados de un modo coherente. El sueño de El Dorado desapareció, el comercio del tabaco y sus plantaciones se trasladaron al Caribe, y los nuevos núcleos de colonización se fundaron en las Antillas y Norteamérica. La fascinación por el Amazonas vuelve a nacer con los viajes de los exploradores científicos en el siglo xix, pero en el siglo xvii aún quedaba el aliciente del Mar del Sur.

EL RETORNO AL MAR DEL SUR (1670-1690)

El contexto y los objetivos de la expedición de John Narborough

Inglaterra fue la primera nación europea en enviar a sus navegantes a investigar los límites meridionales del dominio español en Sudamérica y a explorar las costas del Mar del Sur. Antes de fines del siglo XVI, esto produjo beneficios materiales en dos ocasiones, gracias a los esfuerzos de Drake y Cavendish. Sin embargo, la derrota de Oxenham y Richard Hawkins, junto con el fracaso de otras tentativas de pasar por el estrecho de Magallanes, revelaron lo lejano de sus objetivos, la oposición que les esperaba y los peligros de la ruta. Durante la primera mitad del siglo XVII, el impulso de la intervención extranjera se transfirió de modo decisivo a los holandeses. Aunque durante el reinado de Jacobo I no se olvidaron completamente los atractivos del Perú, los financiadores de empresas ultramarinas de comercio y colonización prefirieron las oportunidades menos arriesgadas y menos costosas que había en el Caribe, Norteamérica y las Indias Orientales, por el cabo de Buena Esperanza. Hablando en general, se puede decir que la situación siguió así durante el período de inestabilidad política suscitada por las disputas entre Carlos I y el parlamento, las cuales provocaron las guerras civiles de los años cuarenta, que paralizaron toda esperanza de una nueva empresa ultramarina. Por tanto, no se advierte ninguna propuesta para invertir dinero en viajes al Mar del Sur hasta la época de Oliver Cromwell, y ningún intento de poner a prueba su viabilidad hasta 1670, una década después de la restauración de la monarquía.

En 1655, el mismo año en que los ingleses se apoderaron de Jamaica, el mercader Simón de Cáceres presentó a Oliver Cromwell la «humilde proposición» que iba a dar como resultado el regreso de los marinos ingleses a la costa de Chile [1]. Armando cuatro fragatas, junto con igual número de buques de abastecimiento, se pensaba transportar a 1.000 soldados por el cabo de Hornos al Mar del Sur. Reforzados por aliados indios que sienten «un odio irreconciliable contra los españoles», acometerían Valdivia, «de la cual», afirma Cáceres erróneamente, «se ha expulsado a los españoles hace mucho tiempo». En cuanto a los beneficios, se refiere al oro de Chile y a

> un clima sano y bien temperado, abundando frutas, trigo, ganado, pescado y aves para toda la vida. [Además, asegura que las fragatas] servirán para explorar todo el Mar del Sur y para llevarse el tesoro español. [También] servirán para asaltar los dos buques que suelen llegar cargados de riquezas de valor extraordinario de las Indias Orientales. [Y concluye:] en esta forma, los españoles serán atacados por ambos lados y mares a la vez y se desesperarán y se les destruirá mucho antes que si se les atacara solamente por el lado del Mar del Norte.

Es evidente que este agresivo programa se ajustaba bien al contexto en el que recientemente Cromwell había elaborado su gran estrategia para asaltar importantes centros del poder español en el Caribe. Pero en este caso, Cromwell no se dejó engañar creyendo que sería fácil realizar los objetivos enumerados por Cáceres, como ya lo había sido por Thomas Gage. Se mostró indiferente al plan y por fin rehusó apoyarlo. Sin embargo, cuando en 1662 se avisó al virrey del Perú de que los ingleses pensaban enviar ocho navíos para tomar Valdivia, los espías españoles habían localizado correctamente el futuro escenario de las actividades de John Narborough, pero habían exagerado enormemente la escala y finalidad de sus operaciones, y anticipado su empresa por varios años.

Cuando se concibió por primera vez, el objetivo de la expedición de Narborough era explorar las costas australes de Sudamérica, tanto en el océano Atlántico como en el Pacífico, de hecho, la investigación

---

[1] G. Böhm, *Nuevos antecedentes para una historia de los judíos en el Chile colonial*, Santiago, 1963, pp. 56-64, incluye el proyecto y lo comenta, así como en «Simon de Casseres y su plan de conquista de Chile», *Ibero-Amerikanisches Archiv*, 6, núm. 2, 1980, pp. 117-141.

de una región más allá de los márgenes del dominio español. Sus instrucciones explicaban que

> no debía tocar puertos ni poner gente en tierra, a menos que hubiera una necesidad apremiante, hasta que avanzara más allá del Río de la Plata, y que no hiciese daño a ningún español con quien se encontrara ni se metiera en cualquier lugar que tuviesen poblado.

Estas frases recuerdan a la propuesta presentada por Richard Grenville a la Reina Isabel I, en 1574. También se le mandó evaluar la posibilidad de establecer una factoría donde vender mercancías inglesas y desde la cual, en el porvenir, acaso pudieran extender su comercio al Perú, las Indias Orientales y China. Esta conducta exploratoria y aparentemente pacífica parece estar confirmada por la decisión de encomendarle solamente dos navíos de la armada real, avituallados a costa de la Corona, pero tripulados por poca gente, el *Sweepstakes* (300 toneladas), con 36 cañones y 80 hombres, y el pingue *Bachelor* (70 toneladas), con 4 cañones y 20 hombres. Además, sobre su primer encuentro con los españoles, en Valdivia Narborough escribe que les había informado de que

> ponía rumbo a China, y que sólo había hecho escala en este lugar porque sabía que había poblaciones de los súbditos del rey de España, y esperaba obtener agua fresca, leña y provisiones.

Pero esta declaración, algo alejada de sus verdaderos objetivos, revela que mediante una conducta pseudopacífica, Narborough tenía intención de realizar detenidas observaciones de las costas, sus defensas y sus habitantes. Las notas de su diario se caracterizan por un interés diligente, casi científico, en describir los lugares que visita. Escribe así sobre la región de San Julián:

> Es un país capaz de contener gran número de habitantes y que promete grandes ventajas a los que quieran establecerse allí, porque todo lo que se cultiva en Europa irá muy bien allí, y los animales hallarán en abundancia en qué pacer.

Pero no sólo la tierra, sino también el clima, parece recomendar el lugar:

> El aire está fresco esta noche pero muy sano para los que son fuertes. Hasta ahora no me duele el dedo [a causa del frío]. Un hombre tiene buen apetito aquí. Como zorras y milanos tan sabrosos como si fueran carneros.

Dejando aparte la expresión de estos fines pacíficos, no hay duda de que Narborough ya comprendía que su viaje constituía una intrusión en aguas reclamadas por España, y que probablemente sería necesario recurrir a métodos más violentos en el futuro, aunque no tenía la intención ni los recursos para hacerlo en esta ocasión.

> Porque los que viven aquí desean comerciar [dice], pero los gobernadores no osan permitirlo sin recibir la autorización, a menos que se envíen buques armados para obligarles a traficar y no prestar atención al gobernador, lo cual se podría ejecutar fácilmente por cuatro buques de 20 ó 30 cañones cada uno.

EL VIAJE DE NARBOROUGH (1669-1671)

El 15 de mayo de 1669, Narborough fue nombrado capitán del *Sweepstakes*, que transportaba mercancías valoradas en 300 libras para ayudarle a analizar el potencial mercado. Los dos navíos zarparon del Támesis el 29 de septiembre, rumbo a las islas de Madeira y Cabo Verde. De acuerdo con sus órdenes, evitaron todo contacto con la costa de Sudamérica hasta pasar el Río de la Plata, pero el 21 de febrero de 1670, rodeados por las acostumbradas densas nieblas, se separaron, y no volvió a verse el *Bachelor* durante el resto del viaje. A pesar del recelo ocasionado por este suceso, Narborough continuó hasta el Puerto Deseado, del que se apoderó en nombre de Carlos II, durante una ceremonia organizada al efecto de 25 de marzo. Pasaron el invierno navegando entre Puerto Deseado y San Julián, región que le proporcionó enormes cantidades de vituallas, a saber, focas, pescado, pingüinos y sus huevos. Por supuesto consciente de los fines de su expedición, hace observaciones sobre la salud de los marineros:

Todos los de mi tripulación están en un buen estado físico, fuertes y robustos. Los que habían sido acometidos por el escorbuto se curaron comiendo carne fresca y hierbas que se encuentran allí, semejantes a las hojas de los guisantes. Las desmenuzan y las fríen con huevos y aceite de foca. Cualquier buque que necesitara provisiones y arribara a esta costa las encontraría en abundancia.

Durante todo el viaje, Narborough se preocupaba cuidadosamente por el bienestar de su tripulación, aunque imponía una estricta disciplina naval; por ejemplo, exigía que todos se lavaran antes de comer, so pena de perder las raciones de un día entero, e igualmente castigaba a cualquier piojoso. Para tratar el escorbuto y las fiebres tropicales, recomendaba una dosis semanal de vinagre y una sangría.

Finalizados los rigores del invierno, se hicieron a la vela el 13 de octubre, rumbo al cabo Vírgenes, y entraron en el estrecho de Magallanes una semana después. Durante la rápida travesía, de sólo tres semanas, continuaba la detallada labor de reconocimiento, hidrografía y observación de los naturales, que, según Narborough, eran de mediana estatura y en ninguna manera extraordinarios. Al desembocar en el Mar del Sur, a mediados de noviembre, pusieron rumbo directamente al puerto de Valdivia, pero poco antes de llegar a la entrada del río, el 15 de diciembre, enviaron a tierra a uno de sus compañeros, al que Narborough suele llamar don Carlos, posiblemente para ponerse en contacto con los indios. Fue la última vez que le vio la mayoría de los tripulantes del *Sweepstakes*.

El primer encuentro con los españoles de Valdivia se puede definir como cortés, pero cauteloso. Una carta del virrey, conde de Lemos, confirma la engañosa declaración de Narborough sobre sus motivos:

> Dijo ser bajel del rey de Inglaterra, que pasaba a las Molucas, y que en conformidad de la paz que tienen ambas coronas les había dicho su rey podría llegar a cualquier puerto de este mar, si por algún accidente se viesen necesitados de bastimentos.

Así pues, durante los primeros días, Narborough invitó a visitar su barco a varios habitantes de Valdivia, mientras se permitió desembarcar a varios grupos de ingleses que querían proveerse de agua y comestibles. Al volver al *Sweepstakes*, traían una información que evidentemente impresionó de forma muy favorable a su capitán. Éste escribe que

> los españoles de Valdivia son gente de buen aspecto, de tez rubicunda, y parecen estar rebosantes de salud. Algunos de los hombres son muy corpulentos, y parece seguro que son de una tierra muy productiva donde hay gran cantidad de víveres, y oro y plata en abundancia.

Los que habían desembarcado también le contaron con mucha alegría que se les había servido la comida en ollas de plata, comido en platos de plata, lavado las manos en jofainas de plata, y visto espadas con empuñaduras de oro. Todo esto entusiasmó tanto a Narborough que pronto escribía en su diario que «la mayor parte de todo el oro de América se encuentra en Chile», al parecer otra confirmación de los cuentos sobre el oro chileno que corrían a fines del siglo anterior.

Dadas las circunstancias de estos primeros encuentros, es evidente que este amistoso clima no iba a durar. De hecho, fueron los españoles quienes tomaron la iniciativa, haciendo prisioneros a cuatro ingleses que el 18 de diciembre fueron enviados a Valdivia a fin de averiguar si era posible comerciar. Para comprender por qué empeoraron las relaciones, ha de tenerse en cuenta que en este momento sólo se habían recibido en Valdivia las instrucciones del gobernador de Chile. Éste mandó que cesara el trato con los intrusos hasta que Narborough conviniera en poner su nave al alcance de las baterías de los fuertes. Aunque sabía que solamente pondrían en libertad a los rehenes ingleses cuando cumpliera esta condición, Narborough se negó a responder al ultimátum, temiendo perder su único medio de regresar a Inglaterra, y tal vez más gente. Aunque escribe despectivamente sobre las defensas de Valdivia, no se atrevió a desafiarlas. Algo quejoso, declara que

> ha sido la costumbre general de los españoles en América recurrir a la traición para frustrar todos los proyectos extranjeros en estas regiones. Yo había leído de la traición que habían cometido contra el capitán Hawkins en San Juan de Ulúa.

Así pues, el 22 de diciembre el *Sweepstakes* zarpó rumbo al estrecho de Magallanes, aunque Narborough debió de haber sospechado que los que había abandonado nunca volverían a ver su país. Por desagradable que fuese esta decisión, hubiera sido difícil encontrar otra salida: cualquier ataque contra Valdivia habría sido temerario y peligroso, con lo que la única posibilidad era recorrer las costas del virreinato con la intención de apresar un barco, a fin de efectuar un canje de prisioneros. Pero Narborough no era corsario ni bucanero, sino capitán de un buque de guerra del rey Carlos II. Donde fracasó fue en tratar de engañar a los españoles, sin darse cuenta de que ellos tenían la misma intención, y con mayor justificación además. A pesar de todo, su regreso a Inglaterra, en junio de 1671, dio origen a un júbilo inesperado, pues los tripulantes del *Bachelor*, cuando regresaron pocos meses antes, habían informado de que el *Sweepstakes* había naufragado.

De los que quedaron prisioneros en Valdivia y luego en Lima, el más misterioso era don Carlos, que divirtió al virrey y a sus ministros durante más de una década con una serie de historias extravagantes, pero convincentes a medias, para ocultar su verdadera identidad y mantenerles a todos en suspenso con respecto a las intenciones inglesas en el Mar del Sur [2]. Cuando le dieron garrote, en mayo de 1682, había declarado que era católico alemán, amigo y agente de la familia real inglesa, conocido del gobernador de Chile, que tenía una hermana y amigos en el virreinato, y que había sido cura en el Cuzco. Al parecer, todas estas tergiversaciones sólo servían para ocultar el hecho de que era en realidad Carlos Henríquez, miembro de una pequeña comunidad criptojudía de Londres, cuyas ambiciones con respecto al comercio en el Mar del Sur habían sido expresadas en la «humilde proposición» presentada a Oliver Cromwell en 1655 por Simón de Cáceres. Es obvio que Narborough intentaba verificar las declaraciones escritas 15 años antes, y probablemente bajo la inspiración del mismo grupo de mercaderes.

Pero el rey Carlos II no se dejó convencer por las optimistas observaciones de Narborough. El diario no se publicó hasta 1694, en *An account of several late voyages and discoveries*, y la Corona inglesa no se comprometió en otra esmpresa al Mar del Sur hasta 1689. Sin embargo, Narborough y su compatriota John Wood habían facilitado cualquier viaje futuro, trazando y describiendo detalladamente el estrecho

---

[2] P. T. Bradley, «Narborough's Don Carlos», *The Mariner's Mirror*, 72, 1986, pp. 467-475.

de Magallanes, así como las costas de Patagonia y de Chile hasta Valdivia. Los mapas y anotaciones, al igual que la rápida travesía del estrecho tanto en la ida como en la vuelta a Inglaterra, ayudaron a disipar los temores con respecto de esa derrota, y rectificaron conceptos falsos, por ejemplo, sobre la imposibilidad de emprender el viaje de regreso por la misma ruta, aunque Davis lo había hecho en 1592. La labor descriptiva, cartográfica e hidrográfica de Narborough y Wood vino a ser durante varias décadas la principal guía inglesa para las regiones que visitaron, y, en este sentido, anticiparon la labor científica de las expediciones navales de finales del siglo XVIII.

La expedición de John Strong (1689-1691)

En cuanto a los años entre 1671-1677, existen relaciones imposibles de corroborar sobre al menos tres expediciones extranjeras al Mar del Sur, en las cuales participaron marineros británicos[3]. Si hemos de confiar en estos relatos, lo más que se puede decir es que representan un esfuerzo privado y clandestino por parte de mercaderes, y que acaso sean indicativos de otros viajes de cuya memoria faltan noticias por completo.

Durante la década siguiente, cuando los bucaneros ya merodeaban por todo el Mar del Sur, en 1684 se les unieron el *Nicholas*, de Londres, al mando de John Eaton, armado para piratear bajo pretexto del comercio, y el *Cygnet*, con 16 cañones y 60 hombres, al mando de Charles Swan, aparentemente con una intención comercial más seria, ya que llevaba un rico cargamento que valía 5.000 libras. Eaton acompañó a los bucaneros hasta fines de septiembre de 1684, cuando puso rumbo a las Indias Orientales. Tras una tentativa frustrada de comerciar en Valdivia, los tripulantes del *Cygnet* echaron al mar todos sus géneros, salvo los más valiosos, se incorporaron a las filas más numerosas de sus compatriotas bucaneros hasta principios de 1686, y luego atravesaron el océano Pacífico.

---

[3] F. de Seixas y Lovera, *Descripcion geographica y derrotero de la región austral Magallanica*, Madrid, 1690, título XIX, pp. 27-29, y *Theatro naval hydrographico*, Madrid, 1688, cap. XI.

La última expedición inglesa del siglo que trataría de realizar las esperanzas de tipo comercial alentadas por Narborough, se aprestaba en los últimos meses de 1689. Como su compatriota, John Strong quería estudiar el mercado potencial en el que se podrían vender manufacturas inglesas. Pero también era una época en la que Inglaterra y España se hallaban aliadas contra Francia, lo que ofreció a la Corona inglesa la oportunidad de encubrir con un manto de legalidad otros objetivos de Strong en el Mar del Sur. Así, se le autorizó para «hacerse a la mar de modo belicoso y detener, aprehender y apresar los navíos, barcos y mercancías del rey francés y sus súbditos». Este motivo parece estar confirmado por las descripciones españolas de los primeros encuentros con la gente de Strong en la bahía de Herradura, cerca de Coquimbo:

> Viene enviado por sus reyes Guillermo y María de Inglaterra a corsear contra los navíos de piratas franceses que se hallasen en esta mar, de que tenía patente en fe de las paces y alianzas que tenía la corona de Inglaterra con la de V.M.

Pero aunque Strong diese mucha importancia a esta patente de corso, en un notable esfuerzo por distinguir claramente sus futuras acciones de las correrías puramente piráticas de los bucaneros, es poco probable que sus promotores esperaran ganancias de gran valor de resultas de los asaltos contra buques franceses en el Mar del Sur. Otro diarista, Richard Simson, y varios tripulantes en la expedición apresados por los españoles, revelan objetivos ilegales desde el punto de vista español. El primero consistía en rescatar un navío peruano cargado de plata que naufragó hacía años en la costa del cabo Santa Elena (Ecuador), y el segundo en «poblar una factoría en una de las islas de estos mares». Simson, sin duda, ya está pensando en el futuro y en asuntos logísticos cuando comenta con respecto a las islas Juan Fernández:

> si fueran pobladas por los ingleses estas dos islas, con la de Mocha, serían capaces, en caso de una ruptura de las relaciones amistosas con España, de hacerles mucho daño.

John Strong se hizo a la vela en Plymouth el 1 de noviembre de 1689 en ·el *Welfare* (270 toneladas), tripulado por sólo 90 hombres y artillado con 40 cañones. Siendo imposible entrar en Puerto Deseado a causa de los tempestuosos vientos, el 27 de enero de 1690 se vio obligado a refugiarse en un estrecho entre dos islas, al que dio el nombre del almirante mayor, lord Falkland. Durante los días siguientes realizaron las primeras incontrovertibles excursiones en tierra en esas islas. Doblaron el cabo Vírgenes el 10 de febrero, una época algo tardía para emprender la travesía del estrecho de Magallanes, que tardaron más de 13 semanas a en cruzar. Sin embargo, llegaron al Mar del Sur el 21 de mayo, todavía menos de siete meses después de salir de Inglaterra, en contraste con los 13 de Narborough. Fondearon cerca de Mocha el 10 de junio, pero no tuvieron ninguna oportunidad para traficar, pues había sido abandonada y sus aldeas destruidas por orden del virrey, para impedir a los bucaneros su uso como lugar de abastecimiento.

El 23 de junio, el *Welfare* se acercó por primera vez a la tierra firme de Chile, en la Punta Galera, al sur de Valdivia. Pero cuando les recibieron a cañonazos, aunque según Strong llevaban una bandera de paz, optaron por refugiarse de nuevo en Mocha. Desilusionados por esta actitud hostil, la décima parte de los tripulantes, pues el resto había muerto, y otros 50 enfermos, se dirigieron al norte, entrando en la bahía de Herradura el 8 de julio. En esta ocasión Strong resolvió no dejarse intimidar por dos balas de cañón disparadas en la dirección del *Welfare*, pero este nuevo intento de trabar relaciones pacíficas con los españoles sólo resultó en la detención de su intérprete. Rechazadas las tentativas de comerciar en Chile, Strong decidió entonces fijar la atención en los otros dos motivos de su viaje, las presas francesas y el galeón de plata hundido, levando anclas el 10 de julio.

Mientras, por fin, se proveían de agua y víveres a cambio de mercancías, en el río Tumbes el 12 de agosto, vieron pasar dos velas, e inmediatamente les dieron caza. Al apresar al más lento de los dos barcos, descubrieron que sólo transportaba un cargamento de madera desde Guayaquil a Paita. Para justificar esta acción, Simson explica que desconocían la nacionalidad del barco, y que en todo caso «un corasario francés podía apoderarse de un navío español o enarbolar el pabellón de España». Sin embargo, en compensación por el error, Strong invitó al capitán español y a sus oficiales a pasar la noche en el *Welfare* como sus huéspedes, y al día siguiente les envió a tierra para dar a conocer las noticias sobre sus pacíficas intenciones. Por consiguiente, el 14 de agosto varios españoles subieron a bordo para comerciar, lo cual originó ventas de mercancías que valían 7.000 pesos. Semejantes tomas de barcos, alegando que podrían ser franceses, tuvieron lugar en la misma zona entre el 21 y 26 de agosto, pero en ambos casos fueron liberados en seguida. Probablemente, llevaban géneros de poco valor. Más aún, la idea de rescatar un galeón cargado de plata que creían que había varado cerca del cabo Santa Elena hacía 25 años, cargado de un tesoro de plata valorada en 12.000.000 de pesos, fue desechada durante sus conversaciones con los capitanes y tripulantes de estos barcos. Se negaron a confirmar que existiera un galeón naufragado, o declararon que estaba cargado solamente de paños, o insistieron en que era imposible alcanzarlo porque se había hundido en la arena [4].

Tras esta última decepción que sustituyó al optimista entusiasmo del comienzo del viaje, el *Welfare* se hizo a la vela a fines de agosto, rumbo a la isla Juan Fernández (o Más a Tierra) para aprovisionarse antes de emprender la vuelta a Inglaterra por el estrecho de Magallanes. También embarcaron allí, el 12 y 13 de octubre, a cuatro hombres abandonados por el bucanero Edward Davis hacía tres años. Todavía poco dispuesto a aceptar el fracaso, Strong se atrevió por tercera vez a comerciar en la costa chilena, cerca de Concepción, el 11 de noviembre. Sus palabras sobre lo que aconteció recuerdan a las de Narborough: «Perdimos once de los más robustos de nuestros hombres a causa de la traición de estos españoles pérfidos». Se alejaron de esta costa el 13 de noviembre, entraron en el estrecho el 5 de diciembre y vieron el océano Atlántico sólo ocho días más tarde, al parecer otra prueba irrebatible para la viabilidad de esta travesía poco frecuentada.

Evidentemente, la expedición de John Strong dejó de convencer a los promotores de la empresa marítima en ultramar de que había buenas perspectivas de obtener beneficios de operaciones pacíficas en el Mar del Sur. En efecto, los dueños del *Welfare* perdieron 12.000 libras. El tesoro hundido en el mar resultó ser ilusorio, y ninguno de los buques que apresaron so pretexto de ser franceses llevaba nada que valiese la pena robar. En cuanto al comercio, la conducta pacífica de Strong

---

[4] El suceso que corresponde a estas circunstancias tuvo lugar en la noche del 26 de octubre de 1654, cuando el galeón *Jesús María de la Limpia Concepción* varó en los bajíos de Chanduy. Llevaba la cantidad de 3.000.000 o 4.000.000 de pesos, la mayoría de la cual se salvó durante los siguientes seis o siete años. P. T. Bradley, «The loss of the flagship of the Armada del Mar del Sur», *The Americas*, 45, 1989, pp. 383-403.

no pudo persuadir a los pobladores, aun en regiones bastante apartadas de Lima, a comerciar libremente con él. La reacción, en el mejor de los casos, fue defensiva y cautelosa, cuando no hostil, a pesar de ser aliadas España e Inglaterra, confirmando así las conclusiones de Narborough. Pero se puede comprender esta actitud al tener en cuenta el hecho de que durante la década anterior las depredaciones de los bucaneros asolaron barcos y puertos desde México a Chile, y que ésta, aún continuaban, aunque con menos vigor y frecuencia. El virrey, conde de la Monclova, resume así su opinión sobre esta intervención en una carta del 14 de noviembre de 1690:

> Presumo que este capitán Juan Strong haya creído que en este mar podría traficar con sus géneros, como a la verdad lo han ejecutado muchas veces en la isla y costas de barlovento del Mar del Norte otros de su nación. Si Juan Strong diese plática en este puerto del Callao, y a la capitana de este Mar del Sur en el viaje que va a hacer de aquí a Panamá en ida y vuelta, daré orden para desarmarle, pues no hay capítulo de paces que dé facultad a ninguna nación para navegar este mar.

En 1682, la Junta de Guerra de Indias puso de relieve la distinción entre el Caribe, «donde los ingleses se hallan con territorios y poblaciones», y el Mar del Sur, «donde no tienen ninguno, ni derecho para tenerlo, ni menos ser rumbo para sus navegaciones». Mientras en el primer caso es legítimo que los navíos en peligro de cualquiera de las partes confederadas fueran «recíprocamente, humana y benignamente tratados», en el Mar del Sur se aconseja al rey que debía

> mandar que no se dé plática ni comercio, ni se les admita a ninguna nación ni naciones extranjeras, sino que les traten indistintamente y como a enemigos de la corona, sin permitirles comercio ninguno, ni examinar ni admitir patentes, sino efectivamente cerrarles la puerta.

Con estas palabras, la Junta de Guerra confirmó sin asomo de duda que el Mar del Sur constituía una zona prohibida a los navíos ingleses. Aun antes de romperse la paces con España, era probable que la siguiente intervención tuviera objetivos menos pacíficos que los de Strong.

VI

LOS NUEVOS CIRCUNNAVEGADORES
Y LOS ÚLTIMOS CORSARIOS (1703-1712)

EL VIAJE DE WILLIAM DAMPIER (1703-1707)

La atención pública que se prestaba a Dampier tenía su origen en sus viajes al Mar del Sur y a las Indias Orientales entre 1680 y 1691, en compañía de los bucaneros, cuyas aventuras quedan fuera del ámbito de esta obra. Las relató en *A new voyage round the world* (1697), en el que sus fieles observaciones manifiestan que es un precursor de los viajeros científicos del siglo XVIII. Debido al gran éxito de la obra, y por sus conocimientos de las rutas marítimas desde las Indias Orientales hasta Europa, en 1699 le nombraron capitán de un buque de la marina real, el *Roebuck* (290 toneladas), encargado de la primera exploración inglesa de Nueva Holanda (Australia) y Nueva Guinea. Cuando regresó en 1701, un tribunal militar sentenció que «no era capaz de ser empleado como comandante de ninguno de los buques de su majestad», pues el *Roebuck* se fue a pique (de hecho ya muy estropeado desde el comienzo del viaje), y por sus malos tratos al segundo oficial.

Aunque este juicio ponía en cuestión sus aptitudes como comandante, no disminuía, con razón, su fama como navegante, ni ponía en duda sus conocimientos sobre el Pacífico, sin par entre los ingleses. Como importaban más estas buenas cualidades que sus defectos, últimamente con tristes resultados, un sindicato de mercaderes de Londres y Bristol le ofrecieron en 1703 el mando de una nueva empresa con destino al Mar del Sur. Por tanto, iba a volver al escenario de sus famosas hazañas en las costas de Chile, Perú y México, pero ahora con la autorización de una patente de corso para apresar barcos españoles y franceses, tras el comienzo de la Guerra de Sucesión de España, con lo que su misión no era traficar, sino emprender actividades de corso. Si podemos creer a William Funnell, cuyo *A voyage round the world* (1707) es una crítica narración de la conducta de Dampier durante el viaje, éste convenció a sus financiadores de que se confiaran en él para apresar dos o tres galeones españoles en Buenos Aires, que valdrían unas 600.000 libras. Fue una pretensión dudosa y con pocas probabilidades de realizarse. Sin embargo, también propuso una lista con otras opciones, pues, a falta de galeones en el Atlántico, podrían detener los navíos que transportaban oro desde Valdivia a El Callao, lanzar asaltos contra los ricos pueblos de la costa peruana, y finalmente, en caso de no haber acumulado bastante botín, saquear el galeón de Manila.

Al mando de Dampier, el *Saint George* (200 toneladas), con 26 cañones y 120 hombres, largó velas el 30 de abril de 1703, y fondeó en Kinsale (Irlanda) el 18 de mayo. Aquí se le unió una galera, la *Cinque Ports* (90 toneladas), armada con 16 cañones y tripulada por 63 marineros. Pero tardaron otros cuatro meses en concluir su aprovisionamiento y apresto, de modo que no zarparon hasta el 11 de septiembre. Antes de enfrentarse con las duras y hostiles condiciones del Atlántico Sur, donde otros capitanes ingleses habían luchado por apaciguar motines y mantener la disciplina de sus tripulaciones, aparecieron las primeras señales de que Dampier no era un comandante comprensivo ni digno de respeto. Al surgir una desavenencia entre ellos, abandonó a su primer teniente en las islas de Cabo Verde, y otros nueve marineros, a quienes acusó de sedición, desembarcaron voluntariamente en Río de Janeiro a fines de noviembre.

A diferencia de los anteriores viajes desde Inglaterra, escogieron la derrota del cabo de Hornos, donde los dos navíos se separaron el 20 de enero de 1704. Afortunadamente, según lo acordado de antemano, se reunieron en la isla Juan Fernández el 10 de febrero. La alegría del encuentro no duró muchos días, ya que dos tercios de la tripulación del *Cinque Ports* rehusaron servir a las órdenes de su capitán, Thomas Stradling, y desembarcaron. Le tocaba entonces a Dampier desempeñar el papel de conciliador, pero aquellas continuas discordias eran de mal agüero. Además, los esfuerzos por hacer su primera presa, el 29 de febrero, sólo agravaron el ambiente de descontento. El barco al que persiguieron y con el cual entablaron combate, aunque no lo vencieron era francés, el *Saint Joseph* (400 toneladas), con 36 cañones. Al día siguiente, los marineros británicos querían reanudar el ataque, temiendo, con toda la razón, que si se les escapaba, su capitán tendría la oportunidad de llegar a El Callao y difundir la noticia de su intrusión en el Mar del Sur. Sin embargo, Dampier, por primera vez, se mostró poco dispuesto a comprometerse en una acción tal vez arriesgada, jactándose imprudentemente de que «sabía a dónde ir y no dejar de apoderarse de despojos que valdrían medio millón de libras en cualquier día del año». Aunque atribuye su decisión a la cobardía de su gente, la verdad es que en este caso el cotejo de los distintos testimonios revela el temor del propio Dampier. Como remate, al volver a Juan Fernández para recoger sus provisiones, lanchas, anclas y otros pertrechos, así como a cinco marineros que estaban al oeste de la isla cuando zarparon rápidamente para perseguir la presa, divisaron anclados dos buques franceses, y no tuvieron más remedio que abandonar su propósito.

En Arica tampoco pudieron desembarcar, pues ahora les faltaban lanchas. Por otra parte, mientras se acercaban a la bahía de El Callao el 23 de mayo volvieron a encontrarse con el *Saint Joseph*, pero de nuevo Dampier «juzgó que no era conveniente abordarlo». Peor aún, cuando al día siguiente prendieron otra nave, de 150 toneladas, Dampier les negó el derecho, y en realidad el deber para con sus financiadores, a saquearlo libremente. Aunque venía cargada de rapé, tabaco, canela, pimienta, carey, sedas y encajes de Flandes, sólo obtuvieron mercancías por valor de 4.000 libras, y sólo dos de sus 40 esclavos negros. La excusa que ofreció, que «de guardarla sería un obstáculo para sus mayores designios», no aplacó las quejas de los que hubieran preferido exigir un rescate por la nave y sus esclavos. Estos sucesos, y la misma excusa, se repitieron unos pocos días después, a la altura de Paita, tras la captura de una nueva presa, la *Santa María* (200 toneladas).

Aunque cerca de la isla Gallo cayeron en sus manos otras dos presas de poco valor el 10 y 17 de abril, era evidente que ahora Dampier había puesto sus esperanzas en la realización de uno de «sus mayores designios», en realidad un proyecto elaborado por él cuando era bucanero y que consistía en apoderarse de las minas de oro de Santa María del Darién. Junto con Stradling y 102 hombres, el 27 de abril partió a bordo de lanchas españolas en busca de la desembocadura del río a orillas del cual estaba fundado el pueblo. Sin embargo, por la precipitación y el simple descuido desperdiciaron la oportunidad de hacerse ricos, alertando a los españoles de su presencia. Por tanto, aunque el 30 de abril expulsaron a los defensores de su recién tendida emboscada en el camino, Dampier decidió que no valía la pena apropiarse de un pueblo prevenido, del que ya habrían sacado cuanto fuera valioso. Volvieron río abajo hacia sus navíos, en el golfo de San Miguel, el 1 de mayo. A los cinco días, tuvo lugar otro motivo de desencanto, cuando tomaron la *Asunción* (550 toneladas), que se acercó sin sospechar ningún peligro adonde estaban anclados el *Saint George* y el *Cinque Ports*, cerca de la Punta Garachiné, el 6 de mayo. Se alegraron al descubrir que llevaba bastantes víveres, para cuatro o cinco años según estimaban, y entre el 15 y 18 de mayo, cerca de la isla Taboga, en el oeste del golfo de Panamá, sacaron de ella todas las provisiones que necesitaban. Sin embargo, volvieron a levantarse quejas contra Dampier, que no les permitió buscar un tesoro de 80.000 pesos según algunos prisioneros escondido en la bodega, ni tampoco pedir rescates por ésta y otra pequeña presa que hicieran en este período. Finalmente, las continuas querellas provocaron la deserción de Stradling en el *Cinque Ports*, que se alejó rumbo a Juan Fernández. Lo que allí ocurrió se convertiría en una historia de fama mundial, puesto que después de reñir con Stradling, el escocés Alexander Selkirk optó por quedarse solo en la isla. Probablemente pensaba que en unos pocos días, o semanas en el peor de los casos, vendría el *Saint George* para recogerle. En cuanto al *Cinque Ports*, encalló en la isla de Malpelo. Stradling fue encarcelado en Lima, le llevaron a Francia y se escapó, contando falsas historias de un tesoro que había enterrado en el Perú.

De hecho, el *Saint George* no avanzó más allá de la costa peruana en junio y julio, donde apresó varias embarcaciones pequeñas. El 22 de julio intercambió cañonazos a distancia con una fragata de 32 piezas de artillería. En Atacames, el 28 de julio hicieron otra presa de 16 toneladas, a la que bautizaron *Dragon*, y en el golfo de Nicoya, a mediados de agosto, otra de 40 toneladas, de la que se apropiaron John Clipperton y otros 21 amotinados, que habían resuelto desertar. Tal vez después de haber avistado la isla que lleva su nombre, Clipperton demostró sus habilidades náuticas, guiando su pequeña y frágil embarcación a través de los 11.000 kilómetros del Pacífico hasta China, donde sus tripulantes se dispersaron. De Clipperton oiremos más detalles a su debido tiempo.

A Dampier sólo le quedaba ahora una manera de amortizar los gastos en que incurrieron los financiadores de su viaje y a la vez de salvar su reputación entre los 64 marineros que todavía navegaban en el *Saint*

George y en el *Dragon*: apresar el galeón de Manila. Lo avistaron a la altura de Colima, en la mañana del 6 de diciembre de 1704, pero el retraso ocasionado por las riñas entre los que querían abordarlo inmediatamente y los que no se atrevían (entre éstos Dampier) fue tan largo que se perdió la ventaja, y los marineros españoles lograron sacar una banda de cañones para bombardearlos. Como siempre Dampier echó la culpa a sus tripulantes, «borrachos y hechizados». Un mes después tuvo lugar la última división de su grupo, cuando se les entregó la presa *Dragon* a William Funnell y a otros 32 hombres. El 1 de febrero de 1705, el *Dragon* zarpó del golfo de Amapala rumbo a las Indias Orientales, donde terminó su viaje tras otra extraordinaria proeza de navegación. Funnell regresó a Inglaterra el 26 de agosto de 1706. Los 27 hombres que prefirieron quedarse a bordo del *Saint George* con Dampier ya habían resuelto patrullar las costas peruanas por su propia cuenta, es decir, como piratas, y olvidándose de sus compromisos para con sus promotores. Saquearon la isla de Puná, pero no existe ninguna mención del botín. Luego, cuando pocos días después detuvieron un navío peruano, decidieron trasladarse a él para cruzar el Pacífico, abandonando el ya casi inservible *Saint George*, dañado en el reciente combate con el galeón. Dampier regresó a Inglaterra en 1707 a por alguna ruta desconocida, finalizando así su segunda circunnavegación del mundo.

Si alguna vez hubo un viaje de corso al Mar del Sur capaz de acabar con cualquier futura inversión en semejantes empresas, fue éste, que parecía corroborar los riesgos y desencantos con los que se enfrentó la mayoría de los navegantes británicos que trataron de emular a Drake a fines del siglo XVI. Tal vez sea prudente no aceptar sin reservas la constante crítica de las acciones de Dampier, ni las historias de las oportunidades perdidas para hacerse ricos. Dampier contestó a sus críticos con su *Vindication of his voyage to the South Seas* (1707), pero el siguiente viaje iba a revelar hasta qué punto los fracasos habían nacido de la falta de oportunidades para obtener ganancias en ese mar, o más bien de la incompetencia y el mal genio de su comandante.

EL VIAJE DE WOODES ROGERS (1708-1711)

Por una ley del 26 de marzo de 1708, las condiciones bajo las que solían concederse patentes de corso se habían modificado a favor de los armadores. Ahora, la Corona inglesa renunció a su tradicional derecho a recibir la quinta parte de todas las presas. Así, en el futuro las ganancias iban a dividirse entre los armadores, capitanes y tripulantes. Este cambio no habría afectado al resultado del viaje de Dampier, pero es posible que ayudara a Woodes Rogers a persuadir a los mercaderes ricos e influyentes de Bristol para contribuir a su empresa. Estaba compuesta por dos buques mercantes armados, el *Duke* (320 toneladas), con 30 cañones y 117 hombres, al mando de Rogers, y la *Duchess* (260 toneladas), con 26 cañones y 108 hombres, cuyo segundo capitán era Edward Cooke. Prudentemente, llevaban dos veces más oficiales que la dotación usual, «para evitar los disturbios que ocurren a menudo en viajes largos y difíciles». Uno de ellos era Dampier, pues a pesar de sus defectos como comandante, tenía una mayor experiencia en el Mar del Sur que cualquier otro navegante británico, y por tanto le emplearon como piloto. De acuerdo con lo que se llamó la «constitución» del viaje, firmada el 14 de julio de 1708, se declaraba que cualquier acción contra el enemigo debía ser discutida por el consejo general de oficiales, al igual que las cuestiones de indisciplina y mala conducta.

Los dos navíos se hicieron a la mar en Bristol el 2 de agosto, rumbo a Cork (Irlanda) para terminar su abastecimiento, y donde aumentaron su dotación hasta un total de 334 hombres. Entre ellos había sastres, caldereros, labradores, buhoneros, violinistas, un vendedor de aceite al por mayor y dos abogados. La tercera parte eran extranjeros [1]. El 1 de septiembre zarparon de nuevo, y a los diez días Rogers se vio obligado a sofocar las primeras señales de un motín en sus atestados navíos. Lo hizo rápida y decisivamente, encadenando a los diez cabecillas y haciendo azotar en público a los más importantes por los otros amotinados. De esta manera, mantuvo una firme autoridad y un código de disciplina al que todos estaban sujetos. Una semana después de arribar a las islas de Cabo Verde, a fines del mes, trató de acabar con otra fuente de las discordias habituales en semejantes viajes, llegando a un acuerdo con sus oficiales y tripulantes sobre la equitativa distribución del futuro botín, el castigo para quienes lo escondieran y la con-

---

[1] Uno de los seis médicos era Thomas Dover, famoso como inventor de los «polvos de Dover», un sedante popular durante muchos años, que consistía en ipecacuana y opio. También se le conocía como el «Dr. Azogue», porque solía recetar grandes dosis de mercurio.

cesión de un premio de 20 pesos para la primera persona que avistara una presa de más de 50 toneladas. Como era de esperar, fue el apresamiento de dos embarcaciones en la costa africana, por una de las cuales obtuvieron un rescate en Oratava (Tenerife), lo que ocasionó los primeros disturbios.

Partieron de esta isla el 8 de octubre, bien provistos de frutas y otros víveres; cruzaron la línea equinoccial el 28 del mes, y fondearon cerca de Ilha Grande, en la costa brasileña, el 19 de noviembre. Aquí no sólo prestaron atención a los requisitos acostumbrados en los barcos y los hombres que padecían el escorbuto, sino que también participaron con su música y canciones en una fiesta religiosa. Tras su partida el 3 de diciembre, avistaron las Malvinas el 23 del mes; a principios de enero de 1709 doblaron el cabo de Hornos guiados por Dampier, pero fueron empujados por las tormentas hasta los 61° 53' S, «que nosotros sepamos, el punto más meridional alcanzado hasta este momento». Vieron el Mar del Sur el 15 de enero, y el último día del mes echaron anclas cerca de la isla Juan Fernández. En el atardecer del mismo día, una pinaza que fue a la tierra volvió rápidamente, pues se vio una luz en la orilla. Los marineros pensaban que indicaba la presencia de franceses o españoles. Sin embargo, cuando un grupo de gente armada saltó a tierra el 2 de febrero, les saludó con gestos frenéticos un hombre vestido con pieles de cabra, «que parecía ser más salvaje que sus primeros dueños». Por supuesto se trataba de Alexander Selkirk. La historia de sus solitarios cuatro años y cuatro meses en Juan Fernández, escrito por Rogers y otros, junto con la información obtenida por fuentes como Dampier, sirvieron a Daniel Defoe para la creación de su *Robinson Crusoe* (1719) [2].

Se alejaron de esta isla el 14 de febrero para empezar la primera etapa de sus depredaciones en el Mar del Sur. Aumentaron el número de sus navíos, pero consiguieron pocas presas de gran valor. El 16 de marzo apresaron la *Asunción* (16 toneladas), capitaneada por Antonio Villegas, que venía de Paita para comprar harina en Chérrepe. En las islas Lobos de Afuera, los carpinteros transformaron la *Asunción* en fragata, armada con 4 cañones y tripulada por 32 marineros, al mando de

---

[2] El ficticio náufrago de Defoe vivió en una isla cerca del río Orinoco, desde 1659 hasta que le recogieron unos piratas en 1686.

Edward Cooke, y apropiadamente rebautizada *Beginning (Comienzo)*. A los diez días, la *Duchess* volvió a estas islas con otra presa, la *Santa Josefa* (50 toneladas), que llevaba un cargamento de madera, cacao, cocos y tabaco de Guayaquil a Trujillo. Al mando de Selkirk, recibió otro nombre significativo, *Increase (Aumento)*. Luego, cuando sus prisioneros les informaron de que un galeón cargado de los caudales de una familia de alcurnia iba a hacer escala en Paita, resolvieron patrullar las aguas frente al puerto. En realidad sólo lograron apresar tres buques mercantes: el 2 de abril la *Ascensión* (más de 400 toneladas), que traía mercadurías finas y 50 negros de Panamá a El Callao; el día 3 el *Jesús, María y José* (35 toneladas), que transportaba madera de Guayaquil a Chancay; y el día 15 el barco francés *Havre de Grâce* (260 toneladas), cargado de perlas y 70 negros, al cual posteriormente, en la isla Gorgona, pusieron el nombre de *Marquis* y armaron con 20 cañones.

Todavía desilusionados por el valor total del botín acumulado durante los últimos meses, en una reunión del consejo de oficiales el 12 de abril acordaron apoderarse de la isla Puná, y desde allí avanzar río arriba para asaltar Guayaquil, una región que ya conocía Dampier, pues la había visitado con los bucaneros hacía 20 años. Resultó fácil ocupar Puná el 19 de abril, pero unos 110 hombres, en lanchas y botes, tardaron hasta la medianoche del día 22 en alcanzar Guayaquil, debido a los manglares, el calor, los mosquitos y la fuerte corriente del río. Como era seguro que las autoridades ya estuvieran avisadas de su inminente ataque, Dampier y otros habían preferido abandonar el proyecto. Por el contrario, Rogers se dispuso a regatear con el corregidor, Jerónimo Bosa y Solís, a fin de venderle las mercancías y los 150 negros que habían capturado, y negociar a la vez un rescate de 50.000 pesos por los rehenes. Al fracasar estas negociaciones, el 24 de abril los ingleses invadieron la ciudad y expulsaron a sus defensores. Sin embargo, las autoridades sólo convinieron en entregar 30.000 pesos por los rehenes, la ciudad y los navíos anclados o en los astilleros, de los que pagaron 26.810 a principios de mayo. Además de víveres y de pertrechos navales, el botín consistía solamente en pendientes, anillos, brazaletes y cadenas de oro y plata, que valían 1.200 libras.

En total, hasta este momento habían caído en sus manos 14 presas. Nada más partir del golfo de Guayaquil el 8 de mayo, los marineros británicos pronto se dieron cuenta de que en Guayaquil habían contraído una fiebre maligna; a mediados del mes, habían enfermado por lo menos 140, y cada día se apuntaban los nombres de los muertos en el diario de Rogers.

Pasaron los días siguientes cuidando a los enfermos en las islas Galápagos durante la segunda mitad de mayo, y dos meses en Gorgona, donde había una buena fuente de agua fresca. En la costa entre Atacames y Manta les pagaron 15.000 pesos como rescate por los 72 prisioneros que les quedaban, traficaron con aldeas indias y prendieron varios barcos. En uno de éstos, el *Santo Tomás de Villanueva y San Dimas* (90 toneladas), apresado el 5 de junio, se hallaba como pasajero el nuevo gobernador de Valdivia, Juan Cardoso, mientras que en la embarcación *Sol Dorado* (35 toneladas) robaron una cantidad de pesos y cadenas de oro que valoraron en unas 500 libras. Según el diarista Cooke, su botín total valía ahora 20.000 libras en oro, plata y joyas, y 60.000 en otras mercancías. Cuando el 8 de septiembre volvieron a las islas Galápagos para aprovisionarse de carne de tortuga, ya habían acordado poner rumbo a Nueva España para esperar la llegada del galeón de Manila. Pero aunque el 4 de octubre se habían reunido todos los barcos con este propósito, patrullaron un océano al parecer vacío, hasta que por primera vez, en la mañana del 21 de diciembre, avistaron una vela cerca de Puerto Seguro, en la punta de Baja California.

Cuando se rindió al día siguiente, después de un combate en alta mar con el *Duke* y la *Duchess*, descubrieron que era la *Nuestra Señora de la Encarnación* (400 toneladas), con 20 cañones y 193 tripulantes, al mando de un francés, Jean Pichberty, y que era el más pequeño de los dos galeones que venían de Manila. Fue la vigésima presa que hicieron. Su valiosa carga consistía en enormes cantidades de seda, zarazas, rasos y piedras preciosas en bruto. Rogers fue uno de los dos ingleses heridos, pues una bala le destrozó el lado izquierdo de la mandíbula superior.

Cuatro días más tarde, la *Duchess* y el *Marquis* lanzaron un temerario ataque contra el segundo galeón, *Nuestra Señora de Begoña* (900 toneladas), con 60 cañones y 450 hombres. Aunque el *Duke* se incorporó a la batalla al día siguiente, las balas de sus cañones no pudieron perforar el casco del galeón español, de tal modo que después de siete horas de combate, Rogers (en esta ocasión herido en el tobillo y el talón) y su consejo juzgaron que lo más prudente sería abandonar la lucha ante un adversario que disponía de una fuerza abrumadora. Habían muerto más de 30 marineros británicos.

Tras el regreso a Puerto Seguro el 1 de enero de 1719 para juntarse con el galeón más pequeño, ahora bautizado *Bachelor*, y desembarcar a sus rehenes, el consejo resolvió partir rumbo a las Indias Orientales el 10 del mes. Llegaron a Guam el 11 de marzo, subsistiendo con una ración de poco más de medio kilo de harina, un pequeño pedazo de carne para cinco hombres al día y litro y medio de agua para cada hombre. Vendieron el *Marquis* en Batavia por unas 115 libras, pasaron tres meses aguardando una flota holandesa con la que regresar a Europa, arribaron a Texel el 23 de julio, y fondearon en el río Támesis el 14 de octubre, «el fin de nuestro viaje largo y fatigoso». Así, Woodes Rogers fue el primer navegante británico en dar la vuelta alrededor del mundo desde que lo hiciera Cavendish en 1588.

El apresto de la expedición había costado 13.188 libras, y la recompensa ascendió a la cantidad de 147.975. Según lo recién acordado, ésta debía ser dividida entre los tripulantes y los armadores en proporción de un tercio y dos tercios, respectivamente. Pero en realidad, después de pagar todos los gastos, aquéllos sólo cobraron unas 50.000 libras. Parece ser que Rogers, personalmente, recibió 1.530 libras en concepto de sueldo, más su parte del botín, en fin, una cantidad considerable. Por primera vez desde los corsarios isabelinos, una expedición británica volvió del Mar del Sur con importantes ganancias. Sin duda, la combinación del talento y la experiencia de Dampier como piloto y Woodes Rogers como almirante, sofocando los últimos disturbios tan firmemente como lo hizo el primero, contribuyó con mucho al éxito del viaje. Rogers prestó atención escrupulosamente a los pequeños detalles y anotó de modo diligente todos los sucesos, especialmente las resoluciones del consejo de oficiales. Con la publicación de su diario de a bordo y del de Edward Cooke en 1712, *A cruising voyage round the world* y *A voyage to the South Sea and round the World*, la empresa volvió a abrir el Mar del Sur a los que veían nuevas oportunidades para enriquecerse allí.

La renovación del interés por el Mar del Sur

Aun antes del regreso de Rogers, mientras las naciones europeas iniciaban las negociaciones que preparaban el terreno para la firma del Tratado de Utrecht de 1713, el gobierno británico ya había declarado su interés en establecer una presencia permanente de sus súbditos en Sudamérica, que se pensaba llevar a cabo poblando y fortificando puertos en las costas atlántica y pacífica, con el propósito de ganar la entrada al comercio del Mar del Sur. Estos puertos estarían situados en las zonas meridionales identificadas por Grenville en 1574 y exploradas desde la época de Drake. Aunque las nuevas pretensiones británicas fueron rechazadas por los negociadores, en compensación se entregó a la Compañía del Mar del Sur, de Londres, el asiento de los esclavos en las Indias, con el derecho adicional de enviar allí cada año un navío de permiso de no más de 500 toneladas. Gracias al privilegio que se le había concedido en 1711, la Compañía gozaba del monopolio del comercio británico desde el estuario del Orinoco, por el Cabo de Hornos y a lo largo de la costa occidental de América.

Pronto se elaboraron grandiosos proyectos con respecto al Mar del Sur. En la práctica, sin embargo, la Compañía prefirió concentrar sus esfuerzos en los puertos atlánticos de Sudamérica y en el Caribe, donde a menudo sirvieron como pretexto para contrabandear, provocando con los guardacostas españoles esos conflictos a los que ya aludimos. Nunca envió ni un solo navío al Mar del Sur, y en efecto se le prohibió hacerlo, conforme al asiento de 1713 concedido en Utrecht. Cuando los marinos británicos ya se preparaban para regresar al Mar del Sur en noviembre de 1718, los dos países se hallaban de nuevo al borde de la guerra, y sus objetivos ya no eran el comercio, sino el corso, una manera más segura de obtener beneficios, como lo había demostrado Rogers.

LOS ÚLTIMOS CORSARIOS: JOHN CLIPPERTON Y GEORGE SHELVOCKE (1719-1722)

El 1 de enero de 1719 se expidieron patentes de corso británicas a Clipperton y Shelvocke. Éste, que no tenía experiencia en el Mar del Sur, fue reemplazado a última hora como comandante por Clipperton, uno de los desertores de la expedición de Dampier en 1704. Debido a la antipatía que resultó de este cambio, lo que debiera haber sido una sola expedición pronto se dividió en dos. Estaba compuesta por dos navíos inapropiadamente llamados *Success* (350 toneladas), con 36 cañones y 180 hombres, y *Speedwell* (200 toneladas), con 24 cañones y

106 hombres, a las órdenes, respectivamente, de Clipperton y Shelvocke. Según las instrucciones que les dieron sus armadores a fines de 1718, debían llegar a Paita antes de mediados de marzo para estar al acecho de los galeones que llevaban la plata a Panamá. De no ser esto posible, debían apresar navíos en la costa del Perú, y luego atacar Puná y Guayaquil. Si todavía les faltara una cantidad suficiente de botín, sería preciso poner rumbo a Acapulco para detener el galeón de Manila. Como guía y estímulo dieron a cada capitán un ejemplar del diario de Woodes Rogers, verdadero inspirador del viaje.

Como los vientos contrarios del oeste les retrasaron en el canal de la Mancha, este programa se frustró desde el principio. Los dos navíos no zarparon de Plymouth hasta el 13 de febrero, y sólo seis días después se perdieron de vista el uno del otro, durante una tempestad. Sus dos capitanes no volvieron a verse en dos años, y aun entonces por casualidad. Parece seguro que Shelvocke pensaba navegar a solas desde el principio, ya que se guardó de encontrar a Clipperton en los lugares de reunión acordados entre sí, en la costa africana. Luego, se dirigió a la isla Santa Catarina, en la costa del Brasil, donde el *Speedwell* se quedó fondeado desde el 23 de junio hasta el 9 de agosto, en lugar de seguir una ruta más directa al Mar del Sur. Por primera vez, aquí modificaron las instrucciones sobre el reparto del botín, en perjuicio de sus armadores.

Su paso por el estrecho de Lemaire, y hasta los 61° 30' S para doblar el Cabo de Hornos a fines de septiembre y en octubre, coincidió con un período de intensas tormentas. Tuvo lugar entonces el suceso que ha inmortalizado el viaje, cuando Simon Hatley, segundo capitán del *Speedwell*, «en uno de sus ataques de melancolía», y temiendo que fuera un mal presagio, le pegó un tiro a la única criatura viviente a la vista, «un desconsolado albatros negro que les acompañó por varios días como si se hubiera extraviado». Samuel T. Coleridge habría de convertir esta escena, descrita por Shelvocke en *A voyage round the world* (1726), en uno de los poemas más famosos de la lengua inglesa, *The rime of the ancient mariner* (1798)[3]. Tras una urgente visita entre el 1 y el 17 de diciembre a la isla de Chiloé para proveerse de agua y

---

[3] Fue inspirado por otro poeta, William Wordsworth, que dirigió la atención de Coleridge sobre este episodio en la relación de Shelvocke.

víveres (y no a Juan Fernández, como solían hacer los navíos ingleses, aún por temor a encontrarse con Clipperton), comenzaron sus depredaciones en Concepción el 23 del mes. Apresaron en total cuatro buques, uno de los cuales, el *San Fermín* (300 toneladas), capitaneado por Francisco Larrain, estaba cargado de mercancías que valían 6.000 pesos, incluidos artículos de plata y candeleros para una iglesia jesuita. Pero aunque el gobernador le había ofrecido un rescate de 12.000 pesos, las negociaciones con Shelvocke finalmente fracasaron, por lo que éste mandó que se incendiasen los dos buques mayores, y conservó uno de 25 toneladas, para utilizarlo en sus próximas correrías, al que pusieron el nombre de *Mercury*.

Su aplazada visita a Juan Fernández terminó bruscamente el 11 de enero de 1720, cuando descubrieron una inscripción grabada en un árbol, que les informó de que Clipperton ya había estado allí, aunque no sabían que había sido cuatro meses antes. Volvieron a sus depredaciones en Arica. Cuando el *Speedwell* fondeó el 6 de febrero, Shelvocke descubrió que el día antes el *Mercury* ya había apresado el *Rosario* (100 toneladas), cargado de guano. Lo describe como un producto que aumenta la fertilidad de la tierra, probablemente la primera mención en un libro inglés de un producto que desde mediados del siglo xix iba a atraer a un gran número de buques británicos a las costas del Perú. Aunque es poco probable que la gente de Shelvocke apreciara las cualidades del guano, no obstante lograron negociar un rescate de 1.500 pesos con el dueño del barco, Miguel Díez González. En Ilo, el 10 de febrero, les disuadieron de desembarcar tres disparos de advertencia hechos por un buque francés anclado, el *Sage Solomon*, al que ya habían encontrado en la isla de Santa Catarina. Luego, mientras patrullaban rumbo al norte, el *Mercury*, que, como de costumbre iba en cabeza, al mando de Simon Hatley y del segundo jefe, William Betagh, autor de *A voyage round the world* (1728), fue apresado por los españoles. La tripulación regresó finalmente a Inglaterra, después de la guerra, cuando Betagh, en su relación incesantemente condenatoria, se quejó amargamente de que lo que les aconteció fue una estratagema deliberada de Shelvocke para reducir el número de marineros entre los que repartir el botín.

Mientras tanto, el 29 de febrero, en el *Speedwell*, Shelvocke apresó la *Carmelita* (100 toneladas) en Huanchaco; incendió una Paita abandonada por sus habitantes cuando su corregidor prefirió construir de nuevo la ciudad a pagar el rescate que pidieron, de 10.000 pesos, pero al zarpar por poco se vio apresado por un navío francés incorporado a la Armada del Mar del Sur, la *Peregrina* (600 toneladas), con 56 cañones y 450 hombres de tripulación, a punto de arribar. Tras una fuga afortunada, Shelvocke juzgó que era el momento oportuno para dirigirse a Juan Fernández, descansar, reparar el *Speedwell* y, por su transitoria desaparición de la costa, tentar a los navíos peruanos a salir de nuevo de sus puertos.

Fondearon en su nuevo destino el 6 de mayo sin ningún inconveniente, pero el día 25 un vendaval arrastró el *Speedwell* hacia la costa, donde se hizo pedazos, perdiéndose la mayor parte de su botín. Con los marineros enfadados y más revueltos que nunca, el único medio que encontró Shelvocke para apaciguarlos fue volver a redactar el acuerdo sobre la distribución de las futuras presas, de modo que excluyeran totalmente a sus armadores. Ahora no les quedaba otro remedio que construir una lancha con los restos del *Speedwell* para salir de la isla.

El resultado de cuatro meses de trabajo a un ritmo intermitente fue el *Recovery*, tan pequeño y poco navegable que una docena de hombres no se atrevieron a embarcar en él porque «aún no estaban preparados para el otro mundo». Éstos, junto con otros 12 negros e indios que no cabían en la lancha, se quedaron en la isla cuando el 6 de octubre los otros se hicieron a la mar. Después fueron llevados a Lima por una expedición española.

Sobrecargado con unos 46 hombres, cuatro cerdos vivos y centenares de congrios ahumados, y armado con un solo cañón, el *Recovery* buscó mejor fortuna en tierra firme. Durante seis semanas de navegación, a fines de octubre los tripulantes consiguieron proveerse de agua y víveres en Iquique, y luego se apoderaron en Pisco del *Jesús María* (200 toneladas), con un cargamento de brea, alquitrán, cobre y madera, prefiriendo quedarse él y no aceptar su rescate de 16.000 pesos. Enarbolando el pabellón español, volvieron inútilmente a Paita en su nueva presa el 26 de noviembre, y fueron expulsados antes de que pudieran incendiar los nuevos edificios. En la isla Gorgona, que visitaron para hacer aguada, resolvieron volver a Inglaterra a través del Pacífico. En reconocimiento de esta decisión, le pusieron al *Jesús María* el nuevo nombre de *Happy Return (Regreso feliz)*, lo cual podría indicar que regresaban no porque estuviesen hartos de unas correrías de tan poco provecho, sino que, por el contrario, en el viaje desde la isla Juan Fernández habían acumulado botín que no registraron y que no tenían la intención de declarar, por temor a litigios por parte de los armadores tras su regreso a Inglaterra. En todo caso, el proyecto fue interrumpido el 25 de enero de 1721, cuando, sobre la isla de Coiba, se les acercó una pequeña embarcación, la pinaza del *Success*.

Cuando Clipperton y el *Success* se aproximaron al lugar de reunión, en Juan Fernández, el 7 de septiembre de 1719, muchos tripulantes ya estaban enfermos, y unos 30 murieron antes de que se hicieran a la vela de nuevo, a pesar de haber descansado y de comer alimentos frescos. Ahora importaba hacer presas para restablecer el buen humor de todos y levantarles el ánimo. El primer barco que detuvieron apenas atendió estas necesidades, pues sólo transportaba guano, pero en menos de una semana apresaron otros tres: el *San Vicente* (150 toneladas) el 28 de octubre, la *Trinidad* (400 toneladas) el día 30, y otro de 75 toneladas el 2 de noviembre, cargados de barras de plata, monedas, mercadurías valiosas, esclavos negros y 400 botijas de vino y aguardiente. Sin embargo a Clipperton le plantearon un problema, ya que apenas disponía de bastante gente para tripular el *Success*, las presas mencionadas y otras, hasta que tuviera la oportunidad de exigir un rescate por ellas. Por consiguiente, cuando apresaron el *Rosario* (200 toneladas), sólo pudo enviar a nueve hombres a abordarlo y registrarlo, de modo que finalmente fueron dominados por la tripulación y 12 pasajeros. Aunque el *Success* lo persiguió, el *Rosario* encalló y se hizo pedazos en la costa antes de encontrar un puerto donde refugiarse. Sus tripulantes y los pasajeros lograron salvarse, junto con los prisioneros ingleses, que fueron encarcelados en Lima.

En la isla la Plata, donde se dice que Drake repartió el botín del *Cacafuego*, Clipperton tuvo que prestar atención urgentemente a la futura organización de su viaje. En primer lugar, decidió abandonar allí a la mayoría de sus prisioneros, ya que faltaba gente y espacio para guardarlos. Al mismo tiempo, resolvió cargar la más pequeña de sus presas con mercancías cuyo valor él estimaba en 10.000 libras, y enviarla al Brasil tripulada por 13 marineros y 10 negros. Allí debían vender el cargamento y volver a Inglaterra para entregar los beneficios de su venta a sus armadores, un buen testimonio de su honradez. En realidad, ni siquiera lograron entrar en el estrecho de Magallanes, aunque no se sabe exactamente qué les ocurrió.

Durante el resto de 1719 y en 1720, el *Success* recorrió las costas desde el golfo de Amapala a Concepción, haciendo presas en su mayor parte de escaso valor. Sin embargo, entre ellas había una hecha el 21 de enero, que llevaba como pasajeros al presidente de Panamá, marqués de Villarrocha, y a su familia. Clipperton sabía que por personas de esta calidad debía exigir un sustancioso rescate, pero en realidad, tanto en la costa de Centroamérica con respecto a la familia, como después en Guam respecto al marqués, en dos ocasiones fue traicionado por el astuto adversario, que evitó pagar cualquier rescate. Al acercarse a Coquimbo el 5 de noviembre se apoderaron de un buque cargado de mercancías con las que podía traficar, tabaco, azúcar y paños, de modo que lo tripularon con 12 hombres al mando del teniente Milne. Al día siguiente, sin embargo, mientras entraban en el puerto, Clipperton vio cómo venían a su encuentro tres navíos armados, y sólo por muy poco logró librarse de ellos. No tuvo tanta suerte la nueva presa y su tripulación británica, que cayeron en manos de Blas de Lezo, comandante de la Armada del Mar del Sur, que en 1742 era gobernador de Cartagena cuando la asaltó el almirante Vernon. Ahora, aunque al principio maltrató a Milne, frustrado por no haber capturado al *Success,* se recuerda a Lezo por el honroso trato dado a sus prisioneros, ya que les facilitó un viaje a Panamá y dio a Milne 200 pesos, una botija de vino y otra de aguardiente. Todos regresaron a Inglaterra. Faltos de provisiones, Clipperton y su gente pusieron rumbo a la isla del Coco (5° 33' N y 87° O), donde el 18 de diciembre descubrieron abundancia de pescado, aves, tortugas y, naturalmente, cocos, con el resultado de que al cabo de un mes, 11 marineros, influenciados al parecer por el marqués de Villarrocha, optaron por quedarse cuando el *Success* se alejó. Igualmente, otros dos había desertado en Juan Fernández, «tentados por la belleza y la fertilidad» de la isla. Ignoramos lo que les aconteció a todos. Fue poco después cuando tuvo lugar el encuentro con Shelvocke y su *Happy Return,* pero el encuentro fue tan rencoroso que duró poco la idea de unirse para buscar el galeón de Manila.

El 17 de marzo de 1721, el *Success* abandonó finalmente las costas americanas, y llegó a Guam el 13 de mayo. La mayoría de sus tripulantes padecían el escorbuto, y seis habían muerto durante la travesía del océano. Se vendió por menos de su verdadero valor en Macao, y el honrado Clipperton cargó a bordo de un navío portugués la proporción del botín que correspondía a sus financiadores, y que valía entre

6.000 y 7.000 libras. Desgraciadamente, el navío se incendió en el puerto de Río de Janeiro, lo que redujo las ganancias a unas 1.800 libras. Clipperton regresó a Galway (Irlanda) en junio de 1722, con su parte del botín, que valía menos de 1.500 libras, y murió una semana después. Cada marinero de cubierta recibió menos de 100 libras.

En cuanto a Shelvocke, quedan por narrar algunos sucesos notables. En Sonsonate, el 1 de abril de 1721, sustituyó el *Happy Return* por una nueva presa de 300 toneladas y 6 cañones, la *Sacra Familia*, rehusando restituirla cuando las autoridades le informaron de que ya se había firmado la paz entre España y Gran Bretaña. Sin embargo, tras una visita a Coiba, Shelvocke declara en su diario que había decidido dirigirse a Panamá, determinado a rendirse si era verdad que la guerra había acabado, porque estaban «tan hartos del mar y tan agotados por la falta continua de todo lo necesario y desanimados por las desgracias perpetuas». Pero mientras seguían esta derrota, el 15 de mayo apresaron un navío cargado con todas las provisiones que necesitaban para una travesía pacífica. Más importante aún, el día 20 apresaron la *Concepción de Recova* (200 toneladas), que venía de Huanchaco y llevaba unos 108.636 pesos que Shelvocke nunca entregó a sus financiadores. Iban a renunciar ahora al plan recién acordado de ir a Panamá, especialmente cuando descubrieron una de sus presas abandonada por los tripulantes y sus prisioneros, con la cubierta manchada de sangre.

Tras este escenario poco pacífico, hicieron aguada en Puerto Seguro, y sus 40 supervivientes, de la dotación original de 106, se alejaron de la costa de California el 18 de agosto. Llegaron a Guam a principios de octubre, y a Macao el 11 de noviembre. Después de haber vendido la *Sacra Familia*, repartieron sus ganancias de casi 23.008 libras en proporciones que fluctuaban entre las 2.642 libras que recibió Shelvocke y las 220 libras para cada uno que entregaron al grumete y al cocinero. Pero en realidad el 1 de julio de 1722 Shelvocke regresó a Londres con más de 7.000 libras, pues engañó no sólo a los financiadores, sino a sus propios tripulantes. Según Betagh, sólo cuatro murieron por enfermedades o fueron muertos y 10 optaron por abandonar a Shelvocke, mientras que éste abandonó deliberadamente a más de 50, en tierra o en el mar, para reducir el número entre el que sería necesario repartir el botín.

Las expediciones de corso del *Success* y del *Speedwell* muestran que en el Mar del Sur todavía había oportunidades para enriquecerse, aunque el viaje siempre requería excepcionales cualidades de resistencia y grandes habilidades náuticas. Además, hubo ocasiones en que la fuerza y el valor de los adversarios estuvieron a punto de poner en grave peligro la suerte de ambos navíos. Lo que hacía falta, sobre todo, era un mando firme, honrado y digno de confianza, características de la empresa de Woodes Rogers. En lo sucesivo, debemos buscar estas cualidades en expediciones aprestadas por la armada real, pues los viajes de Shelvocke y Clipperton fueron las últimas expediciones de corso que partieron de Gran Bretaña rumbo al Mar del Sur, de hecho las últimas de una continua serie de expediciones privadas, hasta la llegada de los comerciantes en busca de guano, en el siglo XIX.

VII

LAS PRIMERAS EXPEDICIONES
DE LA MARINA REAL (1740-1766)

Los preparativos para el viaje de George Anson

A medida que pasaban los primeros meses de 1739, las relaciones entre España e Inglaterra se aproximaban irremediablemente al punto de ruptura, ya que no se podía solucionar el desacuerdo sobre el empeño español en utilizar sus guardacostas en el Caribe para detener y registrar los buques ingleses sospechosos de practicar el contrabando. El gobierno británico entabló discusiones sobre una futura guerra marítima, y en julio envió al vicealmirante Vernon al Caribe para atacar las naves españolas. Así pues, cuando el 19 de octubre se declaró la guerra, los ministros ya estaban enzarzados en debates para decidir cuál de los varios proyectos que se les habían presentado podría producir los mejores beneficios. Durante varios meses, estuvieron a favor de enviar una flota que se apoderase de Manila y aguardara la llegada de los galeones de plata procedentes de Acapulco. A principios de diciembre, sin embargo, el interés por esta idea iba desvaneciéndose, y fue reemplazada por otra, discutida simultáneamente, y que consistía en aprestar una flotilla para patrullar la costa occidental de América, un proyecto que combinaba fines tan antiguos como los de la época de Drake, junto con nuevos objetivos.

Las órdenes que se entregaron al comodoro Anson el 31 de enero de 1740 afirmaban que, previa consulta a su junta de guerra, debía saquear y destruir poblaciones y naves en el Mar del Sur, localizar y ocupar lugares donde se pudiera aprovisionar a los navíos británicos (se menciona Chiloé), tratar de establecer alianzas con los indios, estar siempre al acecho de los galeones de plata y evaluar si era factible apoderarse de Panamá, El Callao y Lima. Si fuera así, debía informar a los criollos de las ventajas de comerciar con Inglaterra, y animarles a sublevarse contra los españoles para convertirse en «un pueblo libre y contento». Por fin, si llegara al Atlántico Sur demasiado tarde para pasar el cabo de Hornos o el estrecho de Magallanes, tenía que invernar en el Río de la Plata, ocupándose de apresar e incendiar navíos españoles, y tratar de adueñarse de Montevideo, para destruirlo o para entregarlo a los portugueses. Evidentemente, esta instrucción anticipaba la desastrosa visita de la escuadra de sir Home Popham al Río de la Plata en 1806. De hecho, si Anson intentara cumplirla, se alertaría toda la costa del Mar del Sur, por lo que se revocó el 19 de junio.

A fin de llevar a cabo los distintos aspectos de este amplio y optimista proyecto, el gobierno puso al mando de Anson una poderosa flotilla de buques de guerra, aunque más pequeña que la destinada al Caribe, cuya importancia era todavía mayor. Los buques eran los siguientes: la capitana *Centurion* (1.005 toneladas), 60 cañones y 400 hombres; el *Gloucester* (866 toneladas) y el *Severn* (853 toneladas), cada uno con 50 cañones y 300 hombres; el *Pearl* (595 toneladas), 40 cañones y 250 hombres; el *Wager* (559 toneladas), 28 cañones y 160 hombres; la corbeta *Tryal* (200 toneladas), 8 cañones y 100 hombres; así como dos pingues de transporte, la *Anna* (400 toneladas), con 16 hombres, y el *Industry* (200 toneladas), que pronto se desvió hacia Barbados porque navegaba mal. Sin embargo, la necesidad de gente armada para servir en las escuadras y flotas del Caribe y de Europa era tal que a Anson sólo se le asignaron como soldados a 500 pensionistas del hospital militar de Chelsea, declarados inútiles para servir en regimientos de tierra. De éstos, en Plymouth desertaron inmediatamente unos 241 que eran capaces de andar, dejando tan sólo los que eran literalmente inválidos, muchos de 60 ó 70 años. Los desertores fueron sustituidos por 210 infantes de marina, jóvenes y bisoños, que aún no habían llegado a la etapa de la instrucción en que se les permitía disparar un arma de fuego.

LAS ACTIVIDADES DE ANSON EN EL MAR DEL SUR (1740-1744)

Los ocho buques zarparon de la isla de Wight el 18 de septiembre, fondeando frente a Funchal, en Madeira, el 27 de octubre, tras una travesía lenta y pesada para proveerse de vino y víveres frescos. Les dieron la buena noticia de que una flota española a las órdenes de José Pizarro ya se había alejado de la isla. Estaba compuesta por 5 navíos, con 2.700 hombres y por lo menos 282 cañones, y había zarpado de El Ferrol precisamente para enfrentarse con ellos. En adelante siempre les llevaría ventaja, hasta que fue dispersada por una tempestad cerca del cabo de Hornos, y sólo uno de sus galeones logró salvarse y volver a Europa.

Temiendo que esta poderosa flota aún les estuviera esperando allí, Anson puso rumbo a la isla Santa Catarina, en la costa brasileña, donde echaron anclas el 19 de diciembre. Aquí pasaron un mes levantando tiendas para los muchos enfermos, limpiando sus naves con vinagre y reparando los palos y las vergas del *Tryal*. Todos los navíos se reunieron en San Julián el 19 de febrero, donde fue necesario reemplazar una sección del palo mayor del *Tryal*, dañado por el viento. Es evidente que algunos, ya inquietos por lo avanzado de la época para entrar en el Mar del Sur, lamentaban bastante esta nueva demora de nueve días; sus temores se justificaron poco después de entrar en el estrecho de Lemaire, el 7 de marzo.

La travesía empezó con un tiempo tranquilo y caluroso, de modo que algunos ya estaban considerando el futuro en el Mar del Sur. Philip Saumarez, en el *Tryal*, escribió que

> ahora empezamos a pensar en la conquista de las minas del Perú y de las ciudades principales en el Mar Pacífico como una diversión que había de acontecer naturalmente.

Después, siguieron tres meses de las condiciones climáticas más espantosas: vendavales, lluvias, constantes escarchas y nieve, un mar tempestuoso que casi los sumergió, una plaga de ratas que atacó a los enfermos y a los muertos, y los estragos del escorbuto, que debilitó y redujo el número de marineros capaces de luchar contra los elementos. Anson anotó que 43 hombres murieron en el *Centurion* en abril, y otros 80 en mayo. Además, los supervivientes se desalentaban al verse arrojados una y otra vez hacia el este mientras se esforzaban por doblar el cabo de Hornos. El 14 de abril, por ejemplo, cuando creían que habían entrado en el Mar del Sur y que se hallaban a unos 10° al oeste de la Tierra del Fuego, navegando rumbo al norte casi vararon en los farallones del cabo Noir, y fue preciso volver hasta los 60° S antes de tomar rumbo norte otra vez.

El *Centurion* alcanzó el lugar de reunión, en la isla Socorro (ahora Guamblin), el 8 de mayo; esperó en vano dos semanas, y casi encalló en la isla de Chiloé a fines de mes. Al aproximarse a la latitud de la isla Juan Fernández el 28 de mayo, Anson perdió después otros 11 días, y habiendo estimado excesivamente su progreso hacia el oeste, viró en sentido contrario, hacia la tierra firme de Sudamérica, hasta que vislumbró los Andes. Finalmente, el *Centurion* fondeó cerca de Juan Fernández el 9 de junio. Dos días después, apareció el *Tryal*, el 21 el *Gloucester*, y el 17 de agosto la *Anna*, cuyo capitán prefirió invernar en una bahía en los 45° 15' S (¿Inchín?), donde encontró abundantes provisiones.

Para principios de septiembre, los que habían sobrevivido a los pasados tormentos recobraron, en general, la buena salud y las fuerzas gracias a un régimen de pescado, legumbres y frutas. Anson había traído huesos de frutas y simientes de legumbres, que hizo sembrar en Juan Fernández en provecho de los que vinieran después. Sin embargo, es trágico recordar que de los 961 tripulantes del *Centurion*, *Gloucester* y *Tryal*, solamente vivían 335. Los buques habían estado tan atestados de gente que ni siquiera fue posible garantizar el espacio mínimo de 35,6 centímetros entre las hamacas, lo cual acabó en la más completa falta de higiene y en la propagación de enfermedades.

De los buques que no pudieron pasar al Mar del Sur, el *Severn* y el *Pearl* se habían separado de los demás el 11 de abril, y emprendieron el regreso a Inglaterra el día 17 del mes. Habían luchado 42 días en total para doblar el Cabo de Hornos. Nunca se ha justificado adecuadamente la acusación de que sus capitanes se quedaron atrás deliberadamente. Cuando el 6 de junio arribó al cabo Frío, en el Brasil, el *Severn* había perdido 291 hombres de unos 430 marineros y soldados. El *Wager*, por el contrario, navegó hacia la costa chilena, donde naufragó el 14 de mayo, aproximadamente en los 47° S, en el Golfo de Penas. El esfuerzo de sus marineros por subsistir es una historia extraordinaria y fascinante, solamente desfigurada por las enconadas disputas sobre la futura acción. El capitán, David Cheap, deseaba servirse de las lanchas para apoderarse de un navío español con el que reunirse con sus compañeros en la isla Juan Fernández, y defendió su opinión hasta el extremo de matar a tiros a un guardiamarina que estaba en contra. Finalmente, sin embargo, fue destituido el 9 de octubre, y cinco días después unos 80 hombres partieron en una chalupa y una lancha para regresar al Atlántico por el estrecho de Magallanes. Entre ellos estaban John Bulkeley y John Cummins, artillero y carpintero del *Wager*, respectivamente, y coautores de sus aventuras en *A voyage to the South Seas* (1743), así como John Byron, abuelo del poeta, que poseía un ejemplar del diario de Narborough con el que guiarles por el estrecho. Unos 30 marineros llegaron a Río Grande, en el Brasil, el 28 de enero de 1742, y a Inglaterra el 1 de enero del siguiente año. Por el contrario, con la ayuda de pilotos indios, Cheap y 10 compañeros en una chata y una yola se dirigieron a Chiloé, y luego a Valparaíso. Cuatro de ellos regresaron a Europa en un barco francés en 1746.

La muerte de tanta gente, la desaparición de dos poderosos buques de guerra y la pérdida del *Wager*, que transportaba su artillería de campaña, morteros y municiones, frustraron los planes de atacar importantes centros de población y administración. Así pues, los buques de guerra de su majestad no tuvieron más remedio que recorrer las costas a modo de corsarios, emprendiendo rápidos ataques contra pueblos pequeños y barcos en alta mar. Aparentemente, Anson nunca pensó en abandonar totalmente su misión. El 12 de septiembre apresaron la *Nuestra Señora del Monte Carmelo* (450 toneladas), al mando de Miguel Zamora. Llevaba a Valparaíso un cargamento de azúcar y paños azules de Quito valorado en 23.000 pesos, y artículos de plata que valían entre 17.000 y 18.000 libras, según fuentes inglesas. Esta presa sustituyó a la *Anna*, que ya habían desmantelado al estar muy dañada. El 18 del mes, el *Tryal* se apoderó de otro buque mercante, uno de los mayores navíos peruanos, el *Nuestra Señora de Aránzazu* (600 toneladas), al mando de José de Barra, que transportaba a Valparaíso azúcar, tabaco y otras mercancías valoradas en 3.000 libras. En consecuencia, el 3 de octubre se barrenó al *Tryal*, y en adelante esta presa se conocería como el *Tryal's Prize*. Entretanto, todos los navíos se habían hecho a la vela desde Juan Fernández el 19 de septiembre. Bordearon las costas de Chile y Perú, pero hasta el 6 de noviembre, a la altura de Barranca, no prendieron la *Santa Teresa*, capitaneada por Bartolomé Urrunaga, que llevaba madera, cacao, tabaco y paños a El Callao, y el 12 de noviembre, frente a las islas Lobos de Afuera, el *Nuestra Señora del Carmen* (270 toneladas), al mando de un veneciano, Marcos Mosona, rumbo a El Callao y cargada de mercadurías europeas. Un pasajero irlandés,

John Williams, que antes había viajado por México como vendedor ambulante, le informó a Anson de que una nave, la *Soledad*, rumbo a Sonsonate, pronto iba a cargar plata en el puerto de Paita. Así, como tantos corsarios y bucaneros antes de él, resolvió lanzar su primer ataque en tierra contra este puerto. Con un asalto a las dos de la madrugada del 13 de noviembre, unos 50 soldados a las órdenes del teniente Peircy Brett capturaron seis navíos y tomaron el puerto, cuyos habitantes huyeron de sus camas para refugiarse en los montes. Durante los siguientes dos días de pillaje, se trasladó a la flotilla británica un botín que valía más de 30.000 libras, además de piedras preciosas, anillos y brazaletes. Al partir, Anson desembarcó a 80 prisioneros, incendió la población, hundió cinco de los navíos anclados e incorporó la *Soledad* a su flotilla.

El 18 de noviembre, volvió a unirse a ellos el *Gloucester*, que durante un corto y solitario viaje cerca de las islas Lobos detuvo dos presas: el *Nuestra Señora de los Dolores*, que transportaba vino, aguardiente y plata a Panamá, y una embarcación en la que descubrieron monedas escondidas entre el algodón, cuyo valor, en total, era de 19.000 libras. Como se había enterado del fracaso del ataque del vicealmirante Vernon contra Cartagena por algunos documentos vistos en el *Carmelo*, Anson abandonó su intención de dirigirse a Panamá y puso rumbo a la isla de Coiba para hacer aguada y aprovisionarse de carne de tortuga y delfín. Cuando el 3 de diciembre divisaron la isla, ya habían incendiado las presas *Soledad*, *Teresa* y *Dolores* y repartido su carga entre los navíos que quedaban. El próximo objetivo no podía ser otro que la captura del galeón de Manila, pero siguieron cuatro meses de inútil espera en la costa de México.

A los dos días de zarpar de Coiba, el 12 de diciembre apresaron el *Jesús Nazareno* (60 toneladas), pero tras un viaje largo y aburrido por la falta de vientos, se enteraron de que el galeón ya había llegado de Manila. Frustrado su plan cuando ni siquiera había vuelto a salir a fines de marzo, Anson reunió sus navíos y se dirigieron al norte, al puerto de Zihuatanejo, donde fondearon el 8 de abril para aprovisionarse de agua y leña. A fines del mes, Anson mandó que se destruyeran todas las presas para repartir a sus tripulantes entre el *Gloucester* y el *Centurion*. Luego, una vez desembarcados 65 prisioneros, el 6 de mayo desde Acapulco emprendieron el viaje a través del Pacífico. Poco a poco se vieron acosados por los tres problemas que tanto dificultaron su entrada en el Mar del Sur: una travesía lenta, vientos tormentosos y la reaparición del escorbuto.

En primer lugar, los dos buques tardaron siete semanas en encontrar los vientos alisios, de modo que el viaje duró tres meses y medio en vez de dos. Entretanto, debido a los vendavales y a una mar gruesa, había sido necesario cortar el palo mayor del *Gloucester*, su codaste se había desprendido, y había más de dos metros de agua en la bodega. Así pues, el 6 de agosto Anson decidió, de mala gana, prenderle fuego y abandonarlo. Además, aunque hubo pocos enfermos en los buques después de su descanso en la isla Juan Fernández, al poco tiempo de partir de la costa mexicana volvieron a aparecer los primeros síntomas del escorbuto. Éste fue otro factor que persuadió a Anson para deshacerse del *Gloucester*, ya que su tripulación se había reducido a 95 hombres y grumetes, de los cuales sólo 16 hombres y 11 grumetes no padecían la enfermedad. Solamente cuatro de los pobres pensionistas vivían al principio del viaje transoceánico, y sólo 12 de los 127 jóvenes infantes de marina. Cuando el 28 de agosto arribaron a la deshabitada pero fértil isla de Tinian, una de los Ladrones, habían muerto 156 hombres en el *Centurion*, y al fondear frente a Macao, el 11 de noviembre, solamente sobrevivían 201 en total.

A diferencia de la mayoría de sus compatriotas, que habían seguido esta derrota desde Norteamérica a las Indias Orientales, y a pesar de las tremendas aflicciones que sufrió su expedición, Anson no estaba dispuesto a contentarse simplemente con un tranquilo regreso a Inglaterra. En menos de un mes, sus tripulantes habían recobrado la salud. Resultó ser más difícil superar las oficosas obstrucciones de los burócratas chinos y portugueses para poder reparar el *Centurion* y hacerse a la vela en Macao el 19 de abril de 1743. Hasta el 20 de junio, cerca del cabo Espíritu Santo, en las islas Filipinas, no divisaron la nave mercante *Nuestra Señora de Covadonga* (700 toneladas). Venía descuidada y sin sospechar el peligro, cargada de plata mexicana para comprar artículos orientales en Manila. Llevaba 36 cañones y a unas 530 personas, de las cuales sólo 266 eran tripulantes. Lucharon enérgicamente durante más de una hora, hasta que el capitán portugués, herido de gravedad, decidió prudentemente rendirse al haberse dado cuenta de que era mayor y más eficaz la potencia de fuego del adversario. Además, más de 60 de sus hombres estaban muertos y otros 70 heridos, incluso la mayoría de los oficiales, mientras que sólo murieron dos marineros británicos y 17 fueron heridos. Se le encargó el mando de la valiosa presa al alférez Philip Saumarez, que lo guió, en compañía del *Centurion*, hasta Macao, donde fondearon el 11 de julio. Su cargamento constaba de 1.313.843 pesos y 35.682 onzas de plata virgen, parte de la cual venía sin registrar y camuflada como si fueran quesos. Anson zarpó de Macao el 13 de diciembre, escapando de las escuadras españolas tardíamente aprestadas para perseguirle, y regresó a Spithead el 15 de junio de 1744, tras un viaje sin acontecimientos notables. Tan sólo vivían aún 145 de la dotación original de la expedición. Cuatro habían sido muertos en los distintos combates, mientras unos 1.300 murieron a causa de enfermedades y privaciones. Sin embargo, los periodistas de la capital prestaron poca atención a estas cifras horrorosas cuando describieron cómo hicieron falta 32 carretas para llevar a Londres 298 cajas de plata, 18 cajas de oro y 20 barriles de oro en polvo que valían 500.000 libras [1].

Si pensamos que se trataba de una expedición naval, sería legítimo afirmar que el viaje de George Anson fue un trágico fracaso. El número de muertos y la pérdida de barcos le privaron de cualquier oportunidad para atender a todas las disposiciones de sus órdenes. Que esto no fue poco frecuente en las condiciones que encontró, lo demuestra la desintegración de la flota española de José Pizarro. Sin embargo, oportunista como Drake, Anson transformó su expedición en la intervención más provechosa en el Mar del Sur desde la época de los corsarios isabelinos. Lo cual, se supone, explica por qué unos versos laudatorios en su honor le llaman «nuestro segundo Drake». Junto con la empresa de Vernon en el Caribe, Anson ayudó a poner fin al sistema de los galeones españoles que venían al istmo de Panamá, y ante todos los infortunios exhibió un indudable valor y una inquebrantable determinación. Se reconoció que sus decisiones fueron justas y que trataba tanto a sus marineros como a los prisioneros con humanidad.

---

[1] Según el *Daily Post* del 18 de junio de 1744, el botín lo componían 2.600.000 pesos, 15.000 onzas de plata, 10 barras de oro y grandes cantidades de plata y de oro en polvo. Unas monedas de plata acuñadas en Londres en 1745 llevaban la inscripción «Lima». La gran mortandad durante el viaje motivó al Dr. James Lind a realizar experimentos dietéticos cuyos resultados publicó en su *Treatise of the scurvy* (1753). Aunque probó la eficacia de limones y naranjas, tardaron 40 años en repartirse a los marineros de la armada real.

Posteriormente, además de su servicio activo en los buques de la armada real, se le nombró almirante mayor, fue el promotor de mejoras en la administración de la marina, reformó las tácticas de la guerra naval, reorganizó el servicio de los infantes de marina, se esforzó por erradicar la inficiencia y la corrupción en los arsenales reales, y se interesó por varios aspectos de la construcción y el apresto de buques de guerra.

También se debieron a iniciativas suyas la instalación de pararrayos en los buques reales y el uso de uniformes para los oficiales (1748), así como los experimentos con buques forrados de cobre (1761). Varios de los oficiales subalternos o guardiamarinas del *Centurion* en el viaje de 1740 a 1744 desempeñaron papeles notables en las operaciones y en el desarrollo de la marina real a mediados del siglo, y a ocho se les promovió a los varios grados de almirante [2]. En uno de ellos, antiguo guardiamarina del *Wager*, fijaremos ahora nuestra atención.

LA EXPEDICIÓN DEL CAPITÁN JOHN BYRON (1764-1766)

Al intentar sacar conclusiones de sus recientes y dolorosas experiencias, no es de extrañar que Anson se dedicara a buscar una manera de facilitar los próximos viajes británicos al Mar del Sur. Así, en el diario de su viaje escrito por el capellán Richard Walter, *A voyage round the world* (1748), declara:

> parece que todas las futuras expediciones al Mar del Sur han de correr un riesgo considerable de fracasar, mientras durante la travesía sea necesario hacer escala en el Brasil.

Lo más importante, pues, es descubrir un lugar donde los tripulantes puedan restablecerse y proveerse de víveres antes de doblar el Cabo de Hornos. En particular menciona la supuesta isla de Pepys (47° S), a unas 80 leguas al este del cabo Blanco, y también las islas Malvinas

---

[2] Los almirantes sir Charles Saunders, vizconde Augustus Keppel, lord Richard Howe y sir Peircy Brett, y los vicealmirantes John Byron, sir Peter Denis, sir Hyde Parker y John Campbell.

(52° S)[3]. Recordando que Woodes Rogers navegó desde éstas a la isla Juan Fernández en menos de 40 días, Anson estima que se podría efectuar el viaje de ida y vuelta en poco más de dos meses; además, «en tiempo de guerra nos haría dueños de esos mares». Estas palabras contienen el germen de la expedición de 1764, el primero de una serie de viajes de exploración y de investigación científica realizadas por la marina real, que terminaron por trasladar el interés británico hacia el Pacífico Sur y resultaron en los tres célebres viajes de James Cook.

Sin embargo, el almirantazgo resolvió ocultar los verdaderos objetivos del viaje de John Byron. Al principio se divulgó que su capitana iba a ser forrada de cobre y dirigirse al Caribe, a fin de hacer experimentos sobre su eficacia en la bruma. Probablemente, fue el tercer buque en ser modificado de esta manera después de la recomendación de Anson. Igualmente, cuando se compró un barco para llevar provisiones y pertrechos a Byron al Atlántico Sur, se decía que zarpaba rumbo al golfo de México y Florida, y le pusieron el nombre de *Florida*. Por último, anunciaron que habían cambiado su destino por el de las Indias Orientales, donde Byron iba a hacerse comandante en jefe de los buques de su majestad. En efecto, mediante este nuevo subterfugio, Byron podría hacer escala en la costa del Brasil sin levantar sospechas sobre su verdadero destino.

Por el contrario, las instrucciones secretas que recibió Byron describen dos propósitos distintos, el primero de los cuales procede del viaje de Anson. Debía aprovisionarse en la costa del Brasil, y luego, según la temporada u otras circunstancias pertinentes, atravesar el Atlántico hacia el cabo de Buena Esperanza como si se dirigiera a las Indias Orientales, abastecerse de nuevo y regresar a la costa de Sudamérica buscando la isla de Pepys, o bien poner rumbo directamente a esta isla y luego continuar hacia «las islas de Su Magestad llamadas Falklands». El segundo objetivo consistía en pasar al Mar del Sur y proseguir hasta la Nueva Albión de Drake, aproximadamente en los 38° N, y luego reconocer desde allí el litoral occidental de Norteamérica, entrando en cualquier estrecho que le condujera por la bahía de Hud-

---

[3] El bucanero Ambrose Cowley vio en 1684 islas en la latitud de 51° o 51° 20' S, probablemente las islas Sebaldes, al noroeste de las Malvinas, pero su editor las bautizó con el nombre del famoso diarista y administrador de la Armada real, Samuel Pepys, y cambió la latitud a los 47° S.

son a la costa atlántica de Norteamérica, regresando de allí a Inglaterra. Se supone que el gobierno británico seguía ofreciendo el premio de 20.000 libras al primer navío que realizara este viaje.

Se armaron dos buques, la fragata *Dolphin* (511 toneladas), que llevaba 24 cañones, 124 marineros y 14 infantes de marina, y la corbeta *Tamar*, al mando del capitán Patrick Mouat, con 16 cañones y 90 hombres. Partieron de Plymouth el 3 de julio de 1764, arribaron a Madeira sólo 10 días después (en contraste con los 40 días de Anson), hicieron escala en las islas de cabo Verde y el 12 de septiembre empezaron a aproximarse a Río de Janeiro. Byron ya se había fijado en que los peces no se acercaban al casco del *Dolphin*, revestido de cobre, y concluyó: «es el invento más espléndido del mundo». Afirmó también que una nueva máquina para purificar el agua vieja parecía funcionar bien, y que todos sus hombres estaban bien de salud, pues solía darles todas las legumbres y carne frescas que pudieran comer. Emprendieron su primera tarea de reconocimiento en Puerto Deseado, entre el 19 de noviembre y el 5 de diciembre, comparando sus propias observaciones con las de Narborough. Cinco días después, Byron afirmó que «no puede haber una isla» tal como la de Pepys, y decidió poner rumbo al estrecho de Magallanes. Cerca del cabo Vírgenes, Byron desembarcó acompañado por gente armada para conversar con unas 500 personas, algunas a caballo, que les hicieron señas desde tierra. Sin precisar más, se contenta con escribir que «se asemejaban más a gigantes que cualquier otra raza del mundo», y que el más alto de sus propios hombres «en comparación con ellos no parecía ser más que un renacuajo».

Tras estos encuentros amistosos, el *Dolphin* y el *Tamar* entraron en el estrecho el 22 de diciembre, y navegaron hasta el cabo Froward, mientras Byron se ocupaba en hacer sondeos y anotar sus observaciones de la mareas, la fertilidad de la tierra y si había agua, víveres y leña. Volvieron a desembocar en Atlántico el 7 de enero de 1765, y cinco días más tarde avistaron una tierra que suponían que eran las «Nuevas Islas» señaladas en sus cartas de marear, en realidad la punta noroeste de las Malvinas. El 15 de enero, fondearon en «uno de los puertos más magníficos que jamás vi en la vida», aunque no había leña. No obstante, «toda la marina real británica podría fondear aquí con seguridad». De este modo, el 22 del mes, Byron tomó posesión del puerto y de las islas en nombre del rey Jorge III, creyendo que era la tierra que antes se había llamado isla de Pepys; al puerto le puso el nombre de lord Egmont, almirante mayor. Luego, bordeó la costa septentrional de las dos islas, hasta que los vientos contrarios le obligaron a volverse antes de que pudiera empezar a circunnavegarlas. Como Anson en la isla Juan Fernández, el cirujano del *Tamar* «plantó un pequeño y bonito jardín», rodeado por una valla de estacas, en provecho de los que vinieran después. Pero al regresar a Puerto Deseado, el 7 de febrero, para reunirse con el buque de abastecimiento *Florida*, se le informó a Byron de que los franceses ya habían anunciado públicamente que habían poblado lo que ellos denominaban las islas Malouines, de hecho en la misma costa que estaba explorando Byron antes de volver. La *Florida* emprendió el viaje de regreso a Inglaterra el 25 de febrero, después de haber acompañado al *Dolphin* y al *Tamar* hasta Puerto Hambre. Después de partir éstos en sentido contrario, tardaron 43 días en llegar al Mar del Sur, el 9 de abril [4]. Sin embargo, como nunca anduvieron necesitados de víveres frescos, Byron dice: «Lo prefiero veinte veces más a pasar por el cabo de Hornos». Tuvo la suerte de poder añadir que ni un solo hombre padecía del escorbuto, pero recomendó que en el porvenir, para lograr una travesía de tres semanas, sería preciso entrar en el estrecho en diciembre.

Una vez en el Mar del Sur, los dos navíos pusieron rumbo a la isla Juan Fernández, pero realmente fondearon cerca de Más Afuera, al oeste, el 28 de abril. Era menos probable que los españoles les descubrieran allí, pero también era difícil hacer aguada, a causa de los rompientes. Al hacerse a la vela el día 30, Byron ya había decidido hacía dos meses desatender el capítulo de sus instrucciones que se refería a la búsqueda de la Nueva Albión y a la salida al Pacífico del paso del noroeste. En su lugar, el 2 de mayo estaba intentando averiguar si existía una isla indicada en sus cartas que se decía que había visto el bucanero Edward Davis en 1686, a unas 500 leguas al oeste de Copiapó. Fallado este intento, esperaba hallar las islas Salomón, que desde su descubrimiento en 1568 no habían sido visitadas por europeos. El 22 de mayo anotó en su diario que su gente comenzaba a padecer el escorbuto. Aparecen varias referencias al progreso de la enfermedad durante las semanas siguientes y a la mejoría de muchos de ellos después

---

[4] Al pasar por el estrecho, Byron vio un navío francés cargando leña. Fue el *Aigle* de L-A. Bougainville, que volvía a la colonia por él fundada en las Malvinas hacía dos años.

de comer cocos y frutas. Al observar las bandadas de pájaros que al atardecer volaban al sur, se convenció de que debía de haber un continente austral, lo que iba a motivar el nuevo interés británico por el Pacífico Sur. Por Tinian, Sumatra y Java, el *Dolphin* regresó a las islas Scilly el 7 de mayo de 1766. Fue la circunnavegación más rápida del globo, en poco más de 22 meses. El *Tamar* volvió dos meses más tarde, después de haber hecho escala en Antigua para reparar sus daños.

Los historiadores son propensos a criticar duramente los resultados de la expedición de John Byron. Después de todo, sólo descubrió pequeños atolones e islas remotas en el Pacífico, y deliberadamente hizo caso omiso de dos importantes capítulos de sus instrucciones, a saber, la exploración del Atlántico Sur hasta el cabo de Buena Esperanza y la búsqueda del paso del noroeste. Cuando optó por buscar las islas Salomón, es obvio que escogió la opción más fácil de realizar. No obstante, en cuanto a América, en contraste con Anson, penetró por el estrecho de Magallanes al Mar del Sur en pleno invierno, luchando con éxito contra el escorbuto distribuyendo abundantes provisiones frescas. Cuando esta enfermedad volvió a aparecer, más extendida aún, durante la travesía del Pacífico, de nuevo se preocupó por encontrar cocos, frutas, legumbres y carne fresca. Por tanto, solamente murieron siete hombres en el *Dolphin* después de zarpar de la costa mexicana. Byron localizó también con exactitud las islas Malvinas y describió con cierto entusiasmo su costa septentrional. Pero, aparte de esto, legó a sus sucesores un nuevo interés por descubrir la Terra Australis Incognita.

EPÍLOGO

Las Malvinas, la Terra Australis Incognita y el paso del noroeste

Antes de presentar una evaluación de conjunto de la intervención de los navegantes y marineros británicos en aguas americanas, valdría la pena estudiar cómo algunas de las cuestiones planteadas por sus viajes entre fines del siglo xv y mediados del siglo xviii se resolvieron en años posteriores. Desde los últimos decenios del siglo xvi se había descutido el proyecto de crear un puesto avanzado en las regiones meridionales de Sudámerica, para facilitar la intervención en el Mar del Sur por razones de comercio y población. De una manera que todavía enciende la controversia más reñida, se dio un paso hacia la realización de este objetivo, tras el regreso a Inglaterra, el 21 de junio de 1765, del buque de abastecimiento de John Byron, el *Florida*, trayendo una carta, mapas e informes sobre las islas Malvinas que movieron a lord Egmont a afirmar que esas islas eran «la llave de todo el Océano Pacífico», puesto que desde una base naval allí localizada, Gran Bretaña podría «dominar los puertos y el comercio de Chile, Perú, Panamá, Acapulco, y en resumen todo el territorio español en ese mar». Además, según el almirantazgo, España no podía reclamar para sí el derecho a unas islas del Atlántico que «se hallaban a unas 80 o 100 leguas al este del continente americano», ni tampoco tenía vigencia la posesión francesa si se tenían en cuenta los descubrimientos anteriores realizados por navegantes británicos.

A fin de poner en práctica el acto de llevar a cabo la posesión británica, el capitán John McBride arribó a la isla occidental (Gran

Malvina) en enero de 1766, con la misión de reconocer las islas y de construir un fortín para acomodar a una compañía de infantes de marina en Puerto Egmont. Fue durante la labor de reconocimiento cuando el 2 de diciembre tropezó con la población francesa en la ensenada Berkeley, en la isla oriental (Soledad). Sin embargo, conforme a sus órdenes, sólo debía informarles de la posesión británica, y no atacar a los súbditos de cualquier nación extranjera, remitiendo a Europa toda cuestión tocante a la soberanía. Los franceses entregaron su colonia a España en 1767, se nombró un gobernador español y el fortín de McBride se rindió ante el asalto español en 1770. Pero éstos no fueron más que los primeros pasos que iban a producir conflictos armados y largos debates entre Gran Bretaña, España y luego Argentina, y para los que aún no se ha encontrado una solución diplomática.

La siguiente expedición británica al Mar del Sur se dividió cuando los dos buques de la marina real siguieron distintos rumbos desde el estrecho de Magallanes. El 21 de agosto se hicieron a la vela en Plymouth el *Dolphin*, tripulado por 150 hombres, que volvía bajo el mando de Samuel Wallis, y la corbeta *Swallow*, con 90 hombres y 14 cañones, a las órdenes de Philip Carteret, que había acompañado a Byron como primer teniente del *Tamar* y luego del *Dolphin*. Aunque, en secreto, se había estudiado la necesidad de enviar refuerzos a McBride a Puerto Egmont, por miedo a provocar la ira española las instrucciones de Wallis y Carteret sólo atestiguan el creciente interés del almirantazgo por el Pacífico Sur y por el posible continente austral. Sin embargo, no faltan datos de interés en esta expedición. Cuando llegaron al cabo Vírgenes, el 17 de diciembre, Wallis desembarcó con la determinación de aclarar una vez para siempre las historias sobre los «gigantes» patagones, resucitadas por Byron. Al medirlos, descubrió que los más altos eran simplemente personas de elevada estatura entre 1,80 y 2,05 metros, aproximadamente.

Wallis tardó cuatro meses en pasar por el estrecho de Magallanes, y luego atravesó el océano Pacífico, descubriendo el 19 de junio de 1767 la isla del Rey Jorge III, o Tahití, que algunos pensaban que era una península de la Terra Australis Incognita. Entretanto, Carteret, en el más lento *Swallow*, que no estaba forrado de cobre, hizo aguada con dificultad en Más Afuera a principios de mayo. Después, puso rumbo al norte hasta los 26° N aproximadamente, buscando las islas áridas, rocosas y despobladas de San Félix y San Ambrosio, para investigar si era posible establecer una base en ellas, en lugar de en la isla Juan Fernández, de la que se había retirado el 10 de mayo, cuando vio que los españoles finalmente la habían fortificado. Nunca vio esas islas, pero fue el primero en sugerir que podrían haber sido la tierra vista por el bucanero Edward Davis. Mientras cruzaba el Pacífico, Carteret descubrió el 2 de julio la isla Pitcairn, famosa por ser el refugio de los amotinados del *Bounty* en 1789. Más significativo aún fue el hecho de no haber avistado el continente austral, aunque durante la primera parte de su travesía navegó más al sur que todos los navegantes anteriores, hasta los 28° S.

La mayor parte de la labor exploratoria de uno de los más famosos navegantes británicos, el capitán James Cook, sólo está relacionada de una manera marginal con América, aunque, sin embargo, a veces ayuda a resolver dilemas que ya hemos tratado. Sus dos primeros viajes (1768-1771 y 1772-1775) son ejemplos sin par de la recién nacida fascinación británica por la exploración geográfica del Pacífico, así como del nuevo clima de investigación científica en que se organizaban estas expediciones. En el primero fue acompañado por un astrónomo del observatorio de Greenwich, que iba a presenciar el paso de Venus en Tahití (el 3 de junio de 1769), y por el famoso botánico Joseph Banks, cuyo objetivo era recoger datos científicos sobre la flora, fauna y grupos humanos de las islas del Pacífico. Durante el segundo viaje, para ayudarle a determinar la longitud, Cook utilizó un cronómetro por primera vez en una circunnavegación del globo, y repartió entre la navegación zumo de limón y naranja para contrarrestar los efectos del escorbuto, aunque confió más en una dieta más variada de distintos comestibles.

En cuanto a la exploración geográfica, a Cook se le mandó primero pasar por el estrecho de Lemaire y doblar el cabo de Hornos, una travesía aún poco frecuente entre los navegantes británicos, y luego buscar el continente austral hasta los 40° S, lo cual equivale a decir unos 12° más allá del punto más meridional alcanzado por Carteret. En el segundo viaje, rumbo al este por el cabo de Buena Esperanza, durante mucho tiempo recorrió los mares en la latitud de los 60° S, cruzó el Círculo Polar Antártico y llegó hasta los 71° 10' S. Sus informes sobre masas flotantes y bancos de hielo pusieron en entredicho de una vez para siempre las teorías de los que todavía estaban obsesionados por la Terra Australis Incognita. Después de atravesar el Pacífico

Sur, Cook pasó la Navidad de 1774 en la Tierra del Fuego, el 28 de diciembre dobló el cabo de Hornos y entró en el Atlántico Sur, donde desembarcó y tomó posesión de la isla Georgia del Sur, y también vio las islas Sandwich del Sur.

Por el contrario, en su tercer viaje (1776-1780), a Cook se le ordenó dirigirse a la Nueva Albión de Drake, y luego reconocer las bahías y ensenadas desde 65° N hacia el norte. En resumen, se le encargó la misión de buscar un paso que condujera a la bahía de Hudson, proyecto que John Byron dejó de cumplir. Después de pasar la mayor parte del mes de abril de 1778 cerca de la isla y golfo de Nutka, futuro centro de un comercio transpacífico de pieles y motivo de una disputa internacional, Cook comenzó la exploración de las peligrosas ensenadas e islotes de la costa meridional de Alaska, su golfo y su península. Penetró más allá de las islas Aleutianas a fines de junio; vio los puntos más oriental y más occidental respectivamente de Asia y Norteamérica; se adentró en el océano Ártico y alcanzó los 70° 44' N el 18 de agosto, cuando un campo de hielo le obstruyó el paso. Después de la vuelta de Cook a Hawai, y de su muerte allí el 14 de febrero de 1779, el nuevo comandante de la expedición, Charles Clerke, regresó a Norteamérica para repetir la exploración al borde del hielo y allí murió.

Así pues, los viajes de Cook y Clerke en busca del estrecho son notables como demostración fehaciente de extraordinarias habilidades náuticas, así como por su compilación de datos científicos y cartográficos, que por primera vez se plasmaron en una representación reconocible del litoral de Alaska y del territorio situado más allá del estrecho de Bering.

No obstante, quedaba por efectuar una exploración detallada de las bahías y ensenadas de la costa de lo que hoy día es la Columbia Británica, de nuevo para averiguar si había un estrecho que la uniera con la bahía de Hudson. Esta agotadora tarea se confió a una persona admirablemente preparada para su realización, el capitán George Vancouver, que acompañó a Cook en sus dos últimos viajes. Además, el gobierno se preocupaba por la presencia española en Nutka, así como por la propia seguridad de los comerciantes de pieles británicos. Vancouver zarpó de Falmouth el 1 de abril de 1791, al mando del *Discovery* (530 toneladas), escoltado por el *Chatham* (135 toneladas), rumbo a Tahití y Hawai por el cabo de Buena Esperanza. Mediante tres viajes distintos durante los siguientes cuatro años y siete meses, volviendo a

Hawai dos veces para invernar, Vancouver hizo intensivas observaciones de un litoral muy accidentado.

En el primero, entre abril de 1792 y enero de 1793, envió lanchas para reconocer el estrecho de Juan de Fuca, y puso al profundo golfo sembrado de islas el nombre de su teniente, Peter Puget. Posteriores exploraciones revelaron la insularidad de la tierra que hoy lleva el nombre de Vancouver. La labor de exploración en la costa de Norteamérica comenzó de nuevo en abril de 1793, desde Nutka hacia el norte, más allá de la isla Príncipe de Gales, hasta aproximadamente los 57° 30' N. Pasaron semana tras semana recorriendo penosamente en las lanchas unos 1.300 kilómetros de canales y fiordos sin hacer ningún avance en alcanzar su objetivo. Para efectuar la última expedición de esta extraordinaria etapa de exploraciones, el *Discovery* y el *Chatham* partieron de Hawai en marzo de 1794, acercándose a las regiones antes visitadas desde el noroeste. El 3 de abril arribaron a la isla Chirikof, cerca de la península de Alaska, exploraron la ensenada Cook, descubriendo que no era el estuario de un río, y el golfo del Príncipe Guillermo, zigzagueando por los muchos canales y estrechos hasta llegar a la isla Príncipe de Gales, y por fin a Nutka el 2 de septiembre. La circunnavegación del globo de George Vancouver terminó en el río Támesis el 20 de octubre de 1795, tras haber visitado Monterrey, las islas Galápagos y Valparaíso, y doblado el cabo de Hornos. Por su exploración y cartografía de un complejo litoral, destaca como uno de los más distinguidos navegantes británicos; demostró sin asomo de duda que ninguno de los brazos de mar de las regiones templadas del noroeste de Norteamérica se unía con la bahía de Hudson. Un estrecho que uniese el Atlántico con el Pacífico, si acaso lo hubiera, debía hallarse a través del hielo del océano Ártico y, por lo tanto, ser intrasitable, a lo menos por buques de vela. Además, durante su largo viaje, aunque algunos marineros enfermaron brevemente de escorbuto, sólo murieron 6 de unos 146, y todos a causa de accidentes.

Las primeras expediciones del siglo XIX a Sudamérica

Por lo que respecta a los años anteriores a que los marineros británicos navegaran a Sudamérica como tripulantes de buques mercantes, enviados según fechas de llegada y partida fijas, por compañías comerciales privadas, a los ríos Amazonas y de la Plata, y a puertos como Río de Janeiro, Valparaíso y El Callao, es interesante recordar otros dos aspectos de sus actividades en aguas americanas en el siglo xix. Ya hemos visto que en el siglo anterior se dirigieron al Pacífico Sur expediciones marítimas organizadas por motivos científicos. Esta pasión por la investigación también había de extenderse a América, donde el suceso más famoso fue seguramente la visita del *Beagle* durante su viaje alrededor del mundo desde el 27 de diciembre de 1831 hasta el 2 de octubre de 1836. Su capitán era Robert Fitzroy, pero el viaje se hizo célebre por la labor científica de su botánico, Charles Darwin. La mayor parte de la expedición tuvo lugar en aguas sudamericanas, y más de la mitad de los cuadernos de Darwin tratan de sus observaciones en las costas del Brasil, el Río de la Plata, la costa de Patagonia, las tierras y los estrechos australes, las costas de Chile y Perú, y las islas Galápagos, sin mencionar las excursiones tierra adentro.

Finalmente, en 1859 publicó la teoría concebida basándose en sus investigaciones prácticas, *On the origin of species by means of natural selection*. Igualmente, fue la ciencia y no El Dorado, el comercio o la colonización lo que indujo a otros a explorar el río Amazonas y sus afluentes, por ejemplo el botánico Richard Spruce (entre 1849 y 1856), el entomólogo Henry W. Bates (de 1848 a 1859) y el naturalista Alfred R. Wallace (de 1848 a 1852), este último también partícipe en el debate sobre la selección natural.

Ya hemos mencionado cómo Cathcart, Knowles y Anson, en el siglo xviii, traían órdenes para fomentar sublevaciones entre la población criolla. Por lo general, el gobierno británico resolvió no inmiscuirse directamente en las luchas por la independencia política, pero todos sabían que la fuerza de la marina real británica era suficiente para disuadir de hacerlo a otras naciones extranjeras. Sin embargo, muchos individuos contribuyeron a este trascendental paso histórico. El menos típico, quizás, fue el comodoro sir Home Popham, cuya escuadra de buques de la Marina real lanzó un asalto contra Buenos Aires el 25 de junio de 1806. Fracasó rotundamente desde el punto de vista militar británico, aunque indirectamente dio ánimos a los porteños, que ya se interesaban por la independencia. Se juzgó y condenó a Popham en un consejo de guerra, aunque muchos le alabaron por haber intentado abrir nuevos mercados a las manufacturas británicas. En 1814 se le promovió a contraalmirante.

Muchos más vinieron a América para pelear como soldados mercenarios en los ejércitos de liberación, pero uno que tuvo gran influencia como marino fue el escocés Thomas Cochrane, conde de Dundonald. En 1817, aceptó la invitación de ser comandante en jefe de· la marina de guerra chilena, en la que varios oficiales eran británicos. Pronto iba a demostar que era un espléndido estratega, y a veces temerario, por su toma de Valdivia a principios de 1820, el transporte del ejército liberador de San Martín al Perú y la toma de la capitana de la armada española, la fragata *Esmeralda,* de 44 cañones, en el puerto de El Callao en la noche del 5 de noviembre. Tras un breve descanso en Chile, llegó al Brasil en marzo de 1823 para asumir el mando de la Marina de guerra brasileña, encargado de la misión de destruir la armada portuguesa en esas costas e incorporar las provincias del norte al imperio de Pedro I. Reveló sus dotes de navegante en Bahía, cuando, de noche, remontó en su buque de guerra un río que desconocía para observar los navíos portugueses. Luego, con sólo dos buques, persiguió a través del Atlántico y destruyó la mayor parte de un convoy de 60 barcos mercantes escoltados por 13 buques de guerra. También liberó Bahía y Maranhão, y envió otra nave a liberar Pará.

Resumen

Acabamos de trazar, a lo largo de tres siglos, las expediciones de los navegantes y marinos británicos a América, desde los primeros viajes de reconocimiento a través del Atlántico Norte y al Caribe a finales del siglo xv y principios del xvi, hasta la nueva época de exploración e interés científico en el océano Pacífico.

Tras varias décadas de actividad esporádica, en la que faltaba toda visión global de sus intenciones, durante la segunda mitad del siglo xvi los navegantes británicos comenzaron a surcar los mares americanos hasta dominar el proceso de exploración con el fin de descubrir un paso del noroeste hacia Asia, mientras otros compatriotas suyos se incluían entre los más temidos expoliadores de las poblaciones y navíos españoles en el Caribe. Aun así, sólo más de un siglo después de que España y Portugal se dispusieran a consolidar su presencia permanente en sus respectivas esferas de influencia americanas fue cuando los esfuerzos y la experiencia de los navegantes británicos se transformaron en proyectos de mayor alcance. En Roanoke, Terranova y la costa de Guayana, las primeras tentativas sufrieron graves reveses, pero finalmente acabaron en la ocupación del litoral atlántico de Norteamérica y en la explotación comercial de islas menores de un Caribe que una vez fue exclusivamente español.

Lo más notable de estas distintas empresas es que, fundamentalmente, representan iniciativas por parte de una alianza de fuentes privadas de financiación, con el espíritu aventurero y mercantil de los puertos de Londres y del sur y sudoeste de Inglaterra. Por supuesto, los objetivos personales a menudo coincidían con los intereses y las aspiraciones de la nación. En efecto, aun en la persona de Isabel I, la Corona hizo esfuerzos por asegurar que fueron siempre así y, por ejemplo, en el caso de Walter Raleigh, graves peligros, o simplemente el desagrado, esperaban a los que actuaban de modo que sus acciones podían interpretarse de otra manera. Además, la Corona nunca fue enemiga de participar en una empresa si era más que probable que rindiera ganancias. No obstante, es verdad que durante esos primeros años decisivos en lo que respecta a la expansión marítima de la nación, hasta las primeras décadas del siglo XVII, el impulso vino en gran parte de la iniciativa privada.

La toma de la isla de Jamaica en 1655 por la flota aprestada por orden de Oliver Cromwell significa tanto la primera etapa de una presencia continua de buques de guerra ingleses en aguas americanas como la intervención del Estado en esas zonas, recurriendo a la estrategia naval para defender el comercio y territorio ultramarinos, ganar la supremacía colonial y debilitar a sus enemigos europeos. Aunque en este aspecto hemos concentrado la atención en el Caribe, es importante no olvidar por completo la adopción de la misma estrategia en Norteamérica e incluso en Canadá.

En cuanto al Mar del Sur y el Atlántico Sur, podemos generalizar y afirmar que los mencionados hechos y tendencias estaban condicionados por la relativa lejanía, durante la era de los barcos de vela, de las regiones en las que estaban interesados los navegantes británicos, y en particular más allá del estrecho de Magallanes. Así pues, aunque las distintas razones de atracción nunca desaparecieron totalmente y su realización fue ardua y tardía. De este modo, como en las Antillas a fines del siglo XVI, el Mar del Sur presenció las muy elogiadas hazañas de los corsarios isabelinos, especialmente de Drake y Cavendish, y el brillo del oro chileno y de la plata peruana nunca se apagó en los ojos de sus compatriotas, con la salvedad de que, todavía a principios del siglo XVIII, esta forma primitiva de intrusión en este mar seguía caracterizando la presencia británica aun hasta la llegada de los buques de guerra al mando de George Anson. Además, esto fue así tras un siglo de verdadera ausencia de navíos procedentes de Inglaterra, salvo unos pocos barcos aislados y las pacíficas investigaciones de las costas de Chile y Perú realizados por Narborough y Strong, que no produjeron resultados inmediatos; con lo que, a excepción de las islas Malvinas y a diferencia del Caribe y de Norteamérica, la ocupación permanente de tierras por debajo de la línea equinoccial dentro de los límites del imperio español fue suspendida debido a la lucha por la independencia en Sudamérica, mientras el establecimiento de un intercambio comercial en el Mar del Sur y el Atlántico Sur vino a ser un asunto para ser discutido con las nuevas repúblicas y la monarquía del Brasil. La única novedad es que esas zonas se transformaron en nuevos focos de exploración geográfica, tarea que habían asumido antes de fines del siglo XVIII los marinos y buques de la armada real británica.

Después de todo, movidas por distintas razones, varias generaciones de navegantes y marinos británicos recogieron y difundieron sus conocimientos prácticos de navegación, cosmografía, hidrografía y cartografía. Por su espíritu de iniciativa, fueron los instrumentos mediante los cuales la nación pudo contemplar la creación de una América inglesa, establecer un comercio global hasta el Japón y China (aunque no por el estrecho de Magallanes ni por el paso del noroeste, a pesar de tantos esfuerzos y vidas empleados en esas zonas) y defender ambos con una armada transoceánica, tal vez la más poderosa del siglo XVIII.

Finalmente, al tener en cuenta la glorificación hecha por los historiadores de ciertos navegantes del reinado de Isabel I, así como las proezas de almirantes de la armada real, no es de extrañar que destaquen los nombres de unos pocos individuos. Sin embargo, no debemos permitir que se oculten el valor, la determinación y, sobre todo, las habilidades de los miles de quienes dependía su fama, pues los célebres corsarios y piratas, exploradores, navegantes y capitanes les estuvieron agradecidos por su renombre. Unos 32, de dos bajeles de sólo 25 toneladas, se atrevieron a acompañar a Martin Frobisher hasta las peligrosas aguas glaciales del Ártico durante su primer viaje en 1576, e igual número, a bordo de una presa de sólo 16 toneladas, ayudó a

William Funnell a atravesar el Pacífico en 1705. Y muchos más, individualmente o en los grupos de abandonados y náufragos, demostraron su ingenio y su conocimiento de la práctica de la navegación, por la manera en que se esforzaron por regresar a su país a través de los océanos. Ésta ha sido su historia, así como la de aquellos a quienes conocemos por sus propios nombres.

APÉNDICES

CRONOLOGÍA

1479-1516   Reinado de Fernando e Isabel en España.
1480   ¿Primer barco de Bristol buscando la isla del Brasil?
1485-1509   Enrique VII, primer rey Tudor de Inglaterra.
1489   Tratado político y comercial entre España e Inglaterra.
1492-1493   Primer viaje de Cristóbal Colón.
1493   Bulas del papa Alejandro VI.
1493-1496   Segundo viaje de Colón.
1494   Tratado de Tordesillas.
1497   Juan Caboto sale de Bristol y llega a Terranova.
1497-1499   Vasco da Gama navega a la India.
1498   Tercer viaje de Colón.
1500   Cabral llega al Brasil.
1502-1504   Cuarto y último viaje de Colón.
¿1508-1509? Posible viaje de Sebastián Caboto a Norteamérica.
1509-1547   Enrique VIII, rey de Inglaterra.
1513   Balboa descubre el Mar del Sur.
1516-1556   Carlos I, rey de España.
1518-1521   Conquista de México por Hernán Cortés.
1519-1522   Primera circunnavegación del mundo por la *Victoria* de la expedi-
             ción de Fernando de Magallanes.
1527   Viaje de John Rut a Norteamérica y al Caribe.
1530-1540   Viajes comerciales de William Hawkins al Brasil.
1531-1535   Conquista del Perú por Francisco Pizarro.
1547-1553   Eduardo VI, rey de Inglaterra.
1553-1558   María Tudor, reina de Inglaterra.
1554   Boda de María Tudor y el futuro Felipe II de España.
1556-1598   Felipe II, rey de España.
1558-1603   Isabel I, reina de Inglaterra.

1562-1569	Expediciones de John Hawkins al Caribe.
1568	Batalla de San Juan de Ulúa.
1569-1571	Viajes de Francis Drake al Caribe.
1572-1573	Expedición de Drake al istmo de Panamá.
1574	Proyecto de Grenville para emprender viajes a Patagonia y Chile.
1574	Tratado de Bristol entre España e Inglaterra.
1576-1577	Expedición de John Oxenham al istmo y golfo de Panamá.
1576-1578	Viajes de Martin Frobisher al estrecho del noroeste.
1577	Humphrey Gilbert presenta a Isabel I su proyecto para fundar colonias en Norteamérica.
1577-1580	Primera circunnavegación inglesa por Francis Drake.
1580-1640	Unión de las coronas de España y Portugal.
1582-1593	Viajes ingleses con destino al Mar del Sur.
1583	Gilbert establece en Terranova la primera colonia inglesa en Norteamérica.
1584	Walter Raleigh envía su primera expedición a Virginia.
1585	Grenville deja unos 100 colonos en Roanoke (Virginia).
1585-1586	Toma de Santo Domingo y Cartagena por Drake.
1585-1587	Tres expediciones de John Davis a regiones árticas.
1585-1604	Guerra entre España e Inglaterra.
1586-1588	Segunda circunnavegación inglesa por Thomas Cavendish.
1587	Ataque de Drake contra la flota española en Cádiz.
1588	España envía la Armada Invencible contra Inglaterra.
1594	Richard Hawkins, hecho prisionero en el Perú.
1595	James Lancaster saquea Pernambuco.
1595	Primera expedición de Raleigh a Guayana.
1595-1596	Última expedición de Drake y Hawkins al Caribe.
1598	Toma de San Juan por el conde de Cumberland.
1598-1604	Felipe III, rey de España.
1602	Toma de Portobelo por William Parker.
1602-1632	Viajes de exploración y colonización a Virginia, Nueva Inglaterra y Terranova.
1602-1632	Viajes en busca del estrecho del noroeste.
1603-1625	Jacobo I, primer rey Estuardo de Inglaterra.
1604	Tratado de Londres: paz entre España e Inglaterra.
1604-1631	Viajes de comercio y colonización al río Amazonas y Guayana.
1607-1611	Viajes de Henry Hudson.
1617-1618	Última expedición de Raleigh a Guayana. Su ejecución.
1621-1665	Felipe IV, rey de España.
1624	Colonización de Saint Kitts, primera colonia permanente no española en las Antillas.

1625-1649	Carlos I, rey de Inglaterra.
1639-1645	Correrías de William Jackson en el Caribe.
1649-1658	Cromwell, «lord protector» de Inglaterra, Escocia e Irlanda.
1655	Penn y Venables se apoderan de Jamaica.
1655	Primera escuadra naval británica que se queda en el Caribe.
1656-1659	Guerra entre España e Inglaterra.
1660-1685	Carlos II, rey de Inglaterra.
1665-1700	Carlos II, rey de España.
1669-1671	John Narborough visita Valdivia, en el Mar del Sur.
1685-1688	Jacobo II, rey de Inglaterra.
1689-1691	John Strong intenta comerciar en el Mar del Sur.
1689-1702	Guillermo y María, reyes de Inglaterra.
1697	Paz de Ryswick.
1700-1746	Felipe V, rey de España.
1701-1714	Guerra de Sucesión de España.
1702-1714	Ana, reina de Inglaterra.
1703-1707	William Dampier vuelve al Mar del Sur como corsario.
1707	Unión de Inglaterra y Escocia como Gran Bretaña.
1708-1711	Lucrativa expedición de Woodes Rogers al Mar del Sur.
1713	Tratado de Utrecht.
1718-1720	Guerra entre España e Inglaterra.
1718-1722	Los últimos corsarios británicos en el Mar del Sur.
1722-1760	Jorge II, rey de Inglaterra.
1727-1728	Guerra entre España e Inglaterra.
1739-1748	Guerra entre España e Inglaterra.
1740-1742	Edward Vernon en el Caribe. Toma de Portobelo y Chagres.
1740-1744	La expedición naval de Anson se dirige al Mar del Sur.
1746-1759	Fernando V, rey de España.
1759-1782	Carlos III, rey de España.
1760-1820	Jorge III, rey de Inglaterra.
1762-1764	Guerra entre España e Inglaterra. Pocock toma La Habana.
1766	John McBride establece un fortín en las islas Malvinas.
1768-1779	James Cook explora el Pacífico y Norteamérica.
1791-1795	George Vancouver explora las costas de Norteamérica.
1806	Ataque de Home Popham contra Buenos Aires.
1817-1825	Thomas Cochrane, al servicio de Chile y Brasil.

BIOGRAFÍAS

Anson, G. (1697-1762): almirante y circunnavegador del globo entre 1740 y 1744. Aunque volvió con más tesoros que cualquier otro después de Drake en 1580, sufrió terribles pérdidas de hombres y navíos. Carrera distinguida como reformador de la armada real y sus arsenales, autor de un nuevo código de justicia naval y excelente instructor de oficiales.

Baffin, W. (1584-1622): distinguido navegante y explorador, viajó a América como piloto de expediciones en busca del paso del noroeste. El punto más septentrional de la de 1616 (77° 45' N) no se alcanzó de nuevo hasta 1852. Después prestó servicios en la Compañía de las Indias Orientales y efectuó exploraciones en el Mar Rojo y el golfo Pérsico.

Caboto, J. (¿1450?-1498): navegante italiano que zarpó de Bristol en 1497 rumbo al oeste en busca de Catay. Descubrió la costa de Terranova, pero probablemente murió en su segunda expedición antes de volver a verla.

Cavendish, T. (1555-1592): segundo circunnavegador británico del globo (1586-1588). Quemó navíos y poblaciones en la costa occidental de Sudamérica y apresó el galeón de Manila. Murió en un estado de grave trastorno mental, después de fracasar en su intento de volver al Mar del Sur.

Dampier, W. (1652-1715): pescador en Terranova, marinero voluntario y capitán de la armada real, colono en Jamaica, bucanero, triple circunnavegador del globo y pionero en las nuevas ciencias de la hidrografía y meteorología. Viajó al Mar del Sur en 1703 y 1708 como capitán corsario y luego como piloto.

Davis, J. (¿1550?-1605): diestro navegante y amigo de las familias Raleigh y Gilbert. Tres veces buscó el paso del noroeste, escribió dos importantes libros sobre la navegación, inventó el cuadrante que lleva su nombre y pilotó tres expediciones a las Indias Orientales, donde fue muerto por piratas japoneses.

Drake, F. (¿1543?-1586): primo de John Hawkins, a quien acompañó al Caribe en 1567, héroe nacional y el más famoso de los corsarios isabelinos por su viaje de circunnavegación del globo (1577-1580), por su ataque contra la flota española en Cádiz (1587) y por su actuación en la flota que persiguió a la Armada Invencible. Excelente jefe, respetado por sus hombres, táctico notable, fanfarrón y a veces despiadado.

Frobisher, M. (¿1535?-1594): navegante y explorador capaz y valeroso que realizó tres viajes al Ártico (1576-1578), pensando que había descubierto oro y el estrecho del noroeste. Acompañó a Drake al Caribe en 1585 y peleó con distinción contra la Armada Invencible.

Gilbert, H. (¿1539?-1583): hermanastro de Raleigh, soldado, navegante y autor de un proyecto (1576) para descubrir el paso del noroeste. Fundó la primera colonia inglesa en Norteamérica, en Terranova. Murió ahogado cerca de las Azores, de vuelta a Inglaterra.

Grenville, R. (1542-1591): terrateniente y dueño de barcos, recomendó viajes al Atlántico Sur y al Pacífico (1574), y llevó colonizadores a Virginia. Murió tras la reñida batalla en que se vio obligado a entregar su capitana *Revenge* a la flota española cerca de las Azores.

Hawkins, J. (1532-1595): hijo de William y armador de cuatro expediciones para vender esclavos negros en el Caribe (1562-1568), siendo dispersada la última durante la batalla de San Juan de Ulúa. Capitán de un navío en la batalla contra la Armada Invencible e instigador de importantes cambios en el diseño y construcción de buques de guerra y en la administración naval.

Hawkins, R. (1562-1622): hijo único de John, ya había viajado al Caribe y peleado contra la Armada Invencible cuando zarpó rumbo al Mar del Sur, a imitación de Drake, en 1593. Se rindió a la escuadra peruana de Beltrán de Castro en junio de 1594, fue encarcelado en Lima y España y rescatado en 1602. Su *Observations* es una auténtica fuente de información sobre la vida marítima.

Hudson, H. (murió en 1611): navegante hábil, determinado y cuidadoso que buscó un estrecho a Asia hacia el nordeste, al oeste por el río Hudson, y por fin en la bahía canadiense que también lleva su nombre, y donde fue abandonado en 1611.

Newport, C. (1560-1617): uno de los corsarios generalmente menos conocidos que visitó el Caribe con frecuencia entre 1590 y 1603. Desde 1606 puso su experiencia al servicio de la Compañía de Virginia en cinco travesías transatlánticas, y luego, desde 1612, viajó a las Indias Orientales tres veces, muriendo en Bantam.

Oxenham, J. (¿?-1580): acompañó a Drake en su viaje al istmo de Panamá (1572-1573) y fue el primer corsario inglés que atravesó el istmo y navegó por el Mar del Sur a principios de 1577. Tras su captura fue llevado a Lima, donde fue ejecutado.

Raleigh, W. (¿1552?-1618): en 1584 inició los viajes para poblar Virginia y al año siguiente buscó oro a orillas del río Orinoco. Fue condenado a muerte injustamente en 1603, porque se decía que había conspirado contra el rey Jacobo I, pero se le liberó en 1617 para descubrir una mina de oro en Guayana. Tras el fracaso de la empresa, fue ejecutado en 1618 a instigaciones del embajador español, pero sigue siendo un héroe nacional.

Rogers, W. (murió en 1732): jefe de una expedición de corso que circunnavegó el globo (1708-1711). Rescató a Alexander Selkirk, modelo para el Robinson Crusoe de Defoe, abandonado en la isla Juan Fernández. Obtuvo un valioso botín de un galeón procedente de Manila. Nombrado gobernador de las Bahamas en 1718, donde murió.

Shelvocke, G. (1675-1742): antiguo oficial de la armada real, partió con John Clipperton en 1718, y ambos fueron los últimos corsarios británicos en entrar en el Mar del Sur. Recorrió las costas entre Chile a California en busca de presas.

Vernon, E. (1684-1757): almirante y miembro del parlamento, donde sus enérgicos discursos ayudaron a persuadir al gobierno a declarar la guerra contra España en 1739. Fue nombrado comandante de la pequeña escuadra que inesperadamente tomó Portobelo, pero debido a las fiebres tropicales y a las vacilaciones del comandante del ejército, fracasaron sus asaltos contra Cartagena dos años más tarde.

BIBLIOGRAFÍA

Sólo es de esperar que una nación insular, cuyos navegantes contribuyeron a la formación de un imperio mundial, disfrutara de una bibliografía demasiado extensa sobre su expansión ultramarina para ser incorporada en esta obra. No obstante, los pocos libros que hemos decidido incluir en la siguiente lista permitirán al lector interesado ahondar en la vida y las aventuras de los navegantes y marinos cuya historia ya hemos narrado. Además, como indicamos abajo, algunos ofrecen a su vez información bibliográfica detallada, incluso sobre fuentes manuscritas. Pero antes de pasar a dicha lista, quisiéramos dirigir la atención del lector a dos espléndidas colecciones de documentación sobre viajes y asuntos marítimos en general. La primera es la revista *The Mariner's Mirror*, editada en Londres por The Society for Nautical Research. Publica artículos, notas, reseñas, preguntas y respuestas sobre aspectos muy diversos tocantes a viajes, la vida marítima y la construcción naval en todos los países. Hay índices anuales y acumulativos.

La segunda, e igualmente una verdadera mina de información para cualquier aficionado a estos temas, consiste en los textos editados por The Hakluyt Society desde 1847. Cada volumen reproduce fielmente los documentos contemporáneos relativos a una o varias expediciones, acompañados por notas explicativas, mapas y una introducción. Divididos en dos series, los tomos pertinentes a esta obra son los que siguen: De la primera serie, número 3: Raleigh (Guayana); 4: Drake (1595-1596); 5: viajes en busca del paso del noroeste hasta 1631; 7: la carta de Robert Thorne (1527); 16: Drake (1577-1580); 27: Hudson; 38: Frobisher; 56: Knight; 57: John, William y Richard Hawkins; 59: Davis; 63: Baffin; 88-89: Foxe y James; y de la segunda serie, 3: Dudley; 34: Drake (1577-1580); 56: viajes de colonización a las Antillas Menores y Guayana; 60: Harcourt; 69: Barlowe; 83-84: Gilbert; 85: Lancaster; 98: Wallis; 104-105: los viajes a Roanoke (1584-1590); 111: los corsarios en el Caribe (1588-1595); 113: Fenton; 120: Caboto; 122: Byron; 124-125: Carteret; 136-137: los viajes a Jamestown (1606-1609); 142: Drake y Hawkins (1595-1596); 147: Fenton y Madox; 148: Drake (1585-1586); 160: la colonización de Terranova (1610-1630); 161: los viajes a Nueva Inglaterra (1602-1608); 163-166: Vancouver; 171: la población del Amazonas; y los números 62, 71 y 99: documentos españoles traducidos al inglés por I. A. Wright sobre viajes al Caribe (1527-1568, 1569-1580 y 1583-1594 respectivamente). Sigue la corta bibliografía comentada.

Andrews, K. R., *Trade, plunder and settlement*, Cambridge, 1984.

Obra fundamental de un autor fecundo y distinguido, que resume sus anteriores trabajos sobre viajes ingleses a las Indias y añade capítulos sobre Norteamérica. Excelente información bibliográfica sobre expediciones desde 1480 hasta 1630.

Bradley, P. T., *The lure of Peru*, Londres, 1989.

Reciente análisis de todas las expediciones extranjeras al Mar del Sur en el siglo XVII, incluso las de Narborough, Strong y los bucaneros. Bibliografía detallada.

Clowes, W. L., *The royal navy, a history*, 6 tomos, Londres, 1898.

Obra básica sobre la historia civil y militar de la armada real británica, con capítulos sobre viajes y descubrimientos que incluyen América.

Fernández Duro, C., *La Armada española desde la unión de los reinos de Castilla y Aragón*, 9 tomos, Madrid, 1895-1903.

Colección clásica y todavía informativa, que tiene la ventaja de presentar síntesis de la mayoría de los viajes de navegantes británicos a América hasta principios del siglo XIX.

Hakluyt, R., *The principal navigations, voiages, traffiques and discoveries of the English nation*, Londres, 1589.

Libro sin par en la literatura marítima inglesa, tanto por su estilo poético como por su recopilación de narraciones dispersas. Ampliado a 3 tomos en 1600. Hay varias ediciones modernas.

Hampden, J., *Francis Drake, privateer*, Londres, 1972.

Texto cuidadosamente editado que consta de las más importantes relaciones contemporáneas de los viajes hasta 1580, actualizadas. Bibliografía comentada muy útil.

Jarmy Chapa, M. de, *La expansión española hacia América y el Océano Pacífico*, 2 tomos, México, 1987-1988.

Estudio moderno que, a pesar de su título, dedica secciones a los navegantes británicos en el contexto global de los viajes europeos al Caribe y al Mar del Sur en los siglos XVI y XVII.

Kemp, P. K. y Lloyd, C., *Brethren of the coast*, Londres, 1960.
Narra en forma detallada los viajes al Mar del Sur de Dampier, Rogers, Clipperton y Shelvocke en el siglo xviii.

Lloyd, C., *The British seaman (1200-1860)*, Londres, 1968.
Estudios cronológicos y temáticos sobre disciplina, salud, alimentación y sistemas de enganche.

Morison, S. E., *The European discovery of America*, 2 tomos, Nueva York, 1971 y 1974.
Imprescindible análisis de los viajes desde Colón hasta principios del siglo xvii, por un almirante que se deleita en investigar las controversias. Capítulo sobre navíos y navegantes en el primer tomo. Buenos mapas, ilustraciones y bibliografía.

Newton, A. P., *The European nations in the West Indies (1493-1688)*, Londres, 1933.
Síntesis todavía útil sobre las distintas formas de intervención en el Caribe, especialmente en el siglo xvii.

Purchas, S., *Hakluytus posthumus or Purchas his pilgrimes*, 20 tomos, Glasgow, 1905-1907.
Primera edición de 1926. Consta de relaciones de viajes elaboradas a base de manuscritos de Hakluyt, los cuales heredó Purchas como amigo suyo. A veces una fuente única de información, pero le falta el buen criterio de redacción de su antecesor, presentando algunos textos algo mutilados y mal comentados.

Quinn, D. B., *England and the discovery of America (1481-1620)*, Londres, 1973.
Resume los frutos de una vida de investigación por el más eminente historiador de la exploración y población inglesas de Norteamérica. Intenta aclarar las principales dudas.
—, *The last voyage of Thomas Cavendish (1591-1592)*, Chicago, 1975.
Ejemplar reproducción fotográfica del manuscrito junto a su transcripción, y excelente estudio tanto de éste como del primer viaje de Cavendish.
—, *New American world*, 5 tomos, Londres, 1979.
Importante recopilación de documentos contemporáneos sobre viajes a Norteamérica hasta 1612, bibliografía extensa y valiosa sobre todo por su reproducción de mapas de la época.
—, y Ryan, A. N., *England's sea empire (1550-1642)*, Londres, 1983.
Síntesis concisa de los motivos y del progreso de la expansión ultramarina, incluso de la formación y el desarrollo de la armada real hasta 1642. Excelente ensayo bibliográfico.

Spate, O. H. K., *The Pacific since Magellan,* tomo 1: *The Spanish Lake,* Minnea-
polis, 1979; tomo 2: *Monopolists and freebooters,* Londres, 1983; tomo 3:
Paradise found and lost, Londres, 1988.
Impresionantes y entretenidos estudios que incluyen todas las expediciones inglesas al Mar del Sur, a saber, de Drake a Richard Hawkins (1), de Narborough a Anson (2), y de Byron a Cook y Vancouver (3). Siempre atentos a
la condición humana. Mapas informativos, notas y bibliografía.

Taylor, S. A. G., *The western design,* Londres, 1969.
El análisis más completo de la expedición de William Penn contra Santo
Domingo y Jamaica en 1655.

Thrower, N. J. W., *Sir Francis Drake and the famous voyage,* Londres, 1984.
Importante colección de artículos que, además del viaje y las fuentes de
su estudio, discuten la navegación, la cartografía y otras expediciones inglesas
al Pacífico hasta Cook.

Wagner H. R., *Sir Francis Drake's voyage around the World,* San Francisco, 1926,
reeditado en Amsterdam, 1969.
Sigue siendo un importante punto de partida para los estudiosos de este
viaje, por su detallado texto y numerosos mapas (aunque algunos son ilegibles),
y por ofrecer el mejor análisis de las fuentes. Incluye también la expedición de
Fenton al Mar del Sur.

Williamson, J. A., *Sir John Hawkins, the time and the man,* Londres, 1927.
Análisis clásico y todavía valiosa fuente de información, aunque ahora pa-
rece poco crítico con respecto a su héroe. Se refiere también a los viajes de
William, y contiene capítulos sobre la armada real y su administración por
John.

ÍNDICE ONOMÁSTICO

ÍNDICE TOPONÍMICO

Las Colecciones MAPFRE 1492 constituyen el principal proyecto de la Fundación MAPFRE AMÉRICA. Formado por 19 colecciones, recoge más de 270 obras. Los títulos de las Colecciones son los siguientes:

AMÉRICA 92

INDIOS DE AMÉRICA

MAR Y AMÉRICA

IDIOMA E IBEROAMÉRICA

LENGUAS Y LITERATURAS INDÍGENAS

IGLESIA CATÓLICA EN EL NUEVO MUNDO

REALIDADES AMERICANAS

CIUDADES DE IBEROAMÉRICA

PORTUGAL Y EL MUNDO

LAS ESPAÑAS Y AMÉRICA

RELACIONES ENTRE ESPAÑA Y AMÉRICA

ESPAÑA Y ESTADOS UNIDOS

ARMAS Y AMÉRICA

INDEPENDENCIA DE IBEROAMÉRICA

EUROPA Y AMÉRICA

AMÉRICA, CRISOL

SEFARAD

AL-ANDALUS

EL MAGREB

Este libro se terminó de imprimir
en los talleres de Mateu Cromo Artes Gráficas, S. A.
en el mes de julio de 1992.